CRYSTALS

A GUIDE TO CRYSTALS AND COLOUR HEALING

クリスタルズ

カラーヒーリングと光の世界

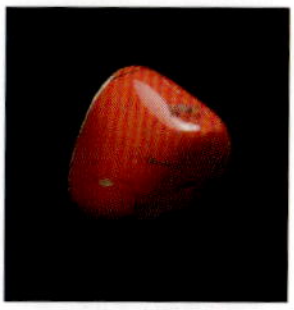

ジェニー・ハーディング 著　宮田 攝子 翻訳

GAIA BOOKS

ガイアブックスは心と体を浄化し
地球を浄化するガイアを大切にして
出来るだけ化学物質を使わない
自然療法と環境経営の社会創りに
努力していきます。

A DAVID & CHARLES BOOK

David & Charles is an F&W Publications Inc. company
4700 East Galbraith Road
Cincinnati, OH 45236
First published in the UK in 2007

This book was conceived, designed and produced by
Ivy Press

Creative Director Peter Bridgewater
Publisher Jason Hook
Editorial Director Caroline Earle
Project Editors Hazel Songhurst, Mary Todd
Art Director Sarah Howerd
Senior Designer Suzie Johanson
Design JC Lanaway
Photographer Stephen Marwood
Picture Research Katie Greenwood, Elizabeth Carlé

PICTURE CREDITS
The publishers would like to thank the following for
permission to use images.

Art Archive/Museo del Templo Mayor Mexico/Dagli Orti: 26. **Corbis**/Ashley Cooper: 101; Creasource: 205; Gianni Dagli Orti: 292; Digital Art: 161; Ted Horowitz: 215; Gerolf Kalt/zefa: 65; Herbert Kehrer/zefa: 105; Frank Lukasseck/zefa: 31; Laureen March: 11; Manfred Mehlig/zefa: 85; Micro Discovery: 39; Clay Perry: 53; Bill Ross: 113, 167; Guenter Rossenbach/zefa: 173; Michele Westmorland: 179; Stuart Westmorland: 121, 133; Roger Wood: 27. **Dorling Kindersley**/Harry Taylor: 102, 156, 196, 197. **Getty Images**/Reggie Casagrande/Photonica: 290; Jim Franco/Taxi: 284; Stone: 199, 287, 305. **iStockphoto**/Shane Thompson: 200; Luis Carlos Torres: 8. **Jupiter Images**: 13, 15, 93; Imagesource: 295. **Photolibrary**/Diana Koenigsberg/Botanica: 289. **Practical Pictures**: 303.

目次

はじめに 6

色の世界 8
クリスタルの世界 18

カラー別のクリスタル図鑑 28

ブラウン 30
レッド 38
オレンジ 52
イエロー／ゴールド 64
ゴールデングリーン 84
ペールグリーン 92
グリーン 100
ダークグリーン 112
ブルーグリーン 120
ペールブルーグリーン 132
ペールブルー 138
サファイアブルー 150
ダークブルー 160
ダークパープル 166
ライトパープル 172
ライラック 178
ピンク 184
シルバー 198
ブラック 204
ホワイト 214

クリスタルギャラリー 238
クリスタルのカラーコンビネーション 246
人工クリスタル 274
クリスタルの活用法 280
クリスタルヒーリング 296

用語解説 312
資料 314
索引 316

はじめに

虹のようにカラフルで、きらきらと光り輝くクリスタルや宝石、鉱物は、太古の昔から人類を魅了しつづけてきました。わたしたちの祖先は、美しく珍しい石を拾い集めたり、地中から掘り出して、飾りとして身につけたり、お守りとして持ち歩いていました。美しい石を交換したり、集めたり、奪いあったりして、ヒーリングのツールとして用いたり、装身具に加工したりしていました。今日でも、クリスタルや鉱物には、相変わらず根強い人気があります。

わたしたちは、なぜこれほどまでクリスタルに魅了されるのでしょうか？　おそらくそれは、クリスタルの多様さにあるのでしょう。クリスタルには、さまざまな色や形、大きさのものがあります。驚異的なプロセスを経て地中で生成されたクリスタルは、大地の偉大な産物であり、この地球に秘められた神秘と美しさを実感させてくれるものです。その美しさと希少性ゆえに、わたしたちの心をとらえてやみません。わたしたちはクリスタルを目にすると、手でふれて握りしめ、その形や手ざわりを確かめます。柔らかなピンク色のローズクォーツや光り輝く黄色のシトリン、深緑色のモスアゲート、群青色のラピスラズリなど、どのクリスタルにも個性的な魅力があります。クリスタルの色そのものが、最大の魅力であることも多いものです。

本書では、クリスタルの世界を色と関連づけながら探っていきます。クリスタルと色の関係を理解するために色ごとに章立てし、カラーヒーリングにおける各色の役割や意味合いも解説しています。さまざまな色として知覚される光は、目や脳に重要な情報を伝

色の世界

　色は、わたしたちが周囲の環境にしめす反応を大きく左右しています。朝、目覚めたとき、何日間も雨続きで空がどんよりと曇っていたら、憂うつな気分になるものです。ところが雨があがって、美しい青空が顔をのぞかせ、陽の光が差しだしたとたん、樹々の緑が鮮やかさを増し、花の色が生き生きと輝きだして、気分まで晴れ晴れとしてきます。こうした反応は、目という光学器官を通して、わたしたちが色を感じることで起こるものです。高性能のライトボックスである目を通じて、わたしたちはさまざまな色を感じとり、その意味合いを解釈します。光の周波数は脳にも大きな作用を及ぼし、体内の化学

反応にも影響を与えています。ものを見て、色を解釈することで、わたしたちは周囲の世界を認識し、さまざまな反応をしめしているのです。

この章では、虹の7色をさらに細かく分類して、目が色に対して反応する仕組みを詳しく説明します。心身に特定の作用を及ぼす各色をカラーヒーリングでどのように利用しているかについても紹介します。こうした情報は、本書でふれているクリスタルのあらゆる色のバリエーションを理解するのに役立ちます。

色の見える仕組み——色とはなんだろう？

わたしたちは目を通じて色を感じ、脳でその意味合いを解釈します。色だけでなく遠近感や距離感なども、目を通じて知覚します。こうした視覚的な情報は、感覚器を通じて受けとる情報全体のおよそ7割を占めています。わたしたちの気分や反応は、目にしたものからつねに影響を受けているので、目を通じて光を取りいれ、その意味合いを解釈することは、わたしたちの日常生活と深く関わっています。

目の構造

眼球は、直径3センチほどのほぼ丸い形をしています。外界と接しているのは、眼球表面の6分の1程度にすぎず、これが顔の中で“目”と呼ばれている部分です。それ以外の部分は頭蓋骨の眼窩《がんか》に納まり、保護されています。眼球から伸びている視神経が、脳の後部にある視覚野とよばれる部位に光の情報を伝達し、ここで視覚的な情報が処理されます。

眼球の内部には、多くの重要な組織があります。水晶体は、遠くのものを見るときは薄くなり、近くのものを見るときは厚くなります。外部から見える目の中で色のついている部分は虹彩《こうさい》とよばれ、瞳孔《どうこう》の大きさを調節し、目に入る光の量を調節します。目の奥にある網膜は、桿状《かんじょう》体と錐状《すいじょう》体という2種類の感光性細胞で構成されています。わたしたちは桿状体によって暗い場所でものを見て、白や黒、グレーの色合い（つまり明るさ）を感じとります。いっぽうの錐状体では、赤や緑、青といった色彩を明るい場所で鮮明に知覚します。

目の構造

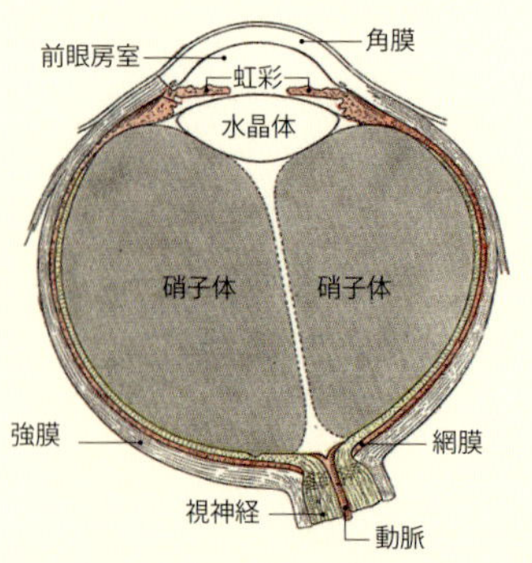

目は、小さいながらも驚異的な構造をしています。網膜の感光性細胞は、取りいれた光を映像に変換します。

光と目の関係

上　色を感じる能力はきわめて驚異的な人間の生理機能で、わたしたちの生活を豊かなものにしています。

　空に現れる虹は、太陽光線が大気中の水滴にあたり、赤、オレンジ、黄、緑、青、藍、紫という色のスペクトルに分散されたものです。このほかにも、太陽の紫外線、セキュリティシステムやテレビのリモコンに利用されている赤外線のように、目には見えない波長の光があります。電灯は人工的に作りだされた光で、おもに可視光線を放射します。

　わたしたちは何百万年にもわたる進化の過程で、色がもつ意味合いを目と脳にインプットしてきました。赤やオレンジや黄色は暖かく感じられる色とされ、わたしたちを刺激したり、元気づける作用をもちます。いっぽう、緑や青や紫は冷たく感じられる色調で、わたしたちを落ち着ける作用をもたらします。わたしたちは人工的なものに囲まれて暮らしながらも、青い空が一面に広がる屋外の風景にすがすがしさを感じ、緑の葉や色とりどりの花に安らぎをおぼえます。電灯が発明されるまでの何千年ものあいだ、自然界の光は人間の生活のリズムや暮らしのあり方を支配してきました。

新しいカラーホイール

　オーソドックスなカラーホイールといえば、虹の7色――赤、オレンジ、黄、緑、青、藍、紫――を示したものでした。しかし、空に現れた虹をよくよく観察してみると、この7色がくっきりと分かれているのではなく、境界では混じりあった色になっています。たとえば、深緑色から青緑色、淡い青緑色、淡い青色、そして鮮やかな青色へと徐々に変化しています。こうした混合色を含んでいるパレットなら、さまざまなクリスタルがもつ微妙な色合いが表現できます。

新しい色のスペクトル

　本書では、大地と強く結びついている茶色、金属の銀に代表されるシルバーグレイ、金属の金を表すためのイエローゴールド、スペクトルで白の対極にある黒など、20の色を取りあげています。カラーヒーリングでは、黒はとても重要な共鳴の色で、浄化の波動を発しているとされ、かならずしもネガティブな意味合いをもつものではありません。白は、光のスペクトルのあらゆる色を内包しています。純粋な虹の7色を円盤に塗り、高速で回転させると、すべての色が混ざりあい、白い色になるはずです。

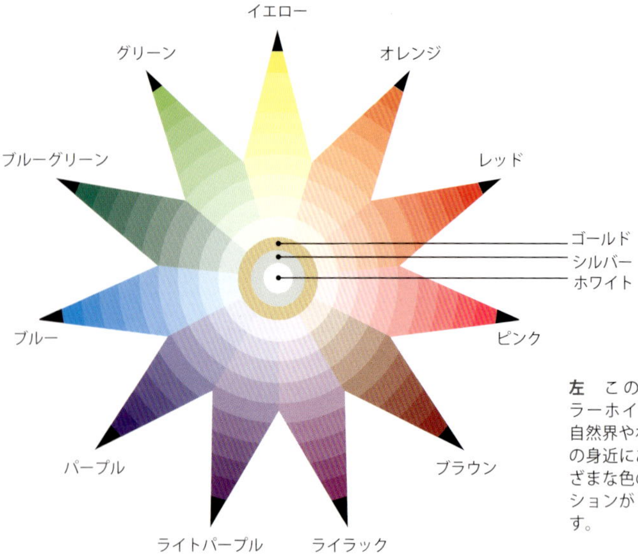

左　この新しいカラーホイールでは、自然界やわたしたちの身近にある、さまざまな色のバリエーションがしめされます。

こうした新しい色のスペクトルを使えば、それぞれの色の微妙な違いをより明確にしめせます。たとえばライトパープルは、淡い色合いのアメジストの色です。ライラックもよく似た色ですが、ややピンク色がかっています。ラベンダークォーツ（ライラック色がかったローズクォーツ）が、この色の好例です。色のバリエーションが多いブルーグリーンは、自然界の空や海の色です。宇宙から地球を見ると、青い地球にはターコイズ、アクアマリン、ダークブルーなど、あらゆるブルーグリーン系の色があります。

色彩というものをもっと狭いカテゴリーでとらえている人もいます。そういう人たちは、微妙な色合いを理解できないのではなく、そうした色の持ち味に気づいていないのです。クリスタルを手に取り、じっくり観察してみると、色という観点から新たなレベルの波動に目が開かれるはずです。そうした波動をクリスタルから感じとれるようになれば、それ以外のいたるところにも見出せるようになるでしょう。目を通じて情報を取りこむ視覚を鍛えれば、意識を新たな領域にまで拡張できます。「カラー別のクリスタル図鑑」のページに掲載されているクリスタルをじっくりと鑑賞し、新たな色の波動を感じとってください。

下　空の虹には、色のスペクトルの代表的な7色のほかにも、それらが混じりあった微妙な色が数多く存在します。

カラーヒーリング

地球上で暮らすわたしたちは、毎日、太陽からふりそそぐ連続スペクトルの光、つまり、目に見えるさまざまな色の光や紫外線、赤外線などの目に見えない光を浴びています。科学的な調査によれば、体内の化学反応を正常におこなうには、毎日最低でも20分間は太陽の光を浴びる必要があるそうです。脳には、ホルモンのバランスをコントロールする脳下垂体や松果体など、光に反応する特殊な中枢があります。

日光を浴びる量が不足すると、健康に好ましくない影響がおよびかねません。現代社会のわたしたちのほとんどは、自然光が届かない室内にとじこもり、人工照明のもとで暮らしています。うつや睡眠不足、無気力、気分のむらなどの症状は、日光不足が原因で起こることがあり、こうした症状を季節性情動障害（SAD）とよぶこともあります。毎日数時間、連続スペクトルの光にあたることで、こうした症状の多くを改善できます。

ガーネット

色のついた光の効果

カラーヒーリングでは、各スペクトルの色の光を身体に対して用います。専用の装置で色を直接照射する場合でも、セラピストの指導のもと色をイメージする場合でも、特定の色を用いることで、身体のエネルギーバランスをすばやく効率的に整えることができます。赤い色の光には、心身を刺激する作用とあたためる作用があり、血圧をあげることができます。オレンジ色は、心身を元気づける色です。黄色は日の出をイメージさせる色で、精神を目覚めさせます。緑色の光には鎮静作用があり、呼吸を落ちつけます。青い光のもとでは、心身のリラックスがうながされ、青みが濃くなると、夜のおとずれを連想させて、眠けを誘います。どの色の光もその色独自の波動をもち、身体に照射・吸収されることで、さまざまな作用をもたらします。

サンストーン

ゴールド

アマゾナイト

セレスタイト

上　豊かな水や緑、砂や岩がある自然の風景には、わたしたちの心身を落ちつかせる作用があります。

カラーヒーリングのセラピストのなかには、クリスタルを通して光を照射するカラーランプなどの装置を使い、天然の色の光線をクライアントの身体にあてる人たちもいます。こうした方法で身体の不調の多くを軽減できることは、科学的にもしめされています。たとえば、エメラルドの緑色の光は骨折をなおし、組織の再生をうながします。ルビーの赤い光は体温をあげて、新陳代謝を高めます。青い光は、やけどなど皮膚のダメージに対する治癒作用をもちます。抗うつ作用があるオレンジ色やあんず色は、精神的な問題を軽減します。ピンク色は、攻撃性をやわらげます。

ドイツの生物物理学者フリッツ＝アルベルト・ポップは、人間の細胞が、ある一定の周波数の弱い光を放出していることを立証しました。これは、人間が本質的には光の存在であることを暗示しています。ポップ博士によれば、光は、人間のあらゆる新陳代謝に深くかかわり、21世紀には重要なヒーリングツールになるとされます。

クリスタルとカラー

クリスタルは、心身に対して、どのような効果をもたらすのでしょうか？　岩や木、川、人間など、地球上に存在するあらゆるものは、エネルギーからなりたっていることが、ほぼ1世紀かけ科学的に明らかにされました。この地球と地球上にあるものは、すべて同じ成分からなり、ただその組成が違うだけ。わたしたち人間は、地上のあらゆるものと同じ要素から成りたっているのですから、まわりのあらゆるものと結びつけるはずです。クリスタルも、もちろんそのひとつです。ネイティブアメリカンの人びとは、すべてのものに生命が宿っている、岩でさえ生きていると信じています。あるクリスタルや石に惹きつけられるのは、その石がその人と共鳴しているからなのです。

各スペクトルの光の色が心身に大きな作用をおよぼすことは、すでにご説明したとおりです。一部のレーザーに使用されているように、鉱物の結晶構造を通じて照射される光は、より強力な作用をもちます。ルビーやサファイアを利用したレーザーは、強力な光の粒子を集中的に照射します。クリスタルは含有成分に応じて、さまざまな色をしめし、その色や形、美しさでわたしたちを虜《とりこ》にします。鉱物界と人間界は、こうした形でコミュニケーションをはかっているといえます。

クリスタルのカラーの使い方

わたしたちは、何千年にもわたってクリスタルや鉱物を身につけたり、利用するうちに、それぞれの石を特定のヒーリング作用と結びつけて考えるようになりました。たとえば、ブラッドストーンは赤い斑点がある深緑色のアゲートです。赤い斑点が点々とついている印象的な外観から、石に血痕がついているようだと考えられて、傷口の止血に役だつ石とされ、戦いにおもむく兵士たちが身につけるようになりました。こうした話をたんなる迷信だと片づけることもできますが、心から信じていれば、本当に効きめ

ブラッドストーン

ローズクォーツ

があることもあるものです。

現在のクリスタルの使い方は、人によってさまざまです。たとえば、あるキャリアウーマンはストレスの多い仕事を精力的にこなし、クリスタルのようなもので、自分がリラックスできるとは思ってもみませんでした。ところが、友人からローズクォーツをもらい、その色にぴんときて、枕の下にいれて眠るようになりました。すると、その夜からぐっすりと眠れるようになったといいます。ローズクォーツは、きわめておだやかなヒーリング作用を全身におよぼすことで知られています。

このようにひとつひとつの色は、それぞれ異なる作用をもちます。緑色の石にとくに惹きつけられる人は、人生に緑色のエネルギーを必要とし、おそらくは感情のいやしを求めているのでしょう。色という観点からクリスタルを選ぶことで、鉱物界に興味をもち、自分自身や自分が必要とするエネルギーについて、さらに理解を深めてください。

下　川の水が岩肌を洗い、風が木立をふきぬけていく。地上にあるすべてのものは、さまざまなレベルのエネルギーや周波数をもつ粒子からなりたっています。

クリスタルの世界

この章では、わたしたちの暮らす地球がつねに変化しつづけて、ダイナミックでパワフルな周期的活動により、クリスタルを生成していることを説明しながら、鉱物界についての理解を深めていきます。クリスタルのさまざまな結晶構造や物理的な特性に注目して、それぞれのクリスタルがつくられるプロセスについても明らかにし、地質学（地球の成り立ちを学ぶ学問）や鉱物学（クリスタルや貴金属を構成する元素について学ぶ学問）の基本的な知識も学びます。

希少な鉱物の特性を知れば、その石をよりいっそうていねいに取りあつかおうと思うものです。クリスタルがときに人間の手で強引に地中から掘りだされて、わたしたちの手元にやってきたという側面は、つい忘れられがちです。しかし、クリスタルがそもそもどのようなプロセスにより地中で生成されたのかを理解していれば、自分が集めようと思うクリスタルに対して、敬意の念をいだくようになるでしょう。クリスタルを部屋に飾るのであれ、身につけるのであれ、ヒーリングに用いるのであれ、それは大地からの贈り物にほかならないのです。

地球のダイナミックな活動

地球は、きわめて高温の核からダイナミックな力を受けて、つねに変化している惑星です。鉱物は、こうした高温の環境下で化学的な反応を起こす無機質の化学物質で、現在2500種ほどが確認されています。鉱物の基本元素は、岩石だけでなく、動植物や人間など、地球上のあらゆるものにも含まれています。

地球の変動

地球は、およそ46億年前に誕生したといわれています。ガス雲や宇宙の塵《ちり》から太陽系が生まれたときに、地球も形づくられました。ニッケルや鉄のような重い元素は、地球の中心に向かって沈み、高温の核を形成しました。ケイ素のような軽い元素や酸素（クォーツの成分）などの気体は、マントルとよばれる半溶融状の分厚い層をなしています。固体状の鉱物は地球の表面に浮かんで、地殻を形成しています。核からの高熱により、鉱物が溶融されて地表へと押しあげられるいっぽう、すでに地表で固まっている岩層は地中に沈降して溶融され、ふたたび地表へと押しあげられます。こうして地球を形づくる物質は、つねに循環しているのです。

地球の内部構造

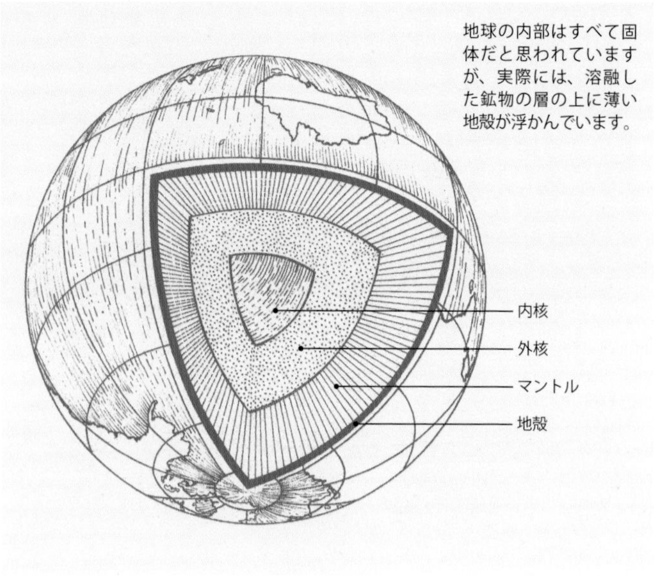

地球の内部はすべて固体だと思われていますが、実際には、溶融した鉱物の層の上に薄い地殻が浮かんでいます。

岩石の3つの種類

火成岩 ● 火成岩は、地中でも地上でも生成されます。マグマとよばれる溶岩が、地下の深い場所で小さなくぼみにたまり、冷えて固結したものや、火山が噴火して、地表の割れ目から溶岩がふきだし、冷えて固まったものが火成岩とよばれます。
マグマが地表のすぐ下にある水と結合すると、鉱脈とよばれる大きなすき間にクォーツの結晶を形成することがあります。含有されている無機元素によっては、アクアマリンなどの宝石がつくられることもあります。

変成岩 ● 変成岩は、熱や圧力、水蒸気が加わったり、化学反応が起こったために、岩石の組成が変化したものです。粘土と砂の層が地殻に沈降して、圧力を加えられると、コランダムという無機化合物が形成されることがあり、この一部がサファイアやルビーとなります。

堆積岩 ● 堆積岩は、植物や動物、無生物などの堆積物に圧力が加わり、すべての液体がしぼりだされて、固い岩層になったものです。もっとも一般的な堆積岩は砂岩です。

大陸移動

地殻は、マントルの上に浮かんでいて、プレートとよばれる何枚かの巨大な岩板で覆われています。こうしたプレートどうしが衝突する場所では、ロッキー山脈やヒマラヤ山脈のような山脈が隆起しています。プレートの断層線では、火山が形成されて、地震がたびたび起こります。深海の地殻の割れ目では、はげしい火山噴火が起こり、プレートがたがいに離れていきます。溶融した鉱物が地表に押しあげられて、かわりに冷えた岩層が沈降するというサイクルが、つねに繰りかえされています。いまでも貴石や宝石の産地があらたに発見されるのは、地球の表面がたえず動いているからです。鉱物が生成されるには、何百万年もの歳月がかかりますが、地球内部の絶え間ない化学反応によって、鉱物の層はつねに生成と破壊を繰りかえしているのです。

クリスタルの構造

ほとんどのクリスタルは、原子がきわめて規則正しくならんだ結晶構造をしています。こうした性質は「結晶質」とよばれ、クリスタルの内部では、規則正しくならんだ原子の格子構造が幾重にも繰りかえされ、それぞれの結晶に特有の形や面をつくりだしています。岩石層の中で形成される結晶もあれば、大きなガスの気泡の中で、外から中心に向かって生成する結晶もあります。どのような形の結晶ができるかは、温度や圧力、冷却度合いなどの要因に左右されます。代表的な結晶の形を下記の表にまとめました。

結晶のタイプ

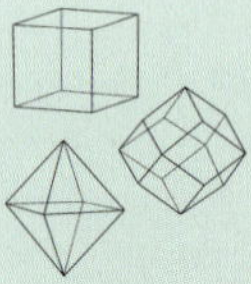

立方晶系 ●3本の結晶軸の長さが等しく、立方形です。パイライト、ダイヤモンド、フローライトなど。

パイライト

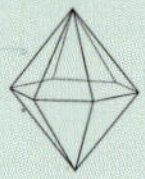

六方晶系 ●3本の結晶軸がたがいに120°で交わり、縦の結晶軸がこれに直交しています。エメラルド、アクアマリンなど。

正方晶系 ●2つのピラミッドが底面でくっついたような形状をしています。アポフィライト、ジルコンなど。

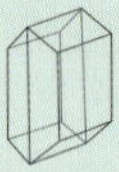

斜方晶系 ●3本の結晶軸が、すべて直角に交わっています。ペリドット、トパーズなど。

単斜晶系 ●3本の結晶軸の長さがすべて異なり、細長い形状をしています。ジプサム、クンツァイトなど。

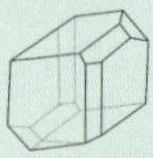

三斜晶系 ●もっとも非対称的な形をしています。ラブラドライト、ターコイズなど。

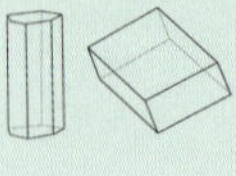

三方晶系 ●細長い菱型です。サファイア、トルマリン、カルサイトなど。

ラブラドライト

鉱物の硬度

1812年、ドイツの鉱物学者フリードリッヒ・モースは、鉱物の相対的な硬度を測定する基準となる「モース硬度」を考案しました。鉱物の硬度は、とくに宝石を加工する際の重要な要素となります。ファセットという面をたくさんつくり、より多くの光を反射して光り輝く形にカッティングできるのは、コランダム（ルビーやサファイア）やトパーズ、ダイヤモンドのように硬度の高い石だけです。硬度の低い石は加工中に砕けやすいので、ただ表面を磨いて仕上げることが多くなります。

モース硬度

硬度	鉱物名	硬度	鉱物名
1	タルク（いちばん柔らかい）	6	ムーンストーン
2	ジプサム	7	クォーツ
3	カルサイト	8	トパーズ
4	フローライト	9	ルビー
5	アパタイト	10	ダイヤモンド（いちばん硬い）

そのほかの特性

スノーフレークオブシディアン

幾何学的な結晶構造をもたないクリスタルは、「非晶質」に分類されます。樹脂が化石化したアンバーなど有機質の鉱物が、その代表的なものです。溶岩が急速に冷却されてできたオブシディアンという火山ガラスも非晶質です。また、色や透明度、光沢（クリスタルの表面に見られる蝋光沢や脂肪光沢、ガラス光沢、真珠光沢など）も、クリスタルの物理的な特性です。劈開《へきかい》は、クリスタルがある面に沿って割れ、割れ目が平らな面になる性質のことです。クリスタルのカッティングなどをするときには、劈開について知っておいたほうがよいでしょう。

クリスタルの形や大きさは多種多様で、22ページで紹介したような完ぺきな形のものを見かけることは、実際にはめったにありません。しかし、自分が購入しようとしているクリスタルをじっくりと観察しているうちに、その特徴が次第につかめるようになるでしょう。

クリスタルのおもなグループ

鉱物学では、化学的な組成によって、クリスタルをいくつかのグループに分類しています。クリスタル好きの人たちに人気の高いクリスタルや鉱物は、もっぱら25ページの表でしめしたグループのいずれかに属しています。クリスタルヒーリングの世界では、クォーツがもっともよく利用されていて、セラピストの多くは、クォーツのワンドで患者のエネルギーフィールドのバランスを整えたり、問題がある箇所のエネルギーのつまりを取りのぞいたりします。クォーツは、ほぼどんな地質でも発見される鉱物です。

クリスタルの採掘

わたしたちの祖先は太古の昔から、クリスタルを拾いあつめたり、地中から掘りだしてきました。今日でも、大勢の人がクリスタルを熱心に収集しています。金属やクリスタルの採掘は石器時代からおこなわれ、ローマ時代には、中東の有名な採掘場で、ペリドットなどの宝石が掘りだされていました。現在、クリスタルの採掘は機械化され、スリランカやブラジル、アメリカ、南アフリカなど、世界各国でおこなわれています。あなたが購入するクリスタルは、炭鉱労働者や卸売り業者、小売業者など、さまざまな人の手を経たものです。ですからクリスタルを浄化して、自分専用にプログラミングすることは、とても重要なことなのです(282～283ページ参照)。

上・右　クリスタルは含有元素によって、さまざまな色を呈します。世界中どこでも発見される石もあれば、とても希少なものもあります。

酸化鉱物 ● 酸化アルミニウムはコランダムを生成します。赤色のコランダムはルビー、赤色以外のコランダムはサファイアとよばれます。クリソベリルはベリリウムとアルミニウムの酸化物で、色はもっぱらゴールデンイエローです。

元素鉱物 ●（純粋な金属）：ゴールド、シルバー、プラチナ、コッパー、（ダイヤモンドとしての）炭素、チタンなど。

硫化鉱物 ●（金属と硫黄《サルファ》の化合物）：鉄とサルファはパイライトを生成します。パイライトは"愚か者の金"とよばれています。

ケイ酸塩鉱物 ● この最大のグループは二酸化ケイ素の鉱物で、クォーツがその代表格です。透明なクォーツには、アメジスト、ローズクォーツ、スモーキークォーツ、シトリン、トルマリン、ルチルクォーツがあります。カーネリアンやアゲート、モスアゲート、カルセドニーは、微細な結晶の集合体である微晶質のクォーツで、蝋のような光沢をおびています。
ムーンストーンやラブラドライトなどのフェルドスパーも、ケイ酸塩鉱物です。
このほかにもケイ酸塩鉱物のグループには、ガーネット（産地により、アルミや鉄、クロムを多く含むこともある）、トルマリン、ベリル（アクアマリン、エメラルドなど）、スポデューメン（クンツァイトなど）などがあります。

準鉱物 ● ガラス質で非晶質のテクタイト（モルダバイトなど）

有機質の鉱物 ● 植物または動物的な起源をもつ鉱物のこと。たとえば、アンバーは、太古の針葉樹の樹脂が化石化したものです。真珠は、真珠貝の外套膜に砂粒が混入したことにより生成されます。ジェットは、石炭が高圧で圧縮されたものです。

アンバー

歴史のなかのクリスタル

人類は文明の黎明期から、クリスタルに魅了されてきました。先史時代の洞窟の墓からは、古代の人びとが死後、来世で生まれかわる準備としてクリスタルなど神聖なものを死者の身につけたり、副葬品として埋葬していたことがうかがえます。大地からの贈り物であるクリスタルは、つねに人類の心をとらえ、特別なシンボルとして用いられてきました。ここでは歴史的に有名なクリスタルを紹介しましょう。

中国や極東では、何千年も前からジェイドが産出され、濃い緑色のものがもっとも珍重されています。職人たちは、彫刻に適した適度な硬度をもつジェイドから、龍などのみごとな作品を彫りあげました。中国の歴代皇帝の墓には、大変貴重なジェイドの彫刻の数々が富と権力の象徴として納められています。

ジェイドは、中央アメリカでも産出します。オルメカ文化やトルテカ文化、マヤ文明では神聖な石とみなされ、ジェイドで仮面や聖なるものが作られました。アステカ文化では、エメラルドが聖なる石とされ、大きなエメラルドからゴブレットなどが作られました。アステカ族は、彼らの宝石や金などの財宝に目をつけたスペイン人のコンキスタドールに16世紀に征服されました。

古代エジプト人は、貴金属の精錬や宝石の加工にすぐれた技術を

ジェイド

左　メキシコのオルメカ文化などの古代文明では、大きなジェイドを刻んで、戦士の仮面を作りました。

右上　少年ファラオだったツタンカーメン王のみごとなデスマスクは、宝石がちりばめられ、古代の金属細工品の最高傑作とされます。

もっていました。古代エジプトでは、群青色のラピスラズリが神聖な石とみなされ、ブラックオニキスや純金などと組みあわせた精巧な首飾りなどが、ファラオや貴族、神官のために作られていました。ファラオは死後、仮面をつけた姿で埋葬されました。金の仮面に宝石をちりばめたツタンカーメン王のものが、とくに有名です。

ラピスラズリ

ヨーロッパでは、ケルト人が宝石をちりばめたみごとな金細工を残しています。その優雅で流れるような模様からは、ケルト人が自然を愛していたことがうかがえます。アンバーやガーネットや色ガラスをはめこんだ、手のこんだ金細工のブローチやピン（マントを留めるためのもの）が、各地で発見されています。ダブリンのアイルランド国立博物館に所蔵されているみごとなブローチは、その代表的なものです。

12世紀にドイツ南部でくらしていたヒルデガルドは、カトリックの女子修道院長で、神秘主義者でもありました。ヒルデガルドが残した医学的な文献には、ルビーやトパーズなどの宝石の多くは、クリスタルレメディーとしてさまざまな身体の不調をやわらげるために利用できると記されています。それは、宝石をひたしたワインを薬としてのむという方法でした。

カラー別のクリスタル図鑑

この章では、12～13ページでしめした20の色ごとに、クリスタルを取りあげています。それぞれの石の代表的な色に基づき分類していますが、ほかにも色のバリエーションがある場合は、そのことにもふれています。クリスタルの鉱物学的なデータや化学組成、主要な産地、硬度などの物理的な特性を紹介するとともに、伝統的な利用法やクリスタルヒーリングでの使い方についても説明しています。

クリスタルと色の関連性だけでなく、歴史的な由来や利用法などについても、紹介しています。こうした情報に目を通せば、購入しようとしているクリスタルについて、さまざまな角度から検討できるようになるでしょう。それぞれの情報をじっくりと読んで、直感にしたがってください。人間とクリスタルは姿かたちが異なり、違うタイプのエネルギーを発していますが、ともに地球に暮らすなかまどうしなのだということを忘れないでください。なぜか心惹かれる石があるのなら、きっとそれは、あなたの心身のバランスを整えるのに必要ななにかをしめしているのです。

ブラウン

ブラウンは、一見すると冴えない色のように思えるかもしれませんが、よく見るとさまざまな色があるものです。黒にちかい暗褐色は土そのものの色で、大地の色《アースカラー》のひとつです。土はミネラルや有機質に富み、あらゆる生物に栄養や生きる糧《かて》を与えています。大地は、その上で暮らすすべてのものの基盤です。はだしで大地に立ってみると、自分の肉体を強く意識することができます。足元の大地と波長をあわせれば、大地が、自分を力づけ、支えてくれる錨《いかり》のように感じられることでしょう。

暗い色調のブラウンを見ていると、この地球の内部について思いをめぐらせることができます。スコットランドやアイルランドのおとぎ話には、特殊な光に満たされた地中深い場所が登場します。

深い色調のブラウンは、あたたかく官能的で、自由に成形できる粘土を思わせます。人間は、原始時代から粘土をこねて形を整え、火で焼いて、おわんやかめなどのみごとな作品を作ってきました。深い茶色をした大地のエネルギーを感じたい人は、陶芸をはじめてみると、創作活動をおこないながら、大地とグラウンディングできるでしょう。

大地のいやし

人間のオーラフィールドにはエネルギーセンターがあると、多くのセラピストがいいます。オーラフィールドは人間の身体を取りまくエネルギーの基盤で、ディープブラウンの大地と直接つながっています。地面に立ったとき、このエネルギーセンターは、足の下30センチほどのところにあると考えられています。このエネルギーセンターをイメージして、息を深く吐きだすと、このセンターを通じて、ネガティブな感情や不安、ストレスを地中に送り、息を深く吸いこむと、大地の力強さを身体の中に取りこむことができます。

ブラウンカラーのクリスタルや鉱物は、グラウンディングをおこない、大地と結びつくための石です。強力な浄化作用をもち、身のまわりの環境をネガティブなものから守ってくれます。"身体"ではなく"頭の中"でばかり暮らして、自分があらゆる方向にひっぱられているように感じ、地に足のついた生活ができない人は、こうした石を持ち歩いたり、アクセサリーとして身につけるとよいでしょう。ブラウンカラーの石がもつおだやかなグラウンディングのエネルギーにより、安定した自我が取りもどせます。

スモーキークォーツ　*SMOKY QUARTZ*

スモーキークォーツは、クォーツ（二酸化ケイ素）という大きなグループに属し、独特なブラウンカラーをしています。色が薄く、透明度の高いものもあれば、色が濃く、不透明なものもあります。スモーキークォーツは人工的に放射線を照射されている可能性があるものもあるので、お店の人に確認してください。スモーキークォーツは、（花崗岩の堆積層から見つかるもののように）クリアクォーツが地中で天然の放射線を浴びたことにより茶色く変色したものです。すでに放射線を吸収している石なので、ほかの電磁ストレスを"感知"し、中和してくれます。

ルチル（チタン鉱石）の金色の針状結晶をふくんでいるスモーキークォーツは、ルチルスモーキークォーツとよばれます。ルチル（チタン）の針がエネルギーの伝導体としての役割を果たし、スモーキークォーツがもつ中和作用をさらに促進するといいます。ルチルスモーキークォーツは、空間を浄化する強いパワーをもっています。

ヒーリングに使うときは、スモーキークォーツのポイントを身体の緊張している箇所にかざしたり、置いてみましょう。小さなタンブルを両手でもつと、否定的な感情を手ばなすこともできます。心をなごませ、包みこむようなエネルギーをもつスモーキークォーツは、あなたを安心させて、くつろがせ、力強い大地に立ちかえらせてくれます。コンピュータにかこまれた職場で働いている人や、大気が汚染されて、強い電磁ストレスにさらされた都会で暮らしている人は、スモーキークォーツを身につけるとよいでしょう。

研磨したもの

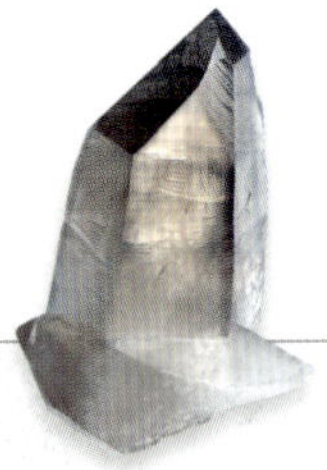
ポイント

スモーキークォーツ

形状と構造
三方晶系。長く明確なポイントをもつものや、クラスター状のものが多く、とても大きな石もあります。

色
淡褐色から暗褐色。黒に近い色もあります。

産地
ブラジル、スイス、
アメリカ合衆国

希少性
大きな石、小さなタンブルともに、かんたんに入手可能。

硬度
7

身体・精神面への作用
その人のエネルギーを集中させて、グラウンディングします。
心の安らぎをもたらします。
背中の下部や腰、脚の痛みをやわらげます。
ネガティブなエネルギーフィールドやオーラを中和します。
テレビやコンピュータなどから発生する電磁波を打ち消します。
ネガティブなエネルギーから家を守ります。

ヒーリングのレイアウト
心をはぐくみ、安心できるようなエネルギーフィールドをつくりだし、ネガティブな感情を手ばなすことができます。
両足のかかとのあいだに大きな石を置くか、身体のどちらか片側に小さな石を並べると、身を守ることができます。

日常的な使い方
電子機器のそばに大きな石を置きます。
小さな石を持ち歩いたり、ペンダントとして身につけます。
小さな石を片手で握り、ネガティブな感情をしずめます。

珪化木《けいかぼく》 *PETRIFIED WOOD*

珪化木は美しく珍しい石で、はるか太古は生きている樹木の一部でした。森が堆積岩の層に埋没したときにできた化石で、ミネラル分が植物の細胞に入りこみ、木の有機的な構造を無機質に置きかえたものです。そのため外観は木のようで、木の年輪まで見られますが、手ざわりや重さは石そのものです。二酸化ケイ素からなる微晶質の鉱物で、アゲートの1種とされることもあります。

ギリシアのレスボス島には、世界最大級の化石の森があります。この森は150平方キロメートルもの範囲におよび、化石化した木の切り株が岩盤に根をはり、林立しています。これらの樹木はおよそ2500万年前のもので、現在のアジアや極東原産の樹木と同じ種類であることがわかっており、ヨーロッパの気候が当時と現在では大きく異なることをしめしています。化石の森は、このほかにもカナダやオーストラリア、アメリカ合衆国、アルゼンチンにあり、なかには2億年前の森もあります。

珪化木は、わたしたちの想像をこえるほど古い時代のものです。ヒーリングの世界では、わたしたちが想像さえできないほどはるかな太古との結びつきをもたらします。かつては植物であり、現在は石の中に永遠の姿をとどめている珪化木は、有機物と無機物の世界の橋渡しをおこない、ひとつの状態からつぎの状態へと、ゆっくり着実な変化をとげていくことを教えてくれます。

スライス

珪化木

形状と構造
微晶質のクォーツのミネラル分により、木が化石化したもので、アゲートのような外観と構造をしています。

色
含有成分により、茶色や黒、赤褐色のまだら模様となります。

産地
アルゼンチン、オーストラリア、カナダ、チェコ共和国、ギリシア、アメリカ合衆国

希少性
小さなタンブルも大きなスライス（家具にも利用される）も、かんたんに入手可能。

硬度
7

身体・精神面への作用
肝臓と血液を浄化します。
こわばった関節や関節炎をやわらげます。
いつまでも昔のことにとらわれている感情をやわらげ、むずかしい人間関係に関連した古いパターンを取りのぞきます。
太古の昔に起源をもつ石なので、あらたな形にゆっくりと進化することを象徴し、地球の最古の歴史と霊的に結びつくことを助けます。

ヒーリングのレイアウト
恥骨の上か背骨のつけ根に置くと、基底のチャクラを安定化させます。

日常的な使い方
珪化木を手に持って瞑想すると、変更不可能に思えたパターンの変化をうながせます。

ブラウンジャスパー　*BROWN JASPER*

ジャスパーは、さまざまな種類の鉱物を含むグループ名です。二酸化ケイ素からなる微晶質のクォーツで、含有成分の違いにより、さまざまな色を呈します。クォーツの微細な結晶の集合体なので、まだら模様になることがあり、含有成分に応じて、多種多様な斑点やしま模様をしめします。

ジャスパーは彫刻に適した石で、昔から印章の材料として用いられているほか、大きな石で花瓶などの容器が作られています。中世のヨーロッパでは、宝石職人が好んで使用し、丸く磨いたジャスパーを金の台座にはめて、裕福な権力者のために指輪やネックレス、ゴブレット、宝飾皿などを作りました。12世紀のドイツの神秘主義者ヒルデガルドは、夢見をよくして、睡眠を改善するためにジャスパーを用いました。

ヒーリングでは、ブラウンジャスパーは、大地との結びつきを強め、散漫なエネルギーをグラウンディングして、安定化します。おだやかに作用する石なので、クリスタルのエネルギーに慣れていない人が使いはじめるのに適した石です。ブラウンジャスパーは、その場からネガティブなエネルギーを払拭して浄化します。ムーカイトは、オーストラリア原産の美しいしま模様がはいったブラウンジャスパーで、生殖器の働きを助け、腰のこりを軽減します。また、とくに家族の問題についてヒーリングを必要としている人に、先祖との結びつきをもたらします。

研磨したもの

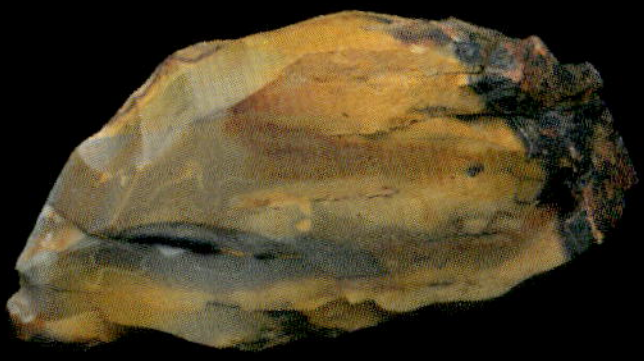

ブラウンジャスパー

形状と構造
三方晶系の微晶質のクォーツ。
リモナイトという不純物により、茶色に発色します。
すべすべとした手触りです。

色
茶色、または赤、黄色、緑、紫、青、多色。
ムーカイトは赤褐色。
不透明で、多種多様なまだら模様やしま模様が見られます。

産地
オーストラリア、ブラジル、ドイツ、インド、ロシア、アメリカ合衆国

希少性
大きな石、小さなタンブルともに、かんたんに入手可能。

硬度
6.5

身体・精神面への作用
身体から毒素を取りのぞき、免疫系の働きをサポートします。
背骨のつけ根のエネルギーを強化します。
ムーカイトは生殖器の問題を解消するのに使われ、妊娠中に身につけたり、持ち歩くのに適した石です。

ヒーリングのレイアウト
ブラウンジャスパーは、スモーキークォーツと同じく、ネガティブなエネルギーや電磁波の影響を中和します。
グラウンディングやセンタリングをおこない、あなたを大地と結びつけます。
ムーカイトは、あなたを何世代も前の人びとと結びつけ、昔からつづく家族の問題を解決します。

日常的な使い方
額に置くか、手で握りしめると、ストレスや緊張がやわらぎます。
この石を瞑想に使うと、エネルギーフィールドの中で身体を安定させられます。

レッド

レッドは、深く強力な波動をもつ色です。カラーヒーリングでは、血行を促進し、血圧をあげるために使われます。人の意欲を刺激する強力な色で、肉体の色、血の色でもあります。血液は、わたしたちの生命力を象徴する液体で、酸素やミネラル、栄養素やホルモンを身体のすみずみまで運んでいます。レッドカラーは、わたしたちの目を肉体や生き残りのための戦いに向けさせ、肉体中心の生活に導きます。「自然界の歯とつめは、血で赤く染まっている」というイギリスの詩人テニソンの言葉は、レッドがもつ強力なエネルギーをよく表現しています。

わたしたちは、スピリチュアルなものごとを探究するなかで、"天界"をイメージさせる軽やかな色の波動を好み、根本的で強力なレッドカラーのエネルギーをないがしろにしてしまうことがあります。赤い色は、わたしたちの本能と深く結びついているため、原始的な色だと思われがちです。しかし、そうした本能のおかげで、わたしたちは生命を保っているのです。赤は血液の色であり、女性の月経の色でもあります。月経の周期は、月の満ち欠けに支配されているため、創造的な気質も有しています。創造的なプロセスはとても強力で、ときには痛みをともなうこともありますが、大きな達成感ももたらしてくれます。

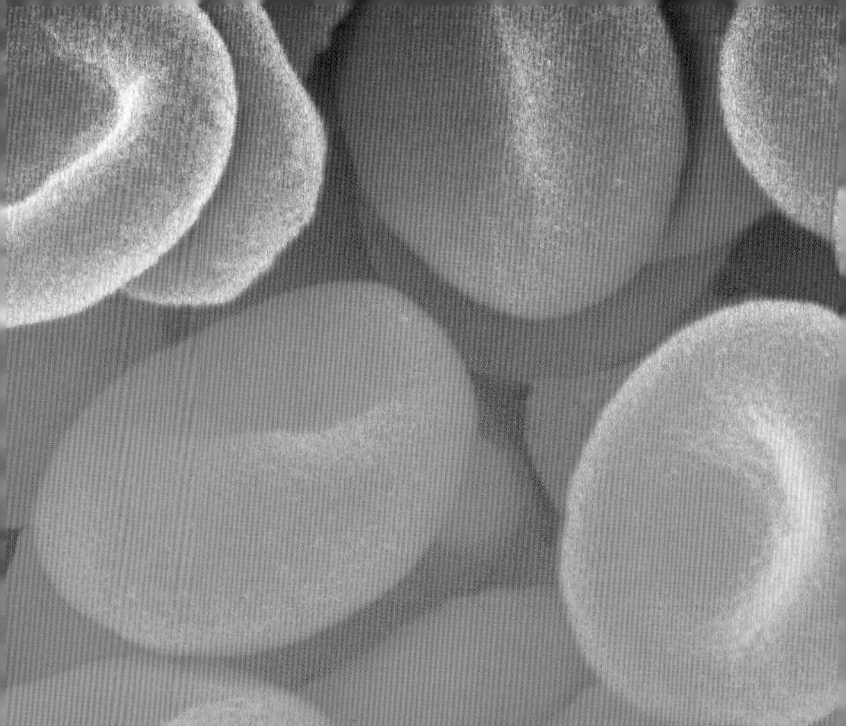

7つのチャクラ

ヒーリングの世界では、レッドは、基底のチャクラとよばれるエネルギーセンターとかかわりの深い色です。人間の身体には、おもに7つのチャクラがあり、それぞれ尾骨、仙骨、みぞおちにある太陽神経叢《そう》、胸の中央、喉、額の中央、頭頂部に位置しています。それぞれのチャクラには色があり、ふつうは虹の7色（298～299ページ参照）が対応しています。赤は基底のチャクラを活性化し、肉体の力を高める色です。

ガーネットやルビーなど赤い色のクリスタルは、肉体に対して強力な作用をおよぼし、あたたかみや刺激、心地よさをもたらします。ヒーリングでは、身体の活力が低下しているとき、身体にエネルギーを生じさせるのに使われます。わたしたちは日々の仕事をこなすなかで、精神的、肉体的、環境的なストレスにより身体にダメージを受けて、身体が冷たく感じられたり、いちじるしい疲労感や活力不足をおぼえたりします。赤い石の輝きと波動は、わたしたちの活力を回復させて、ものごとを自分で決めて実行し、人生をみずからコントロールできるようにしてくれます。

ガーネット　*GARNET*

ガーネットは、さまざまな色や形をした鉱物のグループ名です。火成岩や変成岩中で生成され、その大半はアルミニウムかカルシウムのケイ酸塩鉱物です。多くのバリエーションがありますが、おもにつぎの6種類に分けられます。

ガーネットの種類

種類	色
パイロープ	ルビーレッドから暗赤色。 宝石としてよく使われます。
アルマンディン	暗赤色から赤褐色。とても大きな石もあります。
アンドラダイト	褐色、黒色、緑色
グロッシュラー	無色、緑色、オレンジ色
スペサルタイト	ピンク色、褐色、オレンジ色
ウバロバイト	緑色

ガーネットという言葉は、ラテン語で「ザクロ」を意味する“granatum”に由来します。ガーネットの深赤色の色あいが、ザクロの種を連想させるからです。入手しやすい安価な石なので、ルビーなどの赤い貴石より格下に扱われることがありますが、この石ならではの独特の美しさもあります。ケルト人や中世の宝石職人は、ガーネットを指輪やブローチ、バックル、ネックレスなどに幅広く使っていました。ガーネットには、身を守る強力なパワーがあると信じられていたからです。

ヒーリングでは、ガーネットは、精神と感情と肉体のバランスを整え、心がより高次の愛の表現をできるようにします。不用になった古い考え方やパターンを取りのぞき、豊かさや活力を招きいれます。

研磨したもの

原石

ガーネット

形状と構造
ガーネットには、さまざまな形状がありますが、ダイヤモンド形の面をもつ十二面体が、もっとも一般的です。
ふつうガーネットとよばれているのは、パイロープかアルマンディンです。

色
パイロープは、ルビーレッドから暗赤色。磨くと、半透明な光沢が出ます。
アルマンディンは赤褐色。

産地
パイロープ：アフリカ、ブラジル、チェコ共和国、スリランカ、アメリカ合衆国
アルマンディン：チェコ共和国、インド、スリランカ、アメリカ合衆国

希少性
原石、宝石級の品質のものとも、かんたんに入手可能。

硬度
7

身体・精神面への作用
パイロープは身体に活力とあたたかみをもたらし、血行を促進して、ポジティブな愛の気持ちを高めます。
アルマンディンはグラウンディングを促進し、基底のチャクラを活性化します。

ヒーリングのレイアウト
「頭は天に、足は地に」という感覚を生みだし、心と身体のバランスを整えるために用いられます。
尾骨か心臓の上か、足のあいだに置くと、身体のバランスを調整できます。

日常的な使い方
ガーネットの効果を感じるには、宝石として身につけるのがいちばんです。
1月の誕生石です。

ルビー　*RUBY*

ルビーは、もっとも高価な宝石のひとつにかぞえられます。コランダムの赤色のものをさし、ダイヤモンドに次ぐ硬度をもつ天然の鉱物です。化学的な組成は酸化アルミニウムですが、微量のクロムを含むために赤色になります。単体の大きな結晶や小さな結晶の集合体として、世界中の堆積層から産出します。ミャンマーは深紅色のルビーの産地として名高く、ミャンマー産のルビーは「ピジョンブラッド（鳩の血）」といわれる独特の色調をしています。ルビーはダイヤモンドと同じく、美しい宝飾品に加工されます。カットされていない原石は、安価でかんたんに入手できるので、クリスタルヒーリングでは、こうしたルビーを使用します。

ルチル（酸化チタン）の針状結晶を含むルビーは光を反射して、6条のスターを浮かびあがらせ、スタールビーとよばれています。ルビーには、色や透明度に影響を与えるさまざまな欠点があり、このルチルもそのひとつです。こうした欠点の有無が、本物のルビーと人工ルビーの違いです。

ルビーは、昔から王の身分を象徴するものとして珍重され、富や権力の証しとして王冠にはめこまれました。ルビーという言葉は、ラテン語で「赤」を意味する“ruber”からつけられたものです。旧約聖書にもっとも多く登場する宝石で、神がヘブライ人の大祭司アロンの首に「宝石の王」としてルビーをかけたと記されています。

ヒーリングでは、生命力を高め、人生への情熱を喚起するクリスタルレメディー（284～285ページ参照）をつくるために使われます。心臓の上に置くと、愛の気持ちを呼びおこし、ネガティブなものをはねかえしてくれます。

研磨したもの

原石

ルビー

形状と構造
三方晶系。独特の六角形の結晶をつくり、研磨すると、きらきらとしたガラス光沢をもちます。

色
血のような深紅色、赤色からピンク色がかったものまであります。

産地
アフガニスタン、アフリカ、インド、ミャンマー、パキスタン、スリランカ、タイ、アメリカ合衆国

希少性
宝石級の品質のものは高価だが、かんたんに入手可能。原石は安価で、かんたんに入手可能。

硬度
9

身体・精神面への作用
血液や血液循環とひじょうに相性がよく、手足の冷えを改善して、悪寒をやわらげます。
全身を活気づけて、あらたなエネルギーとパワーをもたらし、大きな自信と勇気を授けます。

ヒーリングのレイアウト
ポジティブな気持ちを強くうながし、エネルギーフィールド（オーラ）を強化して、霊的な発展を促進します。
心臓か尾骨の上に置くと、身体の生命力を高めます。

日常的な使い方
原石を使って、クリスタルレメディーがつくれます。
瞑想にルビーを使うと、活力と自主性が高まります。
7月の誕生石です。

レッドタイガーアイ *RED TIGER'S EYE*

タイガーアイは、光を放つ特殊な性質をもつ鉱物のグループ名です。基本的には、二酸化ケイ素鉱物（クォーツ）ですが、生成方法がやや特殊で、クロシドライトという鉱物の繊維組織が、クォーツの中に帯状に混入してできたものです。そのため光があたると、ネコの目のように明るく輝く光の筋が石の表面に表れます。この光の輝きは、フランス語でネコを意味する「シャ（chat）」にちなんで、シャトヤンシー効果ともいわれます。タイガーアイは、硬度が高く、彫刻に適しています。研磨した大きな球状のものは、タイガーアイの光の効果が存分に楽しめます。

黄色のタイガーアイが、もっとも一般的なもので、青色と黒色のしま模様のホークスアイもよく見られます。レッドタイガーアイは、黄色のタイガーアイに熱処理をほどこし、色を変化させたものです。クリスタルに熱処理をほどこすことはよくありますが、そうしたクリスタルの品質に疑問を呈する人たちもいます。しかし、どのみち地中でも、熱によるクリスタルの変化は起きているという意見もあります。レッドタイガーアイの場合、熱を加えても、結晶構造は変化しません。その赤褐色の色あいには、独特の美しさがあります。

タイガーアイは半貴石として、中世の時代から宝飾品に幅広く用いられてきました。ふつうはシャトヤンシー効果が出るように、楕円形にカボションカットします。男性のシグネットリング（印章つきの指輪）によく用いられています。

原石

レッドタイガーアイ

形状と構造
六方晶系。楕円形に研磨すると、光を反射して、明るい光の筋が表れます。

色
赤色（熱処理したもの）、黄色、青色、青緑色

産地
オーストラリア、インド、ミャンマー、南アフリカ、アメリカ合衆国

希少性
小さなタンブルとして、かんたんに入手可能。

硬度
7

身体・精神面への作用
身体をあたためて、グラウンディングし、心身の不活性さや季節性情動障害（SAD）を緩和します。
身体をおだやかに活性化して、性的エネルギーを目覚めさせます。
ローズクォーツとともに浴槽に入れて入浴すると、感情をやわらげられます。

ヒーリングのレイアウト
下腹部、とくにへそのまわりを活性化します。
感情的な緊張をやわらげ、解き放ちます。

日常的な使い方
尾骨か下腹部の上に置くと、ストレスがやわらぎます。
小さなタンブルを右手か左手に握ると、そちら側の身体半分が活性化します。

レッドジャスパー *RED JASPER*

ジャスパーは、さまざまな鉱物のグループ名です。二酸化ケイ素からなる微晶質のクォーツで、含有成分の違いにより、さまざまな色を呈します。クォーツの微細な結晶の集合体なので、ややまだらな模様になることがあり、含有成分に応じて、多種多様な斑点やしま模様をしめします。

レッドジャスパーの色は、ヘマタイト（鉄の酸化物）によるもので、研磨すると、とくに色目がきれいに出ます。レッドジャスパーは、大きな塊状で産出します。ジャスパーはローマ時代から、外壁用のモザイクの材料や内装用の石板として用いられ、大理石と組みあわせて、みごとな床も作られました。ロシアのサンクトペテルブルクにある教会の多くでは、赤、黒、灰色など、さまざまな色のジャスパーから削りだされた1本ものの柱が使われています。クォーツの1種で、比較的硬度の高い石なので、彫刻にも適し、紋章入りのシグネットリングや印章にもよく使われています。

ヒーリングでは、レッドジャスパーは、エネルギーを集中的に高めて、あらゆる人生の困難を克服する力を高めます。持ち主を励まし、人生を向上させる石だと考えられています。基底のチャクラを活性化して、大地とのつながりをもたらします。グリーンアベンチュリンなどのおだやかな石とともに浴槽に入れて入浴すると、とても気持ちが落ちつき、低調な身体が活気づきます。

原石

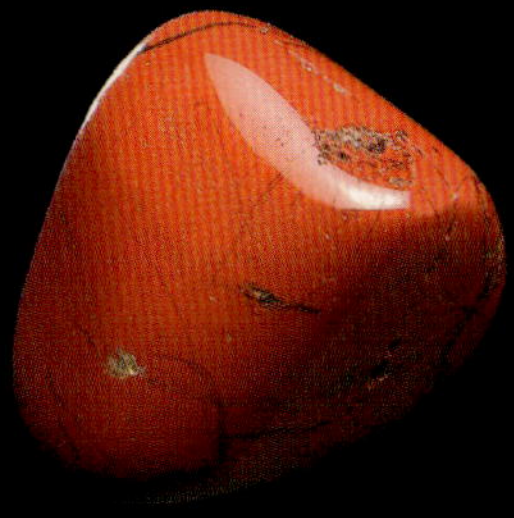

レッドジャスパー

形状と構造
三方晶系の構造をした微晶質のクォーツ。
不透明な濃い色をしています。

色
赤色、黄色、茶色

産地
ブラジル、フランス、ドイツ、ロシア、アメリカ合衆国

希少性
大きな石、小さなタンブル、研磨した球状のもの、いずれも安価で、かんたんに入手可能。

硬度
6.5

身体・精神面への作用
身体をおだやかに活性化して、サポートします。グラウンディングして、身を守ります。
エネルギーフィールドを強化します。
血行を促進して、身体をあたためます。
自分を信じる心と行動をおこす勇気をはぐくみます。

ヒーリングのレイアウト
とくに病気のあとに、基底のチャクラの上に置くか、身体のまわりに円形に並べると、エネルギーフィールドを強化できます。

日常的な使い方
枕の下に置くと、明晰夢を見やすくします。
タンブルをそれぞれ両手にもつと、エネルギーを安定化させて、バランスを整えられます。

ジンカイト　*ZINCITE*

ジンカイトは亜鉛の酸化物で、たいてい塊状や粒状で産出します。自然界では、ふつうはカルサイトなどの母岩のなかで生成します。天然のジンカイトは、ごくかぎられた産地でしか発見されていません。流通しているジンカイトのほとんどは、天然のものではなく、亜鉛の鉱石を精錬する過程などで生じた副産物です。有名なところでは、近年、ポーランドにある亜鉛の精錬工場で、さまざまな大きさのジンカイトが発見された例があります。このジンカイトは美しい深紅色やオレンジ色でしたが、なかには緑色のものもありました。こうした合成のジンカイトは、溶けたガラスに似た構造や外観をしています。

クリスタルヒーリングのセラピストたちは、合成ジンカイトの美しい色調に注目しています。高温で反応させせた鉱物から生じるジンカイトは、どことなく錬金術を思わせます。錬金術は、卑金属から金などの貴金属をつくりだそうとした神秘的な科学で、古代から中世にかけて盛んになりました。

ヒーリングでは、ジンカイトは、いも虫が蝶になる昆虫の変態のように、ひとつの状態から次の状態に変容することの象徴と見なされています。性的エネルギーや創造性、子づくりを強く刺激するものとして使われています。

原石

ジンカイト

形状と構造
天然のジンカイトは六方晶系。亜鉛精錬の副産物として生じたものは、半透明で、ガラスのような性質をもちます。

色
赤、赤褐色、暗赤色、オレンジ、緑

産地
オーストラリア、イタリア、ナミビア、ポーランド、アメリカ合衆国

希少性
天然のジンカイトは希少。合成のジンカイトは、比較的入手しやすい。

硬度
4

身体・精神面への作用
背骨と全身を通じて、基底のチャクラのエネルギーを高め、性的なエネルギーとパワーを大きく増大させます（これは、他人との関係や個人の探究を通じて表現される、あらゆる創造的な衝動の源となります。インドでは、クンダリニーの上昇とよばれています）

ヒーリングのレイアウト
背骨のつけ根や尾骨、心臓の上に短時間だけ置くのが、最適な使用法です。
身体がジンカイトの強力な作用に慣れるのに時間がかかるので、じゅうぶんに注意して使用してください。

日常的な使い方
自分がいる場所にこの石を置くと、自分の変容を象徴するものとなります。

スピネル　*SPINEL*

スピネルは美しい宝石で、たいてい赤色ですが、ピンク色がかったものもあります。マグネシウムとアルミニウムの酸化物で、ルビーと同じくクロムを含有しているために赤くなります。現代になるまで、赤色の石はすべてルビーと見なされる傾向にあり、厳密な鉱物的試験をしないかぎり、その違いを立証することはできませんでした。ルビーの硬度は9で、スピネルの硬度は8なので、この違いで区別されます。

スピネルをルビーだと思いこんでいた例で歴史的に有名なものに、イングランド王家の王冠にはめこまれている大きな“黒太子のルビー”があります。これは、じつは重さが38グラムもある大きな美しい赤色のスピネルでした。14世紀にイングランドの黒太子（イングランド王エドワード3世の長男）が、スペインに遠征したときの“報酬”として受けとったもので、もともとはスペイン南部のグラナダを支配していたムーア人の王子のものでした。その後、このスピネルは、ヘンリー5世が1415年のアジャンクールの戦いでかぶった兜《かぶと》を飾り、1485年には、リチャード3世がボズワース・フィールドの戦いで身につけ、17世紀はじめにジェームズ1世がイングランド王家の王冠にはめこみました。しかし、ピューリタン革命を指揮して、王政を廃止したオリバー・クロムウェルの命により、王冠の宝石はすべてはずされ、王冠の金属も溶かされてしまいました。1660年の王政復古後、このスピネルは奇跡的に取りもどされ、ふたたび王家の王冠にはめこまれました。

ヒーリングでは、スピネルは、人生へのエネルギーや新しいインスピレーション、あらたな始まりの意識を生みだします。強力なパワーをもつ石で、基底のチャクラを開いて固定し、肉体的・霊的な発展をうながします。

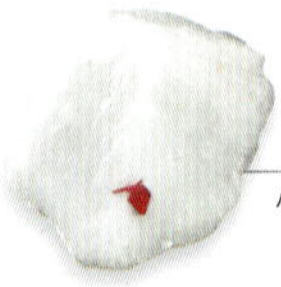

小さな結晶

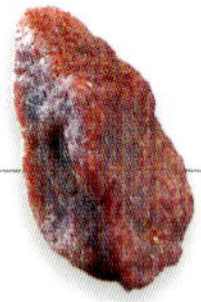

原石

スピネル

形状と構造
ピラミッド形の先端をもつ立方晶系。スピネルという名は、小さなとげ（スピニー）があることに由来します。透明で、ガラス光沢があります。
大きな結晶は、大理石（変成石灰岩）など変成岩中で生成します。

色
赤が代表的。緑、青、褐色、紫、黒もあります。

産地
アフガニスタン、ブラジル、インド、ミャンマー、スリランカ

希少性
専門業者から入手可能。

硬度
8

身体・精神面への作用
身体と精神を活性化させる作用があり、未来に対してポジティブな見方と新鮮なアプローチを生みだします。
身体の毒素を排出します。
感情的な毒素を取りのぞくこともできます。

ヒーリングのレイアウト
グラウンディングと浄化のためのレイアウトで、背骨のつけ根か尾骨の上、あるいは両足のかかとのあいだにこの石を置くと、身体が霊的な発展をとげるためのアンカーの役目をはたします。

日常的な使い方
仕事場にスピネルを置くと、インスピレーションが高まります。

オレンジ

やわらかなアンズ色から熟れたオレンジのみずみずしい色まで、オレンジにはさまざまな色調があり、すべての色のなかで、もっとも人を元気づける色だといえます。わたしたちはオレンジ色を目にすると、真夏のバカンスやアウトドアをイメージします。オレンジの味やにおいを思いおこす人もいるでしょう。オレンジジュースのコマーシャルで、人びとが太陽の下で楽しそうにすごすシーンがよく登場するのは、オレンジの色や果実が光や自由という概念と強く結びついているからです。子どもたちは、オレンジの味や色が大好きです。おとなの多くは、子どものようなのびのびとした遊び心を取りもどすために、オレンジ色のエネルギーを必要としています。

オレンジ色は、背骨のつけ根にある仙骨のチャクラと関連が深い色です。仙骨のチャクラのエネルギーは、あたたかく刺激的で、不安をとりのぞき、生殖器の働きを整えるといわれています。オレンジ色のエネルギーは、赤（基底のチャクラ、大地や肉体的な力との結びつき）と黄色（太陽神経叢のチャクラ、精神的な発展と集中力）を組みあわせたものです。自信を与え、自分にも他人にも本音で接する力を授けます。人生が憂うつに思えるときや、景気づけについアルコールをのんでしまうとき、恐怖にとらわれているとき、真冬で気分が沈んでいるときは、オレンジ色のパワーが必要です。あざやかなオレンジ色では刺激が強すぎるときは、やわらかなアンズ色やピーチ色を使ってください。こうした色は、仙骨のチャクラをおだやかに活性化します。カラーヒーリングのセラピストはクライアントの状態に応じて、直感的にやわらかい色調のオレンジ色を用いることがあります。

太陽の色

世界には、オレンジ色やオレンジゴールドの色が特別な意味をもつ国があります。インドやスリランカ、タイなど、アジアの仏教国では、僧侶の僧衣がこうした色に染められています。落ち葉の色なので、執着心を手ばなすことの象徴とされているのです。オレンジ色や黄金色の花輪は、朝日や夕日の輝きや真昼のきらめく陽光など、刻々と変化する太陽と関連づけられ、仏像に供えられます。ヨーロッパでは、初期の薬草医たちがオレンジ色のキンセンカをよく利用していました。イギリスの薬草医ジョン・ジェラードは、16世紀にキンセンカを太陽と関連づけて、気分を高揚させるために用いました。

オレンジ色のクリスタルは、あたたかみと活気にあふれ、ほかの色を引きたてる色でもあるので、アクセサリーにも好んで使われます。ヒーリングでは、感情面のアンバランスを整え、自分の感情表現に自信をもつために用いられます。

オレンジカルサイト *ORANGE CALCITE*

カルサイトは、地球の地殻全体のおよそ4パーセントを占めている鉱物です。炭酸カルシウムからなり、一般的には石灰岩としてよく知られています。変成岩中で圧力を受けると、大理石(変成石灰岩)になります。洞窟の内部には、鍾乳石や石筍《せきじゅん》を形成します。炭酸カルシウムは、貝殻の主成分でもあります。死んだ貝が海底に沈積したカルシウムの層は、やがて石灰岩となります。炭酸カルシウムはカルサイトとして、さまざまな色や形状の結晶をつくり、しばしば大きな双晶を生成します。さまざまな色や形のカルサイトが入手可能です。

一般的に、どの色のカルサイトもエネルギーの変圧器と見なされ、古いエネルギーを新しいエネルギーに変換します。やわらかな色調のオレンジカルサイトは、オレンジ色の光と結びつき、仙骨のチャクラのエネルギーをおだやかかつ持続的にサポートします。他人に奉仕ばかりして、自分のことを犠牲にしてしまう人にポジティブな作用をおよぼし、とくに生まれたばかりの子どもの世話に追われ、新しい生活に適応しようと苦労している母親に有用です。オレンジカルサイトを家に置いてながめ、ときどき握りしめると、母親も赤ん坊もともに元気づけられるでしょう。

研磨したもの

原石

オレンジカルサイト

形状と構造
じつに多種多様な形状があります。
大きな犬牙状の結晶など、菱面体のものが代表的で、双晶のものも数多く産出します。

色
オレンジ、または透明、青、緑、ハチミツ色、ピンク、褐色、黒、灰色。

産地
メキシコ

希少性
研磨した大きな球状のものや小さな石片やポイントが、どの色のものでも、かんたんに入手可能。

硬度
3

身体・精神面への作用
どのカルサイトも、おだやかで落ちついた外観と感触をもちます。オレンジ色のものは仙骨のチャクラと結びつき、ネガティブな感情を解消して、人生の喜びを増大させます。
創造力と遊び心をふくらませ、不可能そうに思われる問題を解決するのを助けます。
消化器系のバランスを整えるために使われます。

ヒーリングのレイアウト
ハニーカルサイトやピンクカルサイトなどのおだやかなクリスタルとともに浴槽に入れて入浴すると、ストレスや不安をやわらげます。
太陽神経叢や下腹部の上に置くと、消化機能を落ちつけたり、あらたなエネルギーレベルにおだやかに移行していく準備を整えます。

日常的な使い方
片手にひとつずつ石を握ると、精神的なバランスを整えたり、瞑想中に意識を集中できます。

アラゴナイト *ARAGONITE*

アラゴナイトは、カルサイトと同じ化学組成をもつ炭酸カルシウムの鉱石ですが、構造や形状が異なります。カルサイトよりも硬度と比重が大きく、強いガラス光沢をもち、突起形の小さな結晶がクラスターを形成します。この突起は、旧ソ連の人工衛星にちなんで「スプートニク」とよばれています。また、“鉄の花”を意味する「フロスフェリ」という形状のものも有名です。これは、アラゴナイトが珊瑚《さんご》のように曲がりくねった形に生成したものです。最初に発見されたスペインのアラゴン地方にちなんで、アラゴナイトと命名されましたが、いまではモロッコやイギリス、アメリカ合衆国でも産出します。微量のアラゴナイトは、アワビなどの貝の内側に見られる真珠のような虹色の光沢を生じさせます。炭酸カルシウムなので、ある種の貝や珊瑚の構造体の主成分ともなっています。

ヒーリングでいちばんよく使われるのは、スペイン産かモロッコ産の赤みがかったオレンジ色のものですが、そのほかにも緑色や青色、灰色のものがあります。動きをとめた生物のようであり、どことなくこの世のものとは思えぬ外観を呈しています。複雑な形はさまざまな心の状態をしめし、ときには過去の経験や過去世とかかわるシンボルを暗示していることもあります。アラゴナイトは、古いエネルギーを新しいエネルギーに変えます。星のような形状は、肉体を越えた、より高い次元の意識との結びつきをもたらします。

クラスター

アラゴナイト

形状と構造
斜方晶系。ガラスのような光沢と感触があり、中央のポイントから数多くの結晶が四方に広がったものや、大きな柱状結晶のまわりに小さな結晶がクラスター状に生成しているものがあります。

色
橙赤色、または褐色、黄色、青、緑、灰色。

産地
イギリス、ドイツ、モロッコ、ナミビア、スペイン、アメリカ合衆国

希少性
専門店で入手可能。

硬度
3.5 ～ 4

身体・精神面への作用
感情と肉体のバランスを保ち、うっ積した感情をやわらげます。
無力感を自信に変えます。
骨格や骨を維持します。
橙赤色の色調は仙骨のチャクラを活性化し、おだやかに血行を促進して、身体をあたためます。

ヒーリングのレイアウト
下腹部に置くと、ネガティブな感情や感情的なしこりを取りのぞいて、いやします。
心臓や喉の上に置くと、過去のできごとにかかわる感情の表現をうながします。

日常的な使い方
ペンダントとして胸元につけると、感情がやわらぎます。
ヒーリングルームに置くと、エネルギーの波動が高まります。

カーネリアン　*CARNELIAN*

カーネリアンは、微晶質のクォーツのなかでもっとも一般的に流通しているもので、アゲートやカルセドニーとしても知られています。二酸化ケイ素の鉱物が鉄の不純物により着色したもので、褐色から橙赤色までさまざまな色調のまだら模様やしま模様がはいっています。あたたかみのあるオレンジ色のクリスタルは、研磨すると、ひときわ美しさを増します。大きな球形や卵形、タンブルなど、さまざまな大きさや形のものが入手可能です。

太古の昔から、人びとはカーネリアンを研磨し、装身具として身につけてきました。古代エジプト人は、オニキスやラピスラズリの色を引きたてるために、この石を首飾りに利用しました。ローマ人はカーネリアンを金と組みあわせるのを好み、小さなビーズをイヤリングに埋めこんだり、研磨した大きな石で指輪を作りました。硬度が高い石なので、彫刻にも適しています。個人の紋様や神の姿を刻んだ2世紀はじめのローマ人のシグネットリング（印章つきの指輪）やカメオリングが発見されています。中世のヨーロッパではヒーリングストーンとしても広く用いられ、激しい怒りをしずめ、持ち主をネガティブなものから守り、勇気を奮いたたせる石とされました。

クリスタルを集めはじめた人は、早い段階でカーネリアンを入手することが多いようです。あたたかみのあるオレンジ色の魅力的な石で、研磨するとすべすべになります。彫刻をほどこした石を持ちあるき、ときおり手でふれると、ストレスや緊張をやわらげることができます。さまざまなオレンジ色のタンブルを部屋に飾ってもすてきです。

原石

カーネリアン

形状と構造
三方晶系。クォーツが繊維状の層をなし、やわらかな色調のしま模様やや半透明の外観を作りだします。

色
淡色から濃い橙赤色まで、さまざまな色調のオレンジ色。透明なものもあれば、さまざまな斑点やしま模様があるものもあります。

産地
ブラジル、インド、イラン、サウジアラビア、ウルグアイ

希少性
かんたんに入手可能。

硬度
7

身体・精神面への作用
とくにけがをしたあとの治癒力を高めます。
老廃物の排出を促進し、活力や体力を増進します。
血液を浄化し、血行を促進します。
困難に直面したときに勇気を授けます。

ヒーリングのレイアウト
ローズクォーツとともに心臓の上に置くと、愛の波動で性的なエネルギーのバランスを整えます。
下腹部に置くと、仙骨のチャクラと基底のチャクラを活性化します。

日常的な使い方
下腹部か、腰の部分に置いたり、浴槽に入れたり、胸元につけると、心と身体があたたかくなります。

サンストーン　*SUNSTONE*

サンストーンは、フェルドスパー（Feldspar）という大きな鉱石グループに属し、オリゴクレース（Oligoclase）という鉱物名でも知られています。化学組成は複雑で、ナトリウムとカルシウムとアルミニウムのケイ酸塩からなります。サンストーンもムーンストーンも、ともにオリゴクレースの１種で、光を反射する性質をもちます。サンストーンの場合は、小さな粒状のヘマタイトがきらきらとしたゴールデンオレンジの光を放ちます。最高品質のサンストーンはみごとなほどの光を反射し、きらきらとした外観を呈します。反対に低級品は色が薄く、きらめく粒子はごくわずかしか含まれていません。サンストーンは、円形か楕円形のカボションカットにすると、みごとなきらめきを見せます。小さなタンブルは、クリスタルショップでかんたんに入手できます。

ノルウェーは、昔からサンストーンの主要な産地でした。古代ノルウェー人が記した文献によれば、バイキングたちは航海中に陸上の目標を見つけられないとき、サンストーンを使って太陽の光を集め、航海の助けとしていたようです。

サンストーンの生き生きとしたきらめきは、見る人を元気づけます。理性と感情にポジティブに働きかけて、信念をよびおこし、スピリチュアルな意識を高めます。太陽が大好きな人は、このクリスタルで太陽のエネルギーと結びつき、心身を光で満たすことができます。太陽の光が少ない真冬に身につけてもよいでしょう。

原石

研磨したもの

サンストーン

形状と構造
三斜晶系。半透明か乳白色の外観を呈します。
塊状か、やや斜方のポイントを形成します。

色
インクルージョンが数多く見られるオレンジ色のものが高品質です。低品質のものは乳白色か淡いオレンジ色で、インクルージョンはほとんど見られません。

産地
カナダ、インド、ノルウェー、ロシア、スウェーデン、アメリカ合衆国

希少性
クリスタルショップでかんたんに入手可能。

硬度
6 〜 6.5

身体・精神面への作用
憂うつな気分や不安な気持ちを高揚させて、ネガティブな思考を払拭し、ポジティブに意思決定がおこなえるようにします。
発展する感覚を生みだします。
オレンジ色の仙骨のチャクラと黄色の太陽神経叢のチャクラのバランスを保ち、知性と感情がうまくかみあうようにします。
痛みやリューマチをやわらげます。

ヒーリングのレイアウト
下腹部に置くと、仙骨のチャクラに作用します。
喉に置くと、痛みをやわらげたり、コミュニケーションの問題を改善できます。

日常的な使い方
心臓の上に置くと、光やポジティブなエネルギーを全身に行きわたらせます。
サンストーンを瞑想に使うと、そのエネルギーを体感できます。

コッパー　*COPPER*

純粋な銅は熱や電気の伝導性に大変すぐれ、電子製品や配管、土木工事、家庭用品、硬貨、楽器、ガラスなど、さまざまなものに利用されています。自然銅はほぼ採掘しつくされているので、現在はマラカイトなどの鉱物から、含有成分の銅が抽出されています。

人類は、すくなくとも1万年以上前から銅を利用してきました。アナトリアの古代遺跡では、5000年も前から銅の溶融がおこなわれてきたことが明らかになっています。中国やアンデス山脈では4000年前の銅製品が発見され、中央アメリカや西アフリカでも1000年ほど前の銅製品が見つかっています。銅はやわらかい金属鉱物で、地中からそのまま採掘したり、加熱してほかの鉱物からかんたんに抽出することができ、鍋や食器、槍先などの武器をつくるために使われてきました。銅とスズの合金は「青銅」とよばれ、青銅器時代という人類史の一時代にその名を冠しています。ローマ時代、銅はアエスキプリウム（aes cyprium）とよばれていました（aesは合金、cypriumは産地のキプロスを意味します）。その後、銅はラテン語でcuprumとよばれるようになり、これが銅の化学記号「Cu」や英語のコッパー（Copper）の語源となりました。

ヒーリングの世界では、銅は、クリアクォーツとほかのクリスタルを組みあわせたクリスタルワンドに利用され、強力なヒーリングツールとなります。銅はエネルギーの伝導性にすぐれ、複数のクリスタルが協調して働くのを助けるからです。このタイプのワンドは、強力なエネルギーツールなので、きちんと使いこなせるクリスタルヒーリングの専門家が手にするべきでしょう。

自然銅の塊

コッパー

形状と構造
立方晶系の金属鉱物。自然銅の塊か、マラカイトやアズライト、キュープライトなどの鉱物の含有物として産出します。

色
くすんだオレンジ色、酸化したものは緑色。

産地
オーストラリア、ドイツ、ロシア、アメリカ合衆国

希少性
自然銅の塊は、コレクター用の鉱物標本として入手可能。

硬度
3

身体・精神面への作用
リューマチや関節炎の症状を緩和するために、ブレスレットとしてよく身につけます。
伝導性にすぐれた性質をもち、心身のエネルギーが詰まったり、停滞している感じをやわらげます。

ヒーリングのレイアウト
胸骨の上にある胸腺の位置に置くと、免疫系の働きを助け、身体を活性化します。

日常的な使い方
マラカイトとともに飾ると、空間のエネルギーを浄化して、調和させます。

イエロー／ゴールド

イエローは、太陽の光のように明るくあざやかで、生き生きとした色です。天頂で燦然《さんぜん》と輝く真昼の太陽の力強さを象徴しています。ポジティブなエネルギーに満ちた色で、知的な明晰さや鋭い観察力を刺激し、“全体像を視野に入れて”意思の決定をする必要がある人をサポートします。はつらつとした色調は、家の中を明るく楽しい雰囲気にしてくれるので、インテリアカラーとしても人気があります。

イエローは浄化と解毒の作用をもち、心身のよごれやあかをきれいに取りのぞきます。レモンやグレープフルーツのようなイエローカラーの果物も、同じような特徴をもち、みずみずしい食感で身体を活性化して、消化器系の調子を整え、肝臓の働きを高めます。免疫機能も高めるので、カラーヒーリングで、黄色の光をあててもらうとよいでしょう。

イエローは、みぞおちにある太陽神経叢のチャクラと結びつきの深い色です。このチャクラは、精神的な活動や発展、知的な分析力と関連があり、集中力を高めます。しかし、そうした精神活動の高まりには、限界があることもあります。わたしたちは日常生活において、なかなか全体を見渡しながら判断をくだすことができないものです。太陽神経叢のチャクラは緊張しやすい場所なので、すぐ上にある心臓のチャクラ（状況に愛をもたらす）やすぐ下にある仙骨のチャクラ（人間関係を円滑にする）により、バランスを整える必要があります。

ゴールドの光

　ゴールドは、イエローのエネルギーを凝縮した色です。金属のゴールド（金）は、地球上でもっとも貴重な鉱物のひとつにかぞえられます。ゴールドカラーは、太陽系の中心に座する恒星で、スピリチュアルな秩序（コスモス）の中心でもある太陽を象徴する色です。美しいいやしの光を放ち、ネガティブなものを変容させる力をもちます。感情的ななぐさめや安らぎがほしい人は、自分が金色の光を浴びている姿をイメージしてみると、ゴールドカラーがもつ変容のエネルギーを感じられるはずです。天使の存在を信じている人は、美しい金色の光を目撃して、天使がそばにいることを実感するでしょう。昔から金色は天使の光輪の色とされています。

　金属鉱物のゴールド（金）やイエローカラーのクリスタルは、ヒーリング効果にすぐれ、アクセサリーとして身につけても魅力的です。幸福感と喜びを増して、明晰さと安らぎをもたらし、自信と自己表現を最大限に高めます。イエローやゴールドの石を集めて家に飾り、浄化やいやしのエネルギーを高めましょう。

ゴールデントパーズ *GOLDEN TOPAZ*

ゴールデントパーズは、金色の光沢をもつ美しい宝石で、フッ素と水酸基を含むアルミニウムのケイ酸塩です。硬度が高いので、カッティングして、ファセットをほどこすと、美しく光り輝きますが、ダイヤモンドと同じく一方向に割れる性質があるので、加工の際は注意する必要があります。大きな結晶として産出することもありますが、ふつうは小さな八面体の結晶のものが流通しています。

トパーズの名前の由来には諸説あり、サンスクリット語で「火」を意味する“tapaz”が語源だとする説や、紅海にあるトパジオンという島の名前に由来するという説があります。トパジオン島は、その昔トパーズの産地だったとされますが、実際にこの島からもっとも多く産出したのはペリドットでした。古代エジプトでは、トパーズは太陽神ラーに捧げられた石とされ、ローマ人は、太陽神ジュピター（ゼウス）と結びつけていました。トパーズは、大いなるパワーと強さを持ち主に授けると信じられていました。

トパーズは、昔からヒーリングに用いられています。中世のヨーロッパでは、魔力から身を守り、視力を改善して、不眠を解消し、沸騰しているお湯を冷まし、霊的なインスピレーションをわきやすくする石だと信じられていました。また、毒のそばでは石の色が変わるとされ、多くの王や貴族がこの石を身につけていました。

現在のヒーリングでは、個人の意志を高次の目的に沿って明確にし、強固にするために用いられます。わたしたちは、自分だけで最善の判断ができるものだと思いがちですが、人間の認識には限界があることもあります。トパーズは、より高い次元の内なる叡智やガイダンスをわたしたちに授けます。

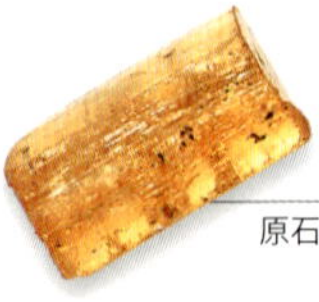

原石

ゴールデントパーズ

形状と構造
斜方晶系。ガラスのような透明感があります。
ひとつの面に沿って、断層線がよく見られます。
粒状の大きなクラスターもあります。

色
ゴールデンイエロー、または透明、オレンジ、赤、緑、青（たいていは、透明なトパーズを熱処理したもの）

産地
ブラジル、メキシコ、ミャンマー、パキスタン、ロシア、スリランカ、アメリカ合衆国

希少性
未研磨のものは、クリスタルショップでかんたんに入手可能。宝飾品にも利用されます。

硬度
8

身体・精神面への作用
高次の目的に沿って、その人の意図を明確にし、自分本来の道を追求できるようサポートします。
頭をすっきりとさせ、血行を促進します。
太陽神経叢のチャクラからネガティブなものを取りさり、腎臓を通じて排出するのを助けます。

ヒーリングのレイアウト
眉間にある第三の目のチャクラの上に置くと、頭が整理されて、高次の叡智を受けとりやすくなります。
太陽神経叢の上に置くと、チャクラのエネルギーを高めて、腹部の緊張をやわらげます。

日常的な使い方
人生の目的と結びつくためのクリスタルレメディーがつくれます（284～285ページ参照）
アクセサリーとして身につけます。
瞑想に使うと、意識を集中できます。

シトリン　*CITRINE*

シトリンは、クォーツ（二酸化ケイ素）の美しい変種です。クォーツは、地殻を構成するもっとも一般的な鉱物のひとつで、さまざまな形や大きさの結晶を形成します。シトリンは透明で、含有する微量の鉄分により、淡い金色に発色しますが、こうした天然のものはごくわずかしか出まわっていません。暗黄色や褐色の石でシトリンとして売られているものは、実際には、熱処理をほどこしたアメジストです。石としては魅力的ですが、シトリンとしてヒーリングに用いるのには適していません。天然のシトリンは色が淡く、はっきりとしたポイントをもっているので区別できます。

人びとは、昔からシトリンを丸くカボションカットして、指輪などにはめこみ、装身具として身につけていました。ローマ時代のシトリンの指輪も見つかっています。今日では、ペンダントやイヤリング、指輪などに加工され、やわらかな金色の光沢をもつアクセサリーとして人気があります。レインボーとよばれる虹色に光る結晶内の断層がよく見えるよう、入念にカットされ、球体や炎の形に研磨されたものもあります。天然石と人工的なもの、どちらを選ぶかは個人の好みの問題ですが、ヒーリングに利用したいのなら、天然石がいちばんです。人工的なものでも、プロがカットや彫刻をほどこしたものは、どれも美しいものです。

ヒーリングでは、エネルギーフィールド（オーラ）を肉体と調和させるために用いられます。ストレスやけがにより、精力が減退したら、活力あふれるシトリンでバランスを整えなおしてください。シトリンの美しいきらめきは、豊かさも引き寄せます。家に飾って、物質的なエネルギーの流れを向上させましょう。

研磨したもの

シトリン

形状と構造
三方晶系。はっきりとした大きなポイントや小さなクラスターを生成します。

色
淡いゴールデンイエロー。暗い色調のものは、熱処理されたアメジスト。

産地
カナダ、フランス、マダガスカル、メキシコ、ロシア、スペイン、アメリカ合衆国

希少性
天然のシトリンは希少なので、専門業者に訊いてみましょう。

硬度
7

身体・精神面への作用
創造的な考えやインスピレーションを刺激し、自由な発想をうながします。
アイデアを現実化します。
ホルモンのバランスを整え、身体の活力を高めます。
憂うつな気分を高揚させます。

ヒーリングのレイアウト
額に置くと、創造的なインスピレーションを高めます。
太陽神経叢の上に置くと、上腹部の緊張をほぐします。

日常的な使い方
部屋に飾ると、幸運と豊かさを引き寄せます。
天然のシトリンを瞑想に使うと、思考が明晰になります。
身体に活力を与えるためのクリスタルレメディー（284 ～ 285ページ参照）がつくれます。
つねに持ち歩くと、インスピレーションが高まります。

アンバー *AMBER*

アンバー（琥珀《こはく》）は鉱物や宝石ではなく、絶滅した常緑樹の樹脂が2500～5000万年の歳月をかけて、化石化したものです。バルト海沿岸が、もっとも有名な産地です。アンバーは完全な姿をした昆虫を内包していることがあり、科学者たちが詳細に研究できるほど、昆虫の保存状態は完ぺきです。種子や花粉もよく内包しています。これらは樹脂がねばねばした状態のときにくっつき、そのまま永久的に閉じこめられたものです。アンバーは、美しい黄色や深みのある金色のものがもっとも一般的ですが、緑や赤、褐色のものもあります。樹脂なので、とてもやわらかく、軽量ですべすべとした感触をしています。

人類は石器時代からアンバーを収集し、身につけていたことが、考古学の調査から明らかになっています。古代ギリシア時代には、アンバーは沈みゆく太陽のエキスで、太陽エネルギーを凝縮したものとされ、古代ギリシアの太陽神ヘリオスに捧げられた石でした。ヘリオスは毎日、太陽の戦車を駆って、天空を横断すると信じられていました。ギリシアの詩人ホメロスの大叙事詩「オデュッセイア」では、アンバーが大変貴重な贈り物として与えられたことが描写されています。ケルト人の社会では、富と地位のしるしとされ、金細工や銀細工にはめこまれた精巧なブローチが、昔の埋葬地から見つかっています。

ヒーリングでは、アンバーのゴールデンイエローのカラーは、あたたかみがあり、精神を活気づけ、再生する感覚をもたらし、エネルギーレベルを回復させます。アクセサリーとしても大変人気が高く、おもに指輪やペンダント、イヤリングに加工されます。

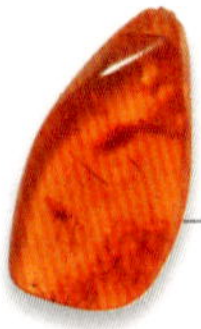

研磨したもの

原石

アンバー

形状と構造
非晶質の樹脂の化石で、小さなものから大きな塊まであります。軽量で、すべすべとした感触です。原石は不透明で、研磨すると色に深みがでます。

色
ゴールデンイエロー。赤、緑、褐色のものはやや希少。

産地
イギリス、ポーランド、ロシア、南アメリカ

希少性
かんたんに入手可能。

硬度
2

身体・精神面への作用
胃や腎臓、脾臓（ひぞう）の機能を回復し、免疫系の働きを助けます。
腰や骨盤、生殖器を強化します。太陽神経叢のチャクラ（イエロー）や仙骨のチャクラ（オレンジ）のエネルギーを再生し、感情を安定させて根づかせます。
ポジティブな考え方をうながし、自信を高めます。

ヒーリングのレイアウト
アンバーを喉と太陽神経叢、へそ、左右の骨盤の上に置くと、身体をよみがえらせて強化できます。

日常的な使い方
指輪として指につけるか、ペンダントとして胸元につけると、感情のバランスを整えられます。

イエロータイガーアイ *YELLOW TIGER'S EYE*

タイガーアイは、光を放つ特殊な性質をもつ鉱物のグループ名です。基本的には二酸化ケイ素（クォーツ）ですが、生成方法がやや特殊で、クロシドライトという鉱物の繊維組織が、クォーツの中に帯状に混入してできたものです。そのため光があたると、ネコの目のように明るく輝く光の筋が、石の表面に表れます。この光の輝きは、フランス語でネコを意味する「シャ（chat）」にちなんで、シャトヤンシー効果ともいわれます。タイガーアイは硬度が高く、彫刻に適しています。研磨した大きな球状のものでは、タイガーアイの光の効果が存分に楽しめます。イエロータイガーアイは、もっとも一般的なタイガーアイで、金色や黄褐色の光の帯がみごとなかがやきを放ちます。

タイガーアイは、何千年も前から人びとに利用されている半貴石です。紀元前2500年のメソポタミア（現在のイラク）の古代都市ウルの墳墓からは、タイガーアイやカーネリアンなどのアゲートがはめこまれた金細工が発見されています。紀元前4世紀のアレキサンダー大王時代のギリシアでは、金細工職人が、ネックレスや指輪などの金の装身具にタイガーアイを利用していました。

ヒーリングでは、ネガティブなエネルギーからエネルギーフィールド（オーラ）を守ったり、みぞおちにある太陽神経叢のチャクラから緊張や精神的な束縛を取りのぞくのに用いられます。おだやかな金色の波動が、心身を落ちつけ、回復させます。

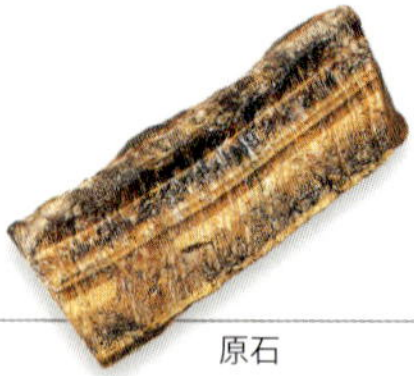

原石

イエロータイガーアイ

形状と構造
六方晶系。六角形に生成します。不透明で、クォーツとクロシドライトの繊維組織が層状になり、きらめきを発します。

色
ゴールデンイエロー、または青、青緑、赤（熱処理したもの）

産地
インド、ミャンマー、南アフリカ共和国、アメリカ合衆国

希少性
かんたんに入手可能。

硬度
7

身体・精神面への作用
太陽神経叢のチャクラのエネルギーと結びつきが深い色で、精神的な束縛を解消し、現在の問題に意識を集中させます。
新陳代謝を助け、身体エネルギーの減退を防ぎます。
目の健康を保ち、視界をはっきりとさせます。

ヒーリングのレイアウト
太陽神経叢か腹部の上に置くと、緊張をやわらげて、外部の影響から心身を守ります。
下半身をしっかり固定し、霊的な発展のための土台とします。

日常的な使い方
それぞれの手にタンブルを持ち、タイガーアイの金色の光を思いうかべながら瞑想します。
視界をはっきりさせるためのクリスタルレメディーがつくれます（284 ～ 285ページ参照）。

イエロージャスパー *YELLOW JASPER*

ジャスパーは、さまざまな種類の半貴石を含むグループ名です。二酸化ケイ素からなる微晶質のクォーツで、含有成分により、さまざまな色を呈します。クォーツの微細結晶の集合体なので、いくぶんまだら模様になることがあり、含有成分に応じて、多種多様な斑点やしま模様をしめします。イエロージャスパーは不透明で、研磨するとすべすべになります。マスタードイエローの色調は、含有成分のリモナイト（Limonite ／褐鉄鉱）によるもので、小さな黒い斑点が見られることもあります。

ジャスパーは硬度が高く、彫刻に適しているので、昔から印章の材料として用いられてきました。大きな石からは、花瓶や壷、ときにはチェスセットなどが作られることもあります。中世のヨーロッパでは、宝石職人が好んで使用し、丸く研磨したジャスパーを金の台座にはめて、裕福な権力者のために指輪やネックレス、ゴブレット、宝飾皿などを作りました。12世紀のドイツの神秘主義者ヒルデガルドは、夢見をよくして、睡眠を改善するためにジャスパーを用いました。一般的にどの種類のジャスパーも持ち主を守護するパワーをもつとされ、しばしばお守りとして携行されます。

ヒーリングでは、イエロージャスパーは、太陽神経叢のチャクラを活性化し、腹部の緊張をほぐすのに用いられます。他人の過度の要求に苦しんでいる人や、他人の干渉に気が滅入っている人を保護する作用があります。肉体を強化し、とくに病みあがりの人を丈夫にします。

タンブル

原石

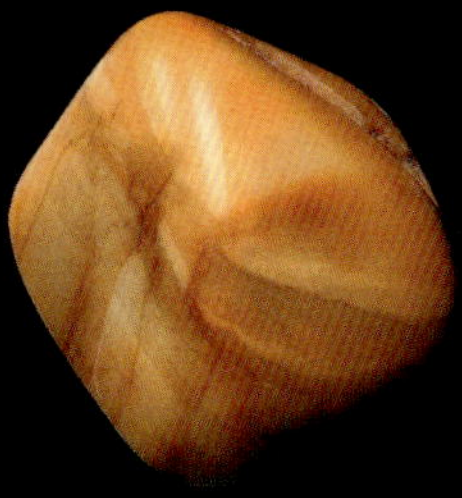

イエロージャスパー

形状と構造
六方晶系の微晶質のクォーツ。リモナイトという鉱物により黄色に発色し、不透明な外観をしめします。

色
黄色、または褐色、赤、黒、緑。

産地
ブラジル、フランス、ドイツ、ロシアなど、世界中で発見されています。

希少性
大きな石、小さなタンブルともに、かんたんに入手可能。

硬度
6.5

身体・精神面への作用
とくに環境的な要因や外部の圧力に起因する腹部の緊張やストレスをやわらげます。
消化機能を促進して、精神的な不安を取りのぞき、気分を高揚させます。
エネルギーフィールド（オーラ）を浄化します。

ヒーリングのレイアウト
みぞおちにある太陽神経叢のチャクラの上に置くと、緊張をやわらげ、保護する作用をもたらします。
数個のイエロージャスパーを身体のまわりに円形に配置すると、心霊的な影響から身を守れます。

日常的な使い方
イエロージャスパーを持ち歩くと、エネルギーをグラウンディングして、ネガティブなものから身を守れます。
大きな石を置くと、部屋を浄化できます。

サルファ　*SULPHUR*

サルファ（硫黄）は、美しく珍しい形の結晶をつくる元素鉱物で、鉱物コレクターのあいだでは、根強い人気があります。サルファの名前は、ラテン語の“sulfur”または“sulpur”に由来しますが、そもそもはアラビア語で「黄色」を意味する“sufra”が語源らしく、天然硫黄のあざやかなレモンイエローのカラーを指しています。昔から、硫黄は卵が腐ったようなにおいがするといわれていますが、これは、実際には二酸化硫黄のにおいです。サルファには、マッチに似たにおいがかすかにあり、燃やすと青い炎をあげます。聖書には、「ブリムストーン」という名前で登場します。中世の錬金術（卑金属を金に変えようとした神秘的な科学）でも、サルファはおおいに利用されました。また、硝酸カリウムや炭素と混ぜると、火薬の原料にもなります。火薬は10世紀の中国で発明されました。

サルファは、動植物や人間の生化学上、重要な構成要素となっています。すべての細胞が生きていくうえで必要不可欠なもので、さまざまな化合物において、大きな役割を果たします。硫化水素は、深海の海底火山の噴火口にすむバクテリアのえさにもなっています。植物は土壌から硫黄化合物を吸収し、アミノ酸の原料として硫黄を利用します。アミノ酸は、動植物のたんぱく質の構成単位となるものです。人間の髪やつめの原料であるたんぱく質のケラチンにも、多くの硫黄が含まれています。髪の毛を燃やすと独特のにおいがするのは、ケラチンに含まれている硫黄のせいです。

ヒーリングでは、サルファは強力な浄化作用をもち、全身の毒素を排出するために用いられます。硫黄化合物が含まれている温泉に行くと、身体の毒素が排出できます。

鉱物標本

サルファ

形状と構造
斜方晶系。形のよい結晶やクラスター、ピラミッド形のものがあります。

色
濃い黄色、またはレモンイエロー、黄緑色。

産地
チリ、インドネシア、イタリア、日本など、世界中の温泉地帯や火山地帯。

希少性
専門店で入手可能。

硬度
2（もろいので、取り扱いに注意すること）

身体・精神面への作用
心身やエネルギーフィールド（オーラ）を浄化します。
精神的な不活発さやネガティブな思考を取りのぞき、ポジティブな思考をうながします。

ヒーリングのレイアウト
両足のかかとのあいだに置くと、身体の停滞したエネルギーが足から大地へと放出され、中和されます。

日常的な使い方
部屋などに置くと、ネガティブなものを取りのぞき、空間を浄化します。

クリソベリル　*CHRYSOBERYL*

クリソベリルは、ベリル（Beryl）と混同しないようにしてください。ベリルはケイ酸塩鉱物ですが、クリソベリルの化学組成は、ベリリウムとアルミニウムの酸化物です。クリソベリルは、大きく3つの種類に分けられます。ひとつめは、イギリスのヴィクトリア王朝時代やエドワード7世時代に人気のあったタイプで、アンティークのネックレスや指輪、腕輪、イヤリングによく見られる黄色や黄褐色、黄緑色の美しい石です。硬度が高いので、ファセットカットをほどこし、フォーマルな宝飾品に用いることができます。ふたつめは、現在の宝飾業界で人気の高いタイプで、キャッツアイとよばれるものです。クリスタルの繊維組織に光があたると、石の中央にネコの目のように見える銀色の光の筋が浮かびあがることから、この名があります。キャッツアイ効果は、カボションカットした石で、とくによく見られます。クリソベリル・キャッツアイの色は、ふつうはハニーイエローです。3つめはアレキサンドライト（Alexandrite）とよばれ、もっとも高価なものです。大変希少な石で、太陽光（紫外線）のもとでは緑色、人工照明のもとでは赤色に見えるという珍しい特性をもっています。

インドでは、クリソベリル・キャッツアイには、悪霊から身を守る効果があると信じられ、ヒンドゥー教では、この石を健康増進や繁栄と結びつけていました。眉間に置くと、霊能力を高めるとされました。クリソベリルという言葉は、ギリシア語で「黄金の」を意味する“chrysos”に部分的に由来します。

ヒーリングには、未研磨のゴールデンイエローのクリソベリルがもっともよく用いられます。みぞおちにある太陽神経叢のチャクラを浄化して、活性化します。

ファセット加工されたクリソベリル

キャッツアイ

クリソベリル

形状と構造
斜方晶系。
ふつうは双晶を形成します。

色
一般的には黄色、黄褐色、緑色。キャッツアイはハニーイエロー。アレキサンドライトは、紫外線下では緑色、人工照明下では赤色。

産地
ブラジル、ミャンマー、ロシア（アレキサンドライト）、スリランカ

希少性
一般的ではないものの、専門店で入手可能。

硬度
8.5

身体・精神面への作用
金色のクリソベリルは、個人の意志と欲求をより広い目的意識と一致させて、キリスト教の「御心にしたがって生きる」という言葉のように、より広い意味で“自己”をとらえられるようになります。
身体面では、肝臓と胆のうのエネルギーのバランスを整えます。

ヒーリングのレイアウト
太陽神経叢や心臓の上、頭頂部に置くと、意志と欲求の調和を促進します。

日常的な使い方
この石をペンダントとして胸元につけたり、持ち歩いたり、瞑想に使うと、自分の真の目的に意識を集中できます。

パイライト　*PYRITE*

パイライトは硫化鉄です。金属光沢があり、真ちゅう黄色であることから、「フールズゴールド（愚か者の金）」とよばれることもあります。パイライトの小さなインクルージョンは、ラピスラズリの中にも見られます。比重の大きな金属鉱物で、さまざまな形で産出します。化学組成はマーカサイト（Marcasite）と同じですが、構造が異なり、マーカサイトは古くなると粉々に崩れやすくなります。（まぎらわしいことに、宝飾業界でマーカサイトとよばれているのは、実際にはパイライトです。パイライトはマーカサイトと違い、さまざまな形にカットして、加工できます）。パイライトは、クォーツの鉱脈中や堆積岩、変成岩中、ときには石炭層にも生成します。パイライトという名前は、古代ギリシア語で「火」を意味する“pyr”に由来します。パイライトを鋼でたたくと、火花が出るためです。湿気があるともろくなるので、温度と湿度が低い場所で保管する必要があります。

ヒーリングでは、男性エネルギーを増大させるために用います。男性エネルギーは、世の中で活発に行動するための活力であり、“人生を自分の手で切りひらく”ためのパワーです。男性も女性も、活動的で外向的な男性エネルギーと消極的で内向的な女性エネルギーのバランスをとる必要があります。身体の活力は減退しやすく、活力が低下すると、自分で運命を切りひらこうとする自信も減少してしまいます。パイライトは、眠っているアイデアを掘りおこし、現実化させるエネルギーを与えます。銀色のヘマタイトとともに使うと、男性エネルギーと女性エネルギーのバランスを整えられます。

原石

パイライト

形状と構造
立方晶系。八面体、しばしば塊状の集合体や粒状のクラスター、ノジュール（丸みを帯びた鉱物の集合体）を生成し、結晶どうしが交わって成長します。

色
真ちゅう黄色

産地
ドイツ、イタリア、ペルー、ロシア、南アフリカ共和国、スペイン、アメリカ合衆国

希少性
かんたんに入手可能。

硬度
6 〜 6.5

身体・精神面への作用
頭の働きをはっきりとさせて、困惑を払拭し、問題点を明らかにします。
意思の決定と行動をうながします。
免疫系の働きを助けます。
男性の性や不妊の問題を解消するといわれています。

ヒーリングのレイアウト
みぞおちにある太陽神経叢の上に置くか、右手に握ると、男性エネルギーのバランスが整えられます。
うつぶせになり、左右どちらかの腎臓の上に置くと、身体からの毒素の排出を促進します。

日常的な使い方
オフィスに置くと、集中力を高め、空間を浄化するのに役だちます。
男性が持ち歩くと、精力が高まります。

ゴールド　*GOLD*

金ほど、人の心をとらえて離さない魅惑的な鉱物はありません。何千年も前から、その美しさでわたしたちを虜にし、魅了しつづけてきました。もっとも貴重な鉱物のひとつにかぞえられ、現在でも最大の富と権力の象徴とされます。大変やわらかい鉱物ながら、実質的に不滅の物質であるという変わった特性をもっています。何世紀にもわたって、なんども繰りかえし利用されているので、これまでに採掘された金は、現在でもすべて地上に存在すると考えられています。

金は元素鉱物で、化学記号の「Au」はラテン語のaurum（金）に由来します。白いクォーツや鉱脈中に筋状に生成したり、銀などほかの鉱物と混ざった形でよく発見されます。メソポタミア（現在のイラク）の古代都市ウルの遺跡からは、紀元前3000年ごろの金細工が発見されています。同じころの古代エジプトでも、宝石をちりばめた金細工が作られていました。紀元前700年から500年にかけて栄えた地中海の古代都市トロイやミケーネ、ティリンスの遺跡からも、杯や壷、装飾品、武器など、手の込んだ金細工が数多く発掘されています。インドやチベット、中国などアジアの国々でも、何世紀にもわたって手の込んだ金細工が作られてきました。ヨーロッパでは、ケルト人がみごとな金のブローチやピンを残しています。16世紀にスペイン人が中央アメリカのアステカ帝国や南アメリカのインカ帝国を征服したのは、伝説的な金の財宝を発見するのが大きな目的でした。

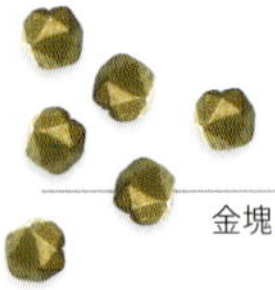

金塊

ゴールド

形状と構造
塊状、粒状、筋状に生成します。クォーツなど、ほかの鉱物中にも発見されます。

色
バターイエロー

産地
カナダ、ロシア、南アフリカ共和国、アメリカ合衆国

希少性
鉱物としては希少。
一般的には、宝飾品として身につけます。

硬度
2.5 ～ 3（可鍛性がとても高い）

身体・精神面への作用
太陽や太陽エネルギーと結びつきが深い鉱物です。
免疫系の働きを助け、心身に力と明晰さをもたらします。
身体の電磁場のバランスを整え、調和させます。環境ストレスや電磁波などが強い場所でとくに有用です。

ヒーリングのレイアウト
純金の塊はかなり小さいので、クリスタルヒーリングでは、あまり使われません。カラーヒーリングでは、金色の光をイメージすることが、心身を落ち着け、回復させる方法としてよく利用されます。

日常的な使い方
宝石やクリスタルをはめこんだ金のアクセサリーを身につけると、自信がつき、自尊心が高まります。

ゴールデングリーン

　ゴールデングリーンは、まばゆい黄金色の太陽とみずみずしい新緑の若葉をあわせた色です。太陽の光が春先に若葉を通して輝いている様子をイメージしてください。やわらかく青々としたグリーンカラーが、脳裏に浮かぶことでしょう。ゴールドは太陽のエネルギーと結びつき、なにかを生みだし、再生させる作用をもちます。グリーンは、成長と発展を象徴する色です。こうした色の組みあわせは、光、すなわち太陽のパワーが、植物の細胞中の葉緑素と結びつき、グリーンという色をつくりだすことをしめしています。このグリーンカラーは、わたしたちが自然を連想するとき、真っ先に思いうかべる色です。

　春は、静かな寒い冬がおわり、あらたな活力がわきおこるとき。あたたかさと再生を象徴し、ゴールデングリーンがもついやしの光のイメージを当てはめるのに最適な季節です。つぼみがふくらんで、若葉が芽吹き、だれもが楽観的でうきうきとした気分になります。ヒーリングの観点からいえば、春は心身、とくに肝臓のデトックスに最適な時期でもあります。新鮮な春野菜を食べて、あらたな植物のエネルギーを直接身体に取りこみましょう。

生まれかわりの色

古代ギリシア・ローマ時代、春の新緑の色は、自由な精神をもつ若い女神の姿に投影され、賞賛されていました。この女神は、ギリシアではアルテミス（乙女の猟人《かりゅうど》）、ローマではディアナとよばれました。彼女の若さと活力は、ゴールデングリーンのエネルギーの象徴でした。またこの色は、新しい分野への発展をうながし、あらたな考え方や感じ方を可能にし、自己認識を高めます。新しい恋の象徴ともみなされています。こうしたエネルギーを人生によびこみたいときは、この色を身につけましょう。

わたしたちはみな、インスピレーションを必要とします。人生に行きづまりを感じたときや前進できないときは、なおさらです。心からの欲求にしたがって生きようとすると、ときには人生に限界を感じたり、息切れをおぼえることもあるものです。カラーヒーリングやクリスタルヒーリングでは、ゴールデングリーンは、ネガティブなものを払拭して、精神を生き生きとさせ、あらたな強さと喜びをもたらします。

ゴールデングリーンは、太陽神経叢のチャクラ（イエロー）と心臓のチャクラ（グリーン）のかけ橋となる色です。太陽神経叢はものごとをとかく支配しようとする精神と結びつき、かたや心臓は感情と結びついているため、このふたつは、ときに対立することがあります。ゴールデングリーンは、感情がとどこおりなく流れ、精神がリラックスできるよう、このふたつのバランスを保ちます。

ペリドット　*PERIDOT*

ペリドットは、マグネシウムと鉄のケイ酸塩鉱物で、オリビンの宝石変種です。マグネシウムと鉄分を多く含むことが大きな特徴で、含有するクロムとニッケルも、あの独特の緑色を呈するのにひと役買っています。ハワイのオアフ島など、火山活動がさかんな地域でよく発見され、ペールグリーンのペリドットの粒がしばしば海岸に打ちあげられています。パラサイトとよばれる鉄とニッケルの隕石中に含まれていることもあります。

3000年も前から、エジプト人は紅海にあるゼビルゲット島でペリドットを採掘していました。この島は、1920年代初期まで長らくペリドットの主要な産地でした。現在、世界で流通しているペリドットの8割以上はアメリカ・アリゾナ州産ですが、パキスタンでも、あらたな産地が見つかっています。

人類は4000年以上も前からペリドットを利用し、エジプトの女王クレオパトラも愛用したといわれています。悪霊から身を守る強力なパワーをもち、とくに金にはめるとその効力が高まるとされました。中世のヨーロッパでは、ドイツのケルン大聖堂にある東方三博士神殿など、神聖な場所にしばしば用いられました。

クリスタルヒーリングでは、肝臓や胆のうの毒素を取りのぞき、浄化するために使われます。心臓のチャクラ（グリーン）からネガティブな感情を、太陽神経叢のチャクラ（イエロー）からは精神的な束縛を効率よく取りのぞきます。

研磨したもの

ファセット加工したもの

ペリドット

形状と構造
斜方晶系で、原石は不透明ですが、研磨すると透明になり、光沢がでます。
たいてい小さなビーズ状の形で発見されます。

色
オリーブグリーン、または黄緑。まれに褐色。

産地
ブラジル、ミャンマー、パキスタン、ロシア、スリランカ、アメリカ合衆国

希少性
かんたんに入手可能。原石よりも、宝石のほうが一般的。

硬度
6.5～7（砕けやすいので、金属にはめこんだほうが保存しやすい）

身体・精神面への作用
身体や感情、精神の毒素を中和します。
組織の再生をうながし、肝臓と胆のうの機能を助けます。
古い人生パターンを一掃し、あらたな経験をうながします。
心臓のチャクラと太陽神経叢のチャクラを強化します。
精神の明晰さと明確な意思決定をうながします。

ヒーリングのレイアウト
原石を心臓か太陽神経叢のチャクラの上に置きます。
身体の左右に石を置くと、オーラを浄化できます。

日常的な使い方
ペリドットのペンダントを胸元につけると、とくに人生に愛を引き寄せます。
8月の誕生石です。

クロムダイオプサイド *CHROME DIOPSIDE*

ダイオプサイドは、変成岩や火成岩の堆積物中、ときには隕石中にも生成される珍しい鉱物です。カルシウムとマグネシウムのケイ酸塩鉱物で、ガラスのような外観をもち、短柱状のクラスターとして、よく発見されます。ライトグリーン色の変種は、クロムダイオプサイドとよばれ、比較的簡単に入手できます。イタリア産の希少な青いダイオプサイドは、ビオラーネとよばれます。黒いものはスターダイオプサイドといい、微細な針状のルチルを内包するため、丸くカボションカットすると、アステリズムというスター効果をしめします。

クロムダイオプサイドは、美しいゴールデングリーンカラーで、さらに二色性を有し、ある角度から見ると暗い色になります。クリスタルヒーリングでは、あらたな成長と発展を意味するゴールデングリーンの光と深く結びつき、身体全体を活気づけます。この石をそばに置くと、けがや病気からの回復に役だち、身体が力を取りもどすのを助け、組織の再生をうながします。また、大地との深い結びつきをもたらし、身体のグラウンディングやセンタリングをおこないます。これは、頭ばかり使って身体を動かさない人や自分の肉体ときちんと結びつけていない人にとても有用です。クロムダイオプサイドの色は、自然界、すなわち有機的な生きている緑の大地との象徴的なつながりももたらします。

ブレード

クロムダイオプサイド

形状と構造
単斜晶系で、短柱状の結晶を形成します。たいていはクラスター状ですが、塊状や柱状のこともあります。ガラスのような外観を呈し、二色性（ふたつの異なる色）をしめします。

色
ゴールデングリーン、または白、青、バイレット、黒、黄色、黄褐色

産地
オーストリア、フィンランド、ドイツ、イタリア、ロシア、南アフリカ共和国、アメリカ合衆国

希少性
すべてのダイオプサイドは、専門店で入手できます。

硬度
5～6

身体・精神面への作用
けがや精神的なトラウマからの回復を助け、やわらかなゴールデングリーンのエネルギーで全身を再生させます。
活力を回復させ、ものごとを楽観視できるようにします。
身体やチャクラを大地の電磁場と調和させます。
心身のストレスを発散し、心からリラックスできるようにします。

ヒーリングのレイアウト
傷ついているように感じられる箇所にクロムダイオプサイドを置き、両足のかかとのあいだにスモーキークォーツを置くと、ネガティブなエネルギーを大地に放出できます。

日常的な使い方
家に置くと、大地や自然界とのより深い結びつきが感じられます。

サーペンティン　*SERPENTINE*

サーペンティンは、やわらかな緑色をした美しい鉱物で、たいていは変成岩か火成岩の微細結晶の集合体として発見されます。サーペンティンの1種には、アスベストの原料となる繊維状のものもありますが、微細結晶のサーペンティンは、これとは化学組成が異なります。クリスタルショップで売られているのは、こうした微細結晶タイプなので、安心して収集できます。サーペンティンは、ケイ酸塩鉱石が層状をなしたもので、研磨すると、なめらかな光沢をもち、蝋のような外観を呈します。化学組成は、マグネシウムと鉄のフィロケイ酸塩です。

サーペンティンの名前は、ヘビ（サーペント）の皮を思わせるゴールデングリーンのまだら模様があることに由来するようです。実際にこの石は古代、ヘビにかまれた傷を治すといわれていました。サーペンティンが見つかる土壌や岩盤には、ニッケルやクロム、コバルトが大量に含まれているため、植物は育ちにくいです。こうした荒れ地でも育つのは、針葉樹やじょうぶな一部の低木だけです。

古代ローマ時代には、ギリシアのテッサリア地方で採掘され、ローマへと運ばれました。研磨された石は大理石などと組みあわせて、荘厳な建造物の装飾石材として、階段や内壁、柱に用いられました。

世界中にあるさまざまな種類のサーペンティンは、現在でも彫刻材料として、彫像や装飾品に使われています。ニュージーランドのマオリ族は、地元産の緑色のサーペンティンを珍重し、この石で聖なる像を刻んでいます。アイルランドでとれるものは、コネマラ大理石とよばれ、イギリス産のものは、産地のコーンウォール州リザード半島にちなんで、リザーダイト（Lizardite）とよばれています。

研磨したもの

原石

サーペンティン

形状と構造
微細結晶が密集した状態で産出します。不透明で、研磨すると、蝋状の外観を呈します。

色
もっぱら、やわらかなゴールデングリーンの地に褐色や黒のまだら模様がはいっています。黄色、褐色、黒いものもあります。

産地
イギリス、カナダ、アイルランド、イタリア、ロシア、スイス、アメリカ合衆国

希少性
専門店で入手可能。

硬度
3～4

身体・精神面への作用
その人の人生の目的と結びつき、過去に生じた、あるいは先祖から受けついだ精神的なちりを取りのぞきます。
感情的なストレスを落ちつけます。

ヒーリングのレイアウト
胸の中央にある心臓のチャクラの上に置くと、感情的な痛みやトラウマをいやします。
片手にそれぞれ石を握ると、身体のまわりのエネルギーフィールドを安定化します。

日常的な使い方
この石を瞑想に使うと、現世における自分の居場所や進むべき道について、大きな気づきがもたらされます。

ペールグリーン

色には幅広い色調だけでなく、さまざまな彩度もあります。ヒーリングの世界では、淡い色はほのかで神秘的な“高い”バイブレーションを放ち、目に見えない魂の世界に通じています。ピアノである音を出し、つぎに1オクターブ高い同じ音を出すことを想像してください。色の場合も、これと同じです。鮮明なグリーンととても淡いグリーンのふたつの色をイメージしてみましょう。どちらもグリーンには違いありませんが、淡いグリーンは、えもいわれぬほのかな光を発しています。

ペールグリーンは、冷たい感じの波動をもちます。これは、冬に池の表面を覆う氷の色です。氷の下で植物は、凍えながら春の訪れを待っています。山岳地帯の氷河から流れだす雪どけ水の色でもあります。酸素が凝縮されたこの水は、不透明な独特のペールグリーンをしています。この色のエネルギーレベルは、これまで紹介してきたあたたかみのある色とは対照的です。こうした冷たい色の波動は、過剰な熱気や興奮を落ちつけ、心身のバランスを取りもどすのに必要なものです。

妖精の国の色

やわらかくほのかな色調のペールグリーンは、かつて「妖精の国」とよばれていた世界への入り口でもあります。妖精の国とは、妖精やエルフ、聖霊、子鬼たちが暮らし、自然霊や魔法が存在する、わたしたち人間の目には見えない世界のことです。ヨーロッパの民間伝承では、こうした小さな妖精たちは植物や花、樹木や鉱物を守護し、小さなきらめく姿で、草むらで輪になって踊ると考えられていました。ほのかなペールグリーンは、魔法の世界への扉をひらき、理屈や論理を超えてはたらく目に見えない変容の力を感じさせます。ペールグリーンのクリスタルは、繊細でなぞめいた性質をもち、あなたの意識をあらたな世界へと拡張します。

色がもつさまざまなエネルギーレベルの意味がまだよく理解できていない人は、まずはほのかな色と強烈な色を比較してみましょう。こうした対照的な色を見比べながら、どのような違いが感じられるか、どうしてそうした違いを感じるのかを自分に問いかけてみます。自分なりの方法で自分の世界を感じとり、解釈してください。さまざまな彩度の色とふれあうことで感受性をはぐくみ、自分の直感を信頼できるようになるでしょう。

グリーンアポフィライト　*GREEN APOPHYLLITE*

アポフィライトには、平らなファセットに真珠光沢をもつ美しいペールグリーンなど、いくつかの色があります。水の分子を含有し、熱せられると薄くはがれやすくなるので、冷暗所で保管してください。アポフィライトは、似たような化学組成と物理的特性をもつ3種類の鉱物の総称です。なかでもフッ素魚眼石（Fluorapophyllite）とよばれるものがもっとも一般的で、「アポフィライト」として売られているのは、たいていこのタイプです。水酸基をもつカリウムとカルシウムとフッ素のケイ酸塩鉱物で、溶岩や玄武岩中の空洞に生成します。アポフィライトは、近年コレクターのあいだで人気が高まっている鉱物です。緑色のものは、白いクラスター状のものに比べて希少なので、価格も高くなる傾向にあります。

クリスタルヒーリングでは、グリーンアポフィライトは、内なる認識の扉をひらき、霊能力や超感覚的な能力を高めるために用いられます。妖精界や四大元素界、天使のエネルギーレベルと結びつきが深い石なので、そうした世界を身近に感じやすくなります。子どものようなやさしいエネルギーをもたらし、心身を軽くして、感情的な重荷を取りのぞきます。

実用面では、アポフィライトを大地と密接に結びつけて考えることがあります。大きなアポフィライトを庭に置くと、その場のあらゆるエネルギーが高まるので、庭が安らぎと調和の場所となり、人間や鳥、動物、植物、四大元素の霊にとって安息の地となります。

原石

アポフィライト

形状と構造
正方晶系で、小さなファセットをもつ立方体の塊状やピラミッド型で産出します。
変成岩中に生成することもあります。

色
ペールグリーン、または透明、白、黄色、バイオレット

産地
ブラジル、ドイツ、グリーンランド、インド、アイスランド、メキシコ、アメリカ合衆国

希少性
グリーンアポフィライトは希少だが、専門店で入手可能。

硬度
4.5 ～ 5

身体・精神面への作用
古い感情パターンを手ばなして、軽やかでのびのびとした人生をうながし、幼少時の問題を解決します。
心にあらたな活力を与え、心臓のチャクラから感情的なちりを取りのぞきます。

ヒーリングのレイアウト
心臓のチャクラの上に置くと、自然とのすばらしい結びつきをうながし、ネガティブな感情を正常に戻します。

日常的な使い方
庭やバルコニーに置くと、屋外のエネルギーを高めます。
瞑想に使うと、ほかの世界に対する霊的な認識を高めます。

プレナイト　*PREHNITE*

プレネイトは、ペールグリーンの美しい石で、南アフリカ共和国の東ケープ州で最初に発見されました。18世紀にこの石の標本をはじめてヨーロッパにもちこんだオランダ人の鉱物学者ヘンドリック・フォン・プレーン大佐にちなんで、プレナイトと命名されました。人名にちなんだ名がつけられた最初の鉱物です。

プレナイトは、研磨すると乳白色の不透明な光沢をもちます。ぶどう状の集合体で産出することが多く、ときにはノジュール（丸みをおびた集合体）やほかの岩石を覆う皮殻状でも発見されます。深い洞穴や変成岩のすき間に生成し、加熱すると水を出します。化学組成は、カルシウムとアルミニウムのフィロケイ酸塩です。

クリスタルヒーリングでは、心身を落ちつける作用があるとされ、感情的なストレスをやわらげるのに用いられます。ペールグリーンは、スピリチュアルなエネルギーレベルや高次の意識への拡張と結びついている色です。内なる変容をおだやかに促進し、心の安らぎをうながします。個人的な感情を超えたレベルでハートに働きかけ、あらゆる生命に対する無条件の愛の気持ちを目覚めさせます。

プレナイトは、ヒーラーが自分用に使うのにも最適な石です。ヒーラーは数多くのセラピーセッションを他人に対しておこなううちに、与えることと受けとることのバランス感覚を失い、自分にもエネルギー補給が必要なことをつい忘れがちになります。この石を瞑想に使うと、ヒーラー自身がいやされて、消耗したエネルギーを回復できます。

原石

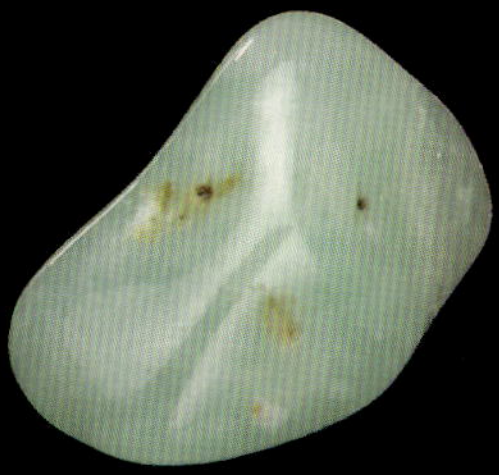

プレナイト

形状と構造
斜方晶系で、ぶどう状の集合体や粒状、皮殻状で産出します。研磨すると蝋状の光沢をもちます。

色
ペールグリーンで、ふつうは不透明。または黄色、白、無色。

産地
オーストラリア、イギリス、カナダ、フランス、ドイツ、インド、南アフリカ共和国、アメリカ合衆国

希少性
かんたんに入手可能。

硬度
6 〜 6.5

身体・精神面への作用
無条件の愛の気持ちを目覚めさせて、全身の神経をおだやかに落ちつけ、過去に受けた感情的な痛手を手ばなし、あたらなスタートをうながします。
腎臓やリンパ系から毒素をおだやかに排出します。

ヒーリングのレイアウト
心臓のチャクラや喉のチャクラ、第3の目のチャクラの上に置くと、自己の意識を万物へと拡張できます。

日常的な使い方
瞑想に使うと、安らぎをおぼえます。
枕の下に入れて眠ると、おだやかな夢が見られます。

グリーンカルサイト　*GREEN CALCITE*

カルサイトは、地殻全体のおよそ4パーセントを占めている鉱物です。炭酸カルシウムからなり、一般的には石灰岩として知られています。変成岩中で圧力を受けると、大理石（変成石灰岩）になります。鍾乳石や石筍《せきじゅん》を洞窟の内部に形成します。炭酸カルシウムは、貝殻の主成分でもあります。死んだ貝が海底に沈積したカルシウムの層は、やがてチョークなどの石灰岩になります。炭酸カルシウムはカルサイトとして、さまざまな色や形状の結晶をつくり、しばしば大きな双晶を形成します。さまざまな色や形のカルサイトが入手可能です。

一般的にどの色のカルサイトもエネルギーの変圧器と見なされ、古いエネルギーを新しいエネルギーに変換します。クリスタルのなかでも、きわめてやわらかい部類にはいるので、つめを立てただけでも、表面に傷がつくことがあります。グリーンカルサイトは、魅惑的な淡い緑色を呈し、見ているだけで心がおだやかになります。わたしたちが、自然界とのつながりを深め、生命エネルギーの源である大地と結びつきなおせるようにします。

クリスタルヒーリングでは、荒れた感情や激情をしずめます。心臓のチャクラのバランスを整えなおし、他人への思いやりと理解を深めます。冷却して落ちつけるエネルギーをもち、心の平静や内なるバランスをもたらします。

原石

グリーンカルサイト

形状と構造
じつに多種多様な形状があります。
大きな犬牙状の結晶など、菱面体のものが代表的で、双晶のものも数多く産出します。

色
緑、または透明、オレンジ、ハチミツ色、ピンク、褐色、黒、灰色。

産地
メキシコ産が良質。ブラジル、イギリス、ドイツ、アメリカ合衆国でも産出。

希少性
研磨した大きな球状のものや小さな石片やポイントが、どの色のものでも、かんたんに入手可能。

硬度
2.5 〜 3

身体・精神面への作用
どのカルサイトも、なめらかな外観と感触をもちます。緑色のものは、心臓のチャクラと結びつき、怒りや嫉妬をゆるしに変えて、手ばなします。
身体から感情的なトラウマを取りのぞき、免疫系の働きを助けます。
いらいらした神経を落ちつけ、緊張やストレスを軽減します。

ヒーリングのレイアウト
心臓のチャクラの上に置くと、強い感情を抱えた状態を変容させます。
上腹部に置くと、神経の緊張や胃の痛みをやわらげます。

日常的な使い方
片手にひとつずつ石を握ると、精神的なバランスを整えたり、瞑想時に意識を集中できます。
枕の下に置くと、はっきりとした夢が見られます。

グリーン

これは、グリーンのなかでももっともあざやかで、みずみずしい色、熱帯地方の植物に見られる美しい色です。熱帯地方の植物がじつに鮮烈な緑色をしているのは、赤道に近く、太陽の光を思う存分浴びることができるからです。強烈な日光が植物の細胞に降りそそぎ、豊かな水とあいまって、みごとなエメラルドグリーンの色調を生みだします。これは、植物の糧をつくりだす光の魔法、すなわち光合成の働きによるものです。

生き生きとしたグリーンは、成長や発展、パワーやバイタリティの象徴です。中央アメリカのアステカ族や南アメリカのインカ族が、エメラルドやジェードのような緑色のクリスタルを珍重していたのは、たんなる偶然ではありません。緑色の石は、彼らをとりまく自然にあふれる豊かな植物に共鳴するものでした。ニュージーランドのマオリ族も、グリーンを強力なパワーを秘めた色とみなしています。彼らもまた、植物が生い茂る土地に暮らしています。

ヒーリングでは、グリーンは直接身体に用いられ、傷ついた組織の再生をうながし、骨折の治癒をサポートします。変容のエネルギーを心身に注ぎ、前に進むのを可能にします。

身体と魂の架け橋

グリーンは、心臓のチャクラと結びつきの深い色です。全身にある7つのチャクラのうち、心臓のチャクラは、ちょうど真ん中に位置しています。下の3つは、イエロー（太陽神経叢）、オレンジ（仙骨）、レッド（背骨のつけ根）という暖色系で、上の3つは、ブルー（喉）、インディゴ（第3の目）、バイオレット（王冠）という寒色系です。グリーンは、さまざまなエネルギーレベルをもつこれらの色の架け橋となります。心臓のチャクラのエネルギーは、愛の表現を可能にして、あらゆるもののバランスを整えることで、下3つのチャクラに象徴される肉体的な欲求と、上3つのチャクラに代表されるスピリチュアルな目標の橋渡しをおこないます。

新しいものを必要としているときや、不用な古いパターンを打破したいとき、新しい恋人や友人をつくろうとしているときは、毎日の生活にグリーンカラーを取りいれるとよいでしょう。中世のフランスでは、「緑色の衣装は、恋する人間の服装だ」といわれていました。

エメラルド　*EMERALD*

エメラルドは、もっとも貴重な宝石のひとつにかぞえられます。ベリル（Beryl）という鉱物の緑色の変種で、化学組成はベリリウムとアルミニウムのケイ酸塩です。含有するクロムと微量の鉄により、あざやかな緑色を呈します。本物のエメラルドには、インクルージョンといわれる傷があるので、あまりにも完ぺきな見かけのエメラルドは、偽物の可能性があります。エメラルドは傷があるので、割れやすい性質をもちます。また乾燥しやすいので、カットして形を整えたあとで、よくオイルに漬けこまれます。

古代エジプトでは、紀元前1500年ごろからエメラルドの採掘がおこなわれていたことが、考古学的な調査により明らかになっています。旧約聖書の出エジプト記では、エメラルドは、ほかの宝石とともにイスラエルの各部族を象徴する石とされています。中世のヨーロッパでは、エメラルドには身を守るパワーがあると強く信じられていました。スペイン人は16世紀に中央アメリカと南アメリカを征服し、アステカ帝国やインカ帝国が財宝として蓄えていた大量の金とエメラルドを発見しました。アステカやインカでは、エメラルドは聖なる石とされ、精巧な装身具や小さなゴブレットがこの石で作られました。現在、コロンビアは最高級のエメラルドの産地のひとつです。ここで発見された世界最大級のエメラルドは「ガチャラ・エメラルド」とよばれ、重さが858カラット（172グラム）もあります。

宝石級のエメラルドはとても高価で、ふつうは高級な宝飾品に利用されます。クリスタルショップに並んでいるのは、グレードの低い不透明なエメラルドです。グリーンベリルという名前で流通していることも多く、手ごろな価格で入手できるので、クリスタルヒーリングでは、もっぱらこれが使われています。エメラルドのクリスタルレメディー（284～285ページ参照）は、心のバランスを整え、感情の浄化を助けます。

母岩上のエメラルド

ファセット加工したもの

エメラルド

形状と構造
六方晶系。大きさや透明度はさまざまで、インクルージョンがあります。
ひじょうに透明度の高いものは宝石として扱われ、不透明なものほど、グレードが下がります。
研磨すると、みごとなきらめきを放ちます。

色
濃くあざやかな緑

産地
アフリカ、ブラジル、コロンビア、ロシア

希少性
宝石級の品質のものは希少で高価。グレードの低いものは、比較的かんたんに入手可能。

硬度
7.5 〜 8

身体・精神面への作用
心臓のチャクラと直接結びつき、純粋な愛の表現を活発にします。
昔から叡智と内なる認識を高め、人間関係における愛をうながすといわれています。
視力を改善し、肝臓の働きを助けます。

ヒーリングのレイアウト
心臓のチャクラや喉のチャクラ、第3の目のチャクラの上に置くと、より純粋にはっきりと愛を感じたり、表現できます。

日常的な使い方
宝石として身につけるか、不透明なエメラルドを持ち歩くと、人生に愛がもたらされます。
5月の誕生石です。

アベンチュリン *AVENTURINE*

アベンチュリンは、マイカ（Mica ／雲母《うんも》）の粒を内包する微晶質のクォーツで、光をあてるときらきらと輝きます。硬度が高いので、世界中で彫刻材料として使われています。主要産地のインドでは、アベンチュリンを使って、ビーズやアクセサリー、小箱や精巧な置物などが作られています。大きな塊状で産出するので、建物の内装や外装用のモザイクにもよく用いられ、大理石と組みあわせて、床や壁にも使われます。ロシアでは1880年代以降、有名な宝石職人のファベルジェが、アベンチュリンをジャスパーやラピスラズリ、クォーツ、ジェード、サファイアなどの宝石や半貴石と組みあわせて、有名な“ファベルジェの卵（復活祭の卵をモチーフにした宝飾品）”を製作しました。

アベンチュリンは、手ごろな価格で手に入るので、クリスタルのコレクションをはじめたばかりの人にも人気が高い石です。研磨した小さなタンブルは、すべすべした感触をしています。濃い色の石ほど、マイカの粒が多く含まれています。薄い色の石は不透明です。アベンチュリンという名は、イタリア語で「偶然に」を意味する“a ventura（ア・ベンチュラ）”に由来します。もともとこの名前は、17世紀にイタリアで発明されたきらきらと輝くガラス、ゴールドストーンにつけられたものでした（278～279ページ参照）。

クリスタルヒーリングでは、ネガティブな感情パターンを払拭し、心臓のチャクラの働きを助けるのに使われます。太陽神経叢に集中する怒りなどの強い感情をしずめます。感謝の気持ちをしめしやすくし、ポジティブな生き方をうながして、希望を増します。ジオパシックストレスや電磁波ストレスを中和するのにも役だちます。

研磨したもの

アベンチュリン

形状と構造
三方晶系。微晶質のクォーツの大きな集合体。
彫刻しやすく、研磨するとつるつるになります。

色
大半のものは、微量のフックサイト（クロム雲母）により緑色に着色します。赤や青もあります。

産地
ブラジル、インド、ロシア

希少性
かんたんに入手可能。

硬度
7

身体・精神面への作用
病後の身体の回復を助け、組織の修復や治癒を促進します。
心臓や循環器系の働きを助けます。
楽観的な考え方をうながし、人生への喜びをあらたにして、与えられたものに対する感謝の気持ちを高めます。
ストレスを発散し、心身を落ちつけます。

ヒーリングのレイアウト
心臓のチャクラや下腹部に置くと、ネガティブなものを取りのぞき、調和をうながします。
おだやかで、励ますようなエネルギーをもちます。

日常的な使い方
調和の石として、持ち歩きましょう。
瞑想に使うと、自分の現在の状況やこれからのあり方について熟考できます。

グリーンフローライト　*GREEN FLUORITE*

フローライト（カルシウムとフッ素の化合物）は、とても一般的な鉱物で、さまざまな色をしめし、クリスタルのコレクションをはじめたばかりの人にも人気があります。しばしばクォーツやカルサイトなど、ほかの鉱物とともに産出します。立方晶系なので、八面体の結晶など、美しい幾何学形の明確な結晶をつくります。フローライト（ホタル石）という名前は、紫外線をあてると蛍光を発するというこの石の特性をよくいいあらわしています。産業面では、水道水をフッ素化するためのフッ素の原料や、製鉄やガラスの製造工程での融剤として用いられています。

フローライトといえば、パープルやレインボーカラー（パープルとグリーン）のものをまっさきに思いうかべますが、グリーン単色の美しいものもよく見られます。グリーンフローライトは、南国の深い海を思わせる、ややターコイズ色がかった、やわらかく深みのある半透明のグリーンカラーをしています。この石は、心臓のチャクラに直接働きかけ、かき乱された感情をおだやかな心地よいエネルギーでやわらげます。瞑想に使うと、いやしの水にゆったりと浸かっているような安らぎをおぼえます。深いリラクゼーションと開放感をもたらし、すべてをコントロールしようとせわしなく働いている頭をやすめます。感情の中心としてのハートの機能を回復させ、人生をあらたな視点で解釈したり、感じられるようにします。

原石

グリーンフローライト

形状と構造
立方晶系。立方体や八面体の結晶をつくり、双晶もよく見られます。

色
緑、または紫、白、黄色、ピンク、緑と紫の混在したもの、黒。

産地
ブラジル、イギリス、中国、ドイツ、メキシコ、南アフリカ共和国、スペイン、アメリカ合衆国

希少性
かんたんに入手可能。

硬度
4

身体・精神面への作用
とくに感情的なストレスやトラウマを感じたあとで、心臓のチャクラの働きをおだやかに回復させ、ふたたび活性化します。
あらたな成長とはじまりをサポートします。
頭を整理し、心の奥底にある願望にしたがって創造的な思考をうながします。
この石のバランスのとれた結晶構造は、感情と実際的な要求のバランスを保たなければならないときの意志決定を助けます。

ヒーリングのレイアウト
心臓のチャクラの上に置くと、エネルギーを回復して高めます。
心臓のチャクラにローズクォーツとともに置くと、無条件の愛のエネルギーをもたらし、感情的なトラウマをいやします。

日常的な使い方
瞑想中に部屋に置くと、心に安らぎをもたらし、意識をはっきりと集中できます。
浴槽に入れて入浴すると、リラックス効果が得られます。

ジェード　*JADE*

ジェードは、カルシウムとマグネシウムのケイ酸塩鉱物であるネフライト（Nephrite ／軟玉）と、ナトリウムとアルミニウムのケイ酸塩鉱物であるジェイダイト（Jadeite ／硬玉）という、まったく異なるふたつの鉱物の総称です。19世紀に鉱物の鑑定法が発達するまで、このふたつは区別されることなく、ともにジェードとよばれていました。ネフライトは、クリーム色がかった緑色か淡い緑色で、ジェイダイトは、よりあざやかなエメラルドグリーン色です。藤色やピンク、黒、青などの色もあります。現在、もっとも貴重で高価なのは、半透明のエメラルドグリーンのジェイダイトです。ジェードという名前は、もともとスペイン語で「腰の石」を意味する"piedra de ijada"に由来します。ジェードには、腎臓の病気を治癒する働きがあるといわれていたことから、この名があります。

ジェードは、太古の昔からずっと人類を魅了してきました。石器時代には、斧の刃などの武器や、ものを切る道具として用いられていました。中国などの東アジア各国や中央アメリカでは、石を研磨する技術が発達し、ジェードは、彫像や仮面、装飾的な鎧の胸当て、装身具などに利用されました。現在はグアテマラ共和国の博物館で、マヤ文明時代のみごとなジェードの彫刻品を見ることができます。中国では、龍などの姿を刻んだジェードの彫像が、皇帝の宮殿や墓を飾っていました。ニュージーランドのマオリ族も、昔から地元産のジェードをパワーの石とみなしています。

ジェードの彫刻

原石

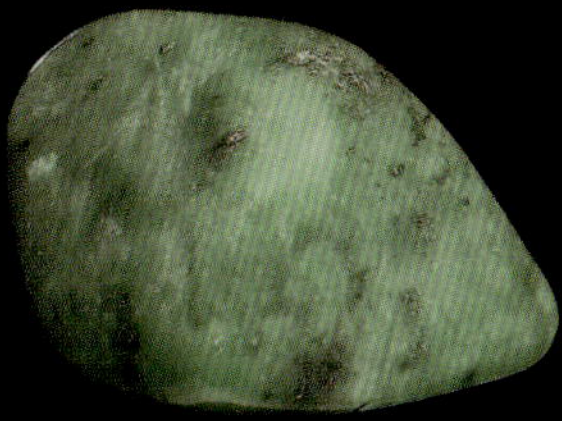

ジェード

形状と構造
ネフライト、ジェイダイトともに単斜晶系で硬く、かたく結合した微細結晶構造をもちます。

色
あざやかなエメラルドグリーンから、ペールグリーンまで、さまざまな色調の緑。または藤色、ピンク、赤、黒、バイオレット。

産地
ネフライト：カナダ、インド、ニュージーランド、アメリカ合衆国
ジェイダイト：グアテマラ、日本、ミャンマー、ロシア

希少性
ネフライトは比較的安価で、かんたんに入手可能。エメラルドグリーンの最高級のジェイダイトは希少で、高価。

硬度
ネフライト：6、ジェイダイト：6.5～7

身体・精神面への作用
腎臓やリンパ系のエネルギーのバランスを整え、サポートします。
神経系をしずめ、過剰な興奮をやわらげます。
感情をつかさどる心臓のチャクラと結びつき、あらゆる生物に対して無条件の愛の気持ちがもてるようになります。

ヒーリングのレイアウト
心臓のチャクラの上に置くと、チャクラをひらき、エネルギーのバランスを整えます。
喉のチャクラや第3の目のチャクラの上に置くと、霊的な発展をうながします。

日常的な使い方
家に置くと、平安と豊かさをよびこみます。

マラカイト *MALACHITE*

マラカイトは、銅の水酸化炭酸塩鉱物です。独特のあざやかな緑色を呈し、濃淡のしま模様があります。コレクターのあいだで人気が高く、球形や皿、小さな置物など、さまざまな形に加工されます。非晶質のような塊状をなし、アズライトやクリソコラなどの鉱物といっしょに、あるいはこれらの鉱物を覆うような形で産出することもあります。つねに銅鉱石の堆積層近くで見つかります。アメリカ合衆国南西部の各州では、しばしばターコイズのかわりに銀のアクセサリーにはめこまれます。

マラカイトは巨大な塊状で産出するので、荘厳な建築物に大量に用いられました。たとえば、ロシアのサンクトペテルブルクにあるエルミタージュ宮（現在は美術館）には、「マラカイトの間」があり、床や柱にこの石が使われているほか、大きなマラカイトの花瓶も飾られています。

銅鉱石やマラカイトなど、銅の二次鉱物は、約6000年前からイスラエル南部の都市エイラト近くのティマで採掘されていたことが、考古学的な調査により明らかになっています。ティマで発見された採掘場の跡地は、新石器時代後半のものです。粉末状のマラカイトやラピスラズリは、古代エジプトではアイシャドーとして利用され、18世紀まで世界中で絵画の顔料（岩絵の具）としても用いられていました。

クリスタルヒーリングでは、マラカイトは持ち主を強力に守護する石とされます。戦士の石であり、人生への情熱やエネルギーを高め、その人ならではの目的を追求できるようにします。

原石

研磨したもの

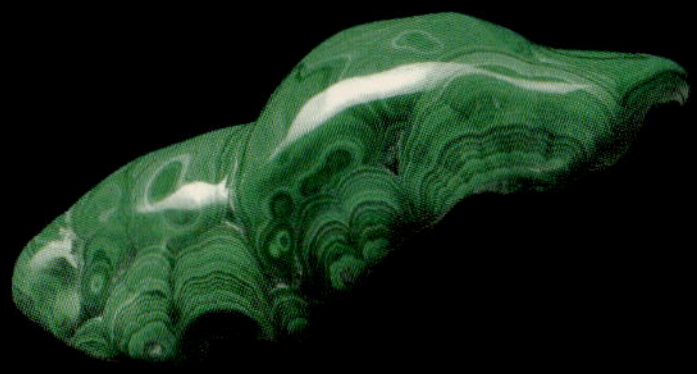

マラカイト

形状と構造
単斜晶系。巨大な粒状やぶどう状、鍾乳状の産状が多く、アズライトやクリソコラなどといっしょに産出することもあります。

色
あざやかなエメラルドグリーンで、独特のしま模様があります。

産地
アフリカ、オーストラリア、イギリス、フランス、メキシコ、ロシア、南アフリカ共和国、アメリカ合衆国

希少性
かんたんに入手可能。

硬度
3.5 ～ 4

身体・精神面への作用
持ち主を守護する重要な石で、とくに他人からエネルギーを吸いとられている人に効果的です。
持ち主にパワーや自信を授け、自分の本当の気持ちにしたがって行動できるようにします。
電磁波の影響から身を守る盾の役目を果たします。
血液の働きを助けて、正常な血行をうながし、病気への抵抗力を高めます。

ヒーリングのレイアウト
心臓のチャクラの上に置くと、エネルギーを生みだして増大させます。
喉の上に置くと、愛のあるコミュニケーションを活発にし、太陽神経叢の上に置くと、身を守ることができます。

日常的な使い方
大きなマラカイトを家に置くと、環境汚染を中和します。
小さなマラカイトをお守りとして持ち歩くと、自信がわいてきます。

ダークグリーン

これは、太古の樹木に象徴される神秘的なグリーンです。心理学者のカール・ユングによれば、人間には、太古の昔から蓄積してきた「集合的無意識」とよばれる精神要素が存在します。わたしたちはみな、陸地がうっそうとした森に覆われ、人類の祖先が森の片隅で暮らしていたころの記憶を共有しているのです。そうした深い森の世界は、やがて魔法や神秘、さらには伝説や神話に登場する不死の神々と結びつけられるようになりました。魔術師マーリンはアーサー王の師となる人物ですが、初期の伝説では自然界の聖霊のような存在とされ、自然の力を自在にあやつり、樹木に同化して姿を消すことができました。古代ノルウェーの神話には、イグドラシルという神聖な大木が登場します。この木は、全世界の象徴とされていました。

ダークグリーンは、針葉樹林の地面に敷きつめられている松葉や大岩を覆っている苔のように、深みのある不透明な色をしています。森の奥深くは静寂に支配され、深い安らぎの空気に満ちています。ダークグリーンのエネルギーは、わたしたちと本質へと立ちかえらせ、人間もまた大地とつながった存在であることを思いおこさせてくれます。ダークグリーンのアトラスシダーはそうした特質をもつ樹木で、高さが40メートルにも達し、葉が密生した枝を大きく広げています。この木の下に立つと、木に守られているという感覚を強くおぼえます。

大地との結びつきを取りもどす

ダークグリーンのゆったりとしたエネルギーは、過度に興奮して収拾のつかないエネルギーを落ちつけ、グラウンディングするのに役だちます。ダークグリーンのクリスタルは、身体のエネルギーフィールドを安定化するのにすぐれています。わたしたちはあわただしい毎日をすごすなかで、自分の現状をつい見失いがちです。ダークグリーンのクリスタルは、バランス感覚を取りもどし、電磁波などさまざまなエネルギーが飛びかう環境のなかで、わたしたちのエネルギーフィールドを安定化させます。人間を取りまくさまざまな技術はまだごく新しいもので、人間の生理機能におよぼす長期的な影響について、じゅうぶんに解明されているわけではありません。人間の身体やエネルギーフィールドは、何千年にもわたって大地と共鳴してきました。ダークグリーンのエネルギーは、人間がふたたび大地との結びつきを取りもどすのを助けます。

わたしたちは、自然の神秘にもふたたび目をひらく必要があります。毎日、論理的な思考ばかりが求められ、現実の体験をじっくり味わう余裕などないものですが、その気になって探究すれば、身近な場所にも神秘の世界が存在することを、ダークグリーンのエネルギーは教えてくれます。

モルダバイト　*MOLDAVITE*

モルダバイトは、テクタイト（Tektite）とよばれる非晶質のガラス状鉱物の１種です。テクタイトは、アメリカ合衆国やオーストラリア、東ヨーロッパなど、世界各地で発見されています。モルダバイトという名前は、この石がチェコ共和国のモルダウ川流域で発見されたことに由来します。ここは、およそ1500万年前に巨大な隕石が落下したドイツ南部の衝突クレーターに近い場所です。モルダバイトをはじめとするテクタイトの生成過程は、いまだにはっきりと解明されていませんが、一説によれば、隕石の衝突により大気中に大量の土砂が舞いあがり、極度の高温によって大気中の鉱物が混合・溶融されて、地上に落下したとされます。テクタイトが小さな石片として広範囲にわたる地中から発見されるのは、このためなのかもしれません。

モルダバイトは希少な石であるため、小さなものでもきわめて高価です。ファセットをほどこし研磨することもできますが、自然な形状のほうが美しく珍しいので、もっぱら加工せずにそのまま銀や金の台座にはめこまれます。ガラス状の構造をもち、軽量で、半透明の独特な濃緑色をしています。

モルダバイトは、先史時代には矢じりや小さな槍先に利用されていました。オブシディアン（天然の火山ガラス、206～207ページ参照）と同じくカミソリのような形のものは、金属が登場するまで、ものを切る道具として用いられました。1900年代初期にオーストリアの遺跡から「ヴィレンドルフのヴィーナス」とよばれる有名な小像とともにモルダバイトのかけら数片が発見されたことから、2万5千年も前の時代に、この緑色の石が深い意味をもっていたことが明らかになっています。

原石

モルダバイト

形状と構造
非晶質のガラス状の構造。二酸化ケイ素やアルミニウムの酸化物など、さまざまな鉱物の混合体。

色
モルダバイトは葉や苔を思わせるダークグリーン、ほかのテクタイトは褐色か黒。

産地
モルダバイト：チェコ共和国（ボヘミア地方南部）
ほかのテクタイト：アフリカ、オーストラリア、インドネシア

希少性
産出量の減少により、希少になりつつあります。

硬度
5.5～6

身体・精神面への作用
モルダバイトは強い変容の力を受けて誕生したクリスタルなので、大変強力な作用をもちます。瞑想したり、明晰夢を見るのを助け、霊能力を高めます。
持ち主を活動的にする強い力をもつ石なので、心の準備が整ってから手にしてください。

ヒーリングのレイアウト
強力なエネルギーをもつ石なので、クリスタルヒーリングの専門家が扱うのがいちばんです。

日常的な使い方
ペンダントとして身につけるか、小さな石を持ち歩き、どんな変化が起こるか見守りましょう。

モスアゲート　*MOSS AGATE*

モスアゲートは半透明なカルセドニークォーツで、苔《こけ》（英語でモス）や小さな地衣類のように見えるダークグリーンの鉱物を内包しています。こうしたインクルージョンは、石を光にかざすと、とくによくわかります。これがモスアゲートとよばれるゆえんですが、カーネリアンなど本来のアゲートの大半に見られるしま模様がないため、鉱物学的には、この石はアゲートではありません。

主要産地のインドでは、モスアゲートは、ビーズや丸いカボションカットにされます。小さなタンブルは見た目が愛らしく、価格的にも手ごろなので、これからクリスタルのコレクションをはじめようという人にもおすすめです。石の中に本物の植物が入っているように見えるので、子どもたちにも人気があります。

クリスタルヒーリングでは、自然の不思議な側面と結びつくのを助けます。昔からインドでは、自然界には目には見えない小さな神霊が数多くすんでいると信じられています。神霊は草木や花のひとつひとつに宿り、その植物の声に耳をかたむけ、コミュニケーションをはかっているといわれます。モスアゲートは、植物を守護するこうした神霊たちへの気づきを増すのを助ける石です。この石の力を借りて、庭の植物を元気に育ててくれるよう神霊たちに頼んでみましょう。神霊への贈り物として、モスアゲートを庭に置きます。この石を身につけると、つねに必要なものを与えてくれる慈悲深い豊かな自然と結びつくことができます。

カットして
研磨したもの

研磨したもの

モスアゲート

形状と構造
三方晶系。
ホーンブレンドなど、緑色または濃緑色の鉱物のインクルージョンを内包するカルセドニー。
研磨すると、つるつるになります。

色
半透明の淡色の石で、濃緑色のインクルージョンがはっきりと見られます。

産地
インド、中東、アメリカ合衆国

希少性
安価で、かんたんに入手可能。

硬度
6.5

身体・精神面への作用
全身を落ちつけて、安定させる作用をもち、病後の回復を助けます。
楽観的な思考をうながし、自尊心を高めます。
感情的なストレスをやわらげ、エネルギーフィールド（オーラ）を強化します。

ヒーリングのレイアウト
心臓のチャクラや太陽神経叢のチャクラの上に置くと、感情的なストレスをやわらげ、心に安らぎをもたらします。
ローズクォーツとともに置くと、無条件の愛の気持ちを高め、霊的な発展をうながします。

日常的な使い方
モスアゲートを身につけると、人生に大いなる豊かさや自信がもたらされ、自然界のスピリチュアルな側面に目を向けられるようになります。

セラフィナイト　*SERAPHINITE*

セラフィナイトは、水酸基を含むマグネシウムと鉄とアルミニウムのケイ酸塩鉱物であるクリノクロア（Clinochlore）の変種です。クリノクロアはクロライト（Chlorite）と総称される鉱物グループの1種で、地殻にある鉄とマグネシウムのケイ酸塩鉱物が熱水により変質作用を起こすことで、しばしば生成します。クリノクロアの“クロア”は、ギリシア語で「緑色」を意味する言葉に由来します。これは、この鉱物群がもっぱら緑色をしているためです。

セラフィナイトは、クリノクロアのなかでもとくに美しい種類のものにつけられる名前で、ロシア・シベリア地方のバイカル湖周辺でのみ産出します。銀色にきらめく翼のような美しい筋が濃緑色の地にはいっていることから、熾天使《してんし》セラフィムにちなんで、セラフィナイトと命名されました。この石を劈開面に沿って割り、たいらな面を研磨すると、一段と美しさが増します。西ヨーロッパでは比較的新しい鉱物なので、ほかの半貴石にくらべるとやや高価です。やわらかく傷つきやすいので、保管する際はじゅうぶんに注意してください。ふつうは銀の台座にはめこまれます。

クリスタルヒーリングでは、天使界を身近に感じやすくするために用いられます。多くの宗教において、天使は平和と希望の使者です。わたしたちはつらく苦しいときに、天使の助けを求めます。セラフィナイトを身につけたり、手に握ると、守護天使や守護霊を自分のもとへと引き寄せられます。さらに“ライトボディ（光の体）”と肉体を調和させて、あらゆるレベルにおける人間の姿を実感できます。ライトボディとは、人間のエネルギーフィールドのうち、魂にもっとも近いレベルにあるものをいいます。

原石

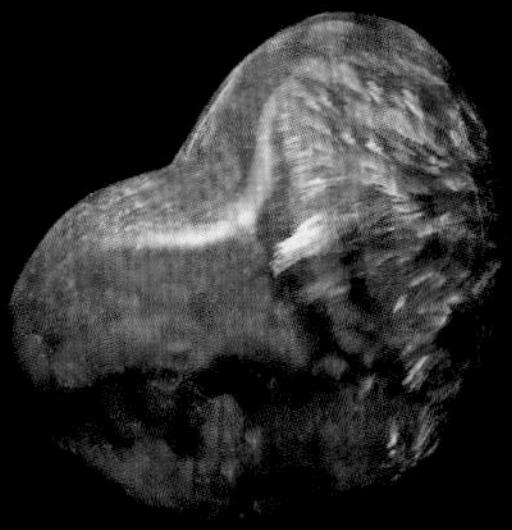

セラフィナイト

形状と構造
単斜晶系。粒状の大きな塊をつくり、きらめきを放つ独特の白い筋が見られます。

色
濃緑色の地に銀白色の筋がはいっています。

産地
ロシア

希少性
高価だが、専門店でかんたんに入手可能。

硬度
2～2.5（やわらかいので、保管の際は要注意）

身体・精神面への作用
頭頂にある宝冠のチャクラをひらき、深い霊的な体験をうながします。
天使の象徴であり、守護霊とのコミュニケーションをサポートします。
宇宙の法則に沿った形で、自己の感覚をあらためて明確にします。

ヒーリングのレイアウト
心臓のチャクラや宝冠のチャクラの上に置くと、霊的な発展を助けます。
ラベンダークォーツとともに用いると、天使とコンタクトがとりやすくなります。

日常的な使い方
身につけたり、瞑想に使うと、魂のエネルギーが身体のなかで働いていることが実感できます。

ブルーグリーン

ブルーグリーンは、地球表面の大部分を占め、地球を"青い惑星"たらしめている海の色です。宇宙飛行士が月に降りたち、ふるさとの地球を見つめたとき、いちばん強く印象に残ったのは、そのすばらしい海の色でした。地球はまさに水の惑星で、陸地は小さく見えたといいます。地球上の最初の生物は、海で誕生しました。生物はやがて陸にあがり、何百万年におよぶ進化の末に現在の姿になりました。海は、現在でもすべての生物が生存する上で重要な役割を果たし、自己調整機能をもつ巨大な生態系、すなわち地球の一部をなしています。

わたしたちはブルーグリーンの色を見ると、バカンスをすごす浜辺を思いうかべ、澄んだ水の中で泳ぎたいと思います。この色は、ストレスからの解放をイメージさせます。ただ水に浮かんで、のんびりとするだけで、心配ごとを忘れられます。ブルーグリーンがプールのタイルにいちばんよく使われる色だというのも、たんなる偶然ではありません。わたしたちは、人工的な水環境でも海を再現し、くつろいだ雰囲気を味わいたいと思っています。海を特集したテレビ番組を見ると、波間を楽しそうにジャンプするイルカたちをはじめ、自由気ままに生きている愛嬌たっぷりの美しい海の生物たちに魅了されるものです。

ブルーグリーンのいやしの力

ブルーグリーンは、心臓のチャクラ（グリーン）と喉のチャクラ（ブルー）を混ぜあわせた色です。このエネルギーの波動は、心臓のチャクラが放つ愛を喉のチャクラを通じて伝達します。多くの人たちが海で野生のイルカと泳ぎ、大いなる愛を感じたと話しています。これは、生命をはぐくむブルーグリーンの豊かな海の中での体験です。

ヒーリングでは、ブルーグリーンは上胸部を落ちつけ、胸部のせきなどの身体的な問題をやわらげます。上胸部には、胸腺のチャクラとよばれる2次的なチャクラがあり、免疫系の働きを助けています。ブルーグリーンはこのチャクラの色で、心臓と喉のチャクラの橋渡しを象徴し、愛のあるコミュニケーションをうながします。これは、強力なヒーリングツールのひとつです。

ターコイズ *TURQUOISE*

ターコイズ（トルコ石）は、ターコイズブルーという色名に用いられるほどポピュラーな美しい石で、含水銅とアルミニウムのリン酸塩鉱物です。最高級品は高価ですが、グレードの低いものは安価で、かんたんに入手できます。ターコイズは産地により、さまざまな色調のブルーグリーンを呈します。イラン産のものは深いブルーグリーンで、中東産のものは緑がかっています。アメリカ合衆国南部の州のものは、淡いブルーグリーンから濃い色調まで濃淡さまざまで、しばしばパイライトなどのインクルージョンによるまだら模様が見られます。

ターコイズは、紀元前6000年ごろから採掘されています。現在知られている史上最古の採掘場は、中東にありました。ペルシア（現在のイラン）などのイスラム国家では、手のこんだ装飾品から、箱や家具、モザイクの床、壁などの象眼まで、幅広く利用されました。ターコイズの利用法は中東からインドへと伝わり、かの有名なタージマハル廟にも使われています。中央アメリカでは、アステカ族がとくにこの石を好んで使い、金やマラカイト、ジェット、ジェードなどとともに仮面や儀式用の短剣などの聖なるものを作りました。チャコ・キャニオンにいたアナサジ族という古代のネイティブアメリカンは、ターコイズの手工品の交易により繁栄しました。現在ではプエブロ族やナヴァホ族、アパッチ族が、銀のアクセサリーや魔よけの護符にこの石を用いています。中国では、3000年以上も前からこの石で装飾品や彫像がつくられています。古代エジプトでも、ネックレスや指輪、ビーズ、スカラベ（ケペラ神とつながりの深い聖なる甲虫）の彫刻に利用されました。

原石

ターコイズ

形状と構造
三斜晶系。大きな塊状で産出します。微細な結晶構造をもち、不透明に見えます。
蝋光沢があり、さわるとすべすべしています。

色
淡色から濃色まで、さまざまな色調の青緑。

産地
アフガニスタン、オーストラリア、中東、アメリカ合衆国

希少性
かんたんに入手可能。ただし、良質のものは高価。

硬度
5～6

身体・精神面への作用
強力な魔よけの力をもつ石として、何千年も前から用いられています。
高次の愛とのコミュニケーションを可能にします。
ネガティブな気持ちをやわらげ、低い自尊心を高めます。
胸骨にある胸腺のチャクラの働きを助けて活性化し、免疫系の働きを高めます。

ヒーリングのレイアウト
心臓や喉、胸腺の上に置くと、呼吸を楽にして、感情的な表現の流れをよくします。

日常的な使い方
お守りとして、上胸部につけます。

ラブラドライト *LABRADORITE*

ラブラドライトは、フェルドスパーとよばれる鉱物グループに属します。フェルドスパーは、地殻に含まれるごく一般的な鉱物です。石そのものは、ぼんやりとした暗い青緑色ですが、とくに研磨した面に光をあてると、真っ青な閃光が表れます。この光の効果は、ラブラドレッセンスとよばれます。大半のラブラドライトには、こうした青い輝きがありますが、なかには緑やバイオレット、オレンジ色の閃光を見せるものもあります。これらの色すべてを含む虹色の閃光をしめす希少な石は、スペクトロライト（Spectrolite）とよばれます。こうした光の効果は、結晶内部の層状組織が光を反射し、きらきらとした閃光を放つために起こります。ラブラドライトは、カルシウムとナトリウムとアルミニウムのケイ酸塩鉱物です。

この石は、18世紀にカナダのラブラドル地方で最初に発見されてことにちなんで、ラブラドライトと命名されましたが、現在はフィンランドやノルウェー、メキシコ、アメリカ合衆国などからも産出します。19世紀にロシアで発見されたことにより、宝飾品としての人気が高まりました。

クリスタルヒーリングでは、ラブラドライトは魔法と変容をつかさどる強力な石で、超感覚的な能力を目覚めさせ、さまざまな状態のエネルギーを自覚させるといわれています。シャーマニズムと関連が深い石です。シャーマニズムは地球最古の霊性の形で、シャーマンがさまざまな意識の状態を旅しながら、それぞれの存在レベルにおいて、ヒーリングの方法を模索するものです。ラブラドライトのきらめきは、それぞれの存在領域がもつ、表現しがたい神秘的な性質を象徴しています。

原石

研磨したもの

ラブラドライト

形状と構造

三斜晶系。シリカの含有量が低い火成岩中で塊状に生成し、ときに双晶をつくります。

色

ぼんやりとした青緑色ですが、光をあてると、あざやかな青い閃光を放ちます。オレンジ色や緑、バイオレットの閃光を見せる石もあります。
スペクトロライトとよばれる石は、虹色のきらめきをしめします。

産地

カナダ、フィンランド、メキシコ、ノルウェー、ロシア、アメリカ合衆国

硬度

6 〜 6.5

身体・精神面への作用

超感覚的な知覚を高め、過去世の記憶を呼びおこし、透視力などの霊能力を刺激します。
意識のさまざまなレベルを活性化します。
持ち主をネガティブなエネルギーから守護します。

ヒーリングのレイアウト

頭頂に置いたり、それぞれの手に石を握ると、意識を拡張できます。
スモーキークォーツとともに両足のかかとのあいだに置いて、バランスをとると、グラウンディングされます。
霊的な成長をサポートするためのクリスタルレメディーがつくれます。

日常的な使い方

この石を身につけると、自分があらたなレベルに発展していくのを感じとれます。

ブルーグリーンアパタイト *BLUE-GREEN APATITE*

アパタイトはカルシウムのリン酸塩鉱物の総称ですが、化学組成が多様で、フッ素や塩素、水酸基がさまざまな比率で含まれています。これにより、濃い青緑、緑、黄色、ピンク、バイオレットなど、じつに多彩な色をしめします。ブルーグリーンアパタイトは魅力的な石で、微細結晶の断片や不透明な層が混在して見られます。微量のルチルを内包し、きらきらと輝くものもあります。アパタイトはよく見られる鉱物で、火成岩、堆積岩、変成岩中に生成します。ときに大きなポイントをつくり、透明度の高い外観を呈することもありますが、たいてい微細結晶の集合体として産出します。アパタイトは、ほかの鉱物と混同されやすいため、ギリシア語で「ごまかし」を意味する言葉にちなんで、アパタイトと命名されました。淡い緑色のものはペリドットによく似ていますが、アパタイトのほうがやわらかく、より硬度の高い貴石とは、この点で区別できます。

アパタイトが人間の歯のエナメル質にも含まれているように、人間の身体には、地殻の鉱物と同じ物質が含まれています。人間は、植物やその植物を食べる動物などから、身体をつくる基本成分を摂取しています。つまり、人間は地球のあらゆるものと同じ成分でできているのです。ネイティブアメリカンの人たちは、岩石やクリスタルはある意味で生きていると信じていました。彼らは、鉱物界と人間界の結びつきを直感的に感じとり、人間と鉱物が共有する性質を理解し、尊重していたのです。

原石

アパタイト

形状と構造
六方晶系。粒状の微細結晶が大きな塊状で産出します。ごくまれにポイントをつくります。
まだら模様があります。

色
青緑、緑、黄色、ピンク、バイオレット、透明

産地
カナダ、ドイツ、メキシコ、ロシア

希少性
専門店で入手可能。

硬度
5

身体・精神面への作用
骨折の治癒をうながし、歯の問題を軽減します。けがの治癒を早めます。
考え方を体系化して、乱雑な思考をまとめます。
集中力を高め、問題の解決を助けます。
鉱物界など、さまざまなレベルに意識を拡張します。

ヒーリングのレイアウト
それぞれの手に石をもつと、身体の左右のバランスを整えられます。
心臓のチャクラか胸腺のチャクラ（胸骨）の上に置くと、オーラのエネルギー構造を強化できます。
眉間にある第3の目のチャクラに置くと、霊的な知覚を高められます。

日常的な使い方
複数の仕事を同時に進めなければならないときに持ち歩くと、集中力を維持できます。

アマゾナイト *AMAZONITE*

アマゾナイトは、カリウムとアルミニウムのケイ酸塩鉱物で、フェルドスパーとよばれる鉱物グループに属します。フェルドスパーは、地殻の中で大きな割合を占めている鉱物で、世界中で見られます。この石がもつ独特の青緑色が、アマゾン川とその流域の熱帯林の深みのある緑色を思わせることから、アマゾナイトと命名されました。しかし、この石はアマゾン川流域では発見されておらず、最高品質のものは、アメリカ合衆国コロラド州でしばしばスモーキークォーツとともにクラスター状で産出したり、ロシアのイリメニ山脈で花崗岩とともに発見されます。近年の科学的分析により、結晶中の鉛と水が反応した結果、この石ならではの青緑色を呈することが明らかになりました。淡緑色のまだら模様がある大きな塊状で産出し、研磨するとすべすべになります。

アマゾナイトは、昔から装身具に利用されてきました。古代エジプトでは、首飾りや指輪のほか、聖なる文字を刻んだ大きな銘板にも使われました。ツタンカーメン王の副葬品は、現在、エジプトのカイロ博物館に所蔵されています。展示解説によれば、有名な黄金のマスクの首まわりには、ラピスラズリやカーネリアンとともにアマゾナイトの象眼細工がほどこされているそうです。古代インドでも、この石は装身具として人気が高く、とりわけ金細工にはめこんだものが珍重されました。適度な硬さがあるので、彫刻にも適しています。現在でも、石の色が引き立つよう丸くカボションカットした石が、指輪やペンダント、イヤリングに使われています。

原石

アマゾナイト

形状と構造
三斜晶系で、大きな塊を形成します。
フェルドスパーの緑色の変種です。

色
青緑色で、淡緑色のまだら模様が見られます。

産地
マダガスカル、ロシア、アメリカ合衆国

希少性
かんたんに入手可能。

硬度
6

身体・精神面への作用
心臓のチャクラと喉のチャクラの橋渡しをして、愛と思いやりに満ちたコミュニケーションをうながします。
胸部や喉のうっ血を取りのぞき、咽喉炎やせきをしずめます。
喉にある甲状腺のエネルギーのバランスを整えます。
感情的ないざこざやトラウマからの回復を助けます。

ヒーリングのレイアウト
心臓や上胸部、喉に置くと、それぞれのチャクラのエネルギーを落ちつけ、バランスを整えます。
この石を使って感覚を研ぎすまし、どの箇所にいちばんサポートが必要かを感じとります。友人といっしょなら、相手にも感じとってもらいましょう。

日常的な使い方
この石を身につけたり、持ち歩くと、感情的ないざこざや人間関係の問題を扱いやすくなります。

クリソコラ *CHRYSOCOLLA*

クリソコラは、緑から青緑、ターコイズ色までさまざまな色のバリエーションがあるおもしろい鉱物で、化学組成は含水銅ケイ酸塩です。マラカイトやアズライトなど、ほかの緑や青色の鉱物とともに発見されることが多く、マラカイトと同じく、不定形の塊状として産出し、ときにはぶどう状や鍾乳状にもなります。銅鉱床近くの酸化した層からも発見されます。きわめてやわらかい石なので、そのままでは装身具に使えませんが、より硬い微晶質のクォーツがしみこんだものは、研磨できます。これをジェムシリカとよんでいます。

クリスタルヒーリングでは、クリソコラは、心臓のチャクラのエネルギーを上方にある感情表現の中心である喉のチャクラと結びつけ、はっきりとした感情表現と心からのコミュニケーションをうながします。身体のヒーリングに対して強い威力を発揮し、甲状腺の機能をサポートして、喉の不調をやわらげます。クリソコラの青緑色は、宇宙から見た地球を思いおこさせます。この石を瞑想に使うと、「ガイア」とよばれることもある霊的な存在としての地球と強く結びつけます。ガイアは、古代ギリシアの大地の女神の名で、地母神のことをさし、わが子たちが必要とするあらゆるサポートを与えてくれる存在です。現代科学では、地球をひとつの生命体とみなし、その構成要素であるわたしたちすべてが有機的につながっているという「ガイア説」が唱えられています。クリソコラの美しい緑色は、この地球がひとつの生命体であることを強く印象づけます。

研磨したもの

クリソコラ

形状と構造
単斜晶系。不定形の大きな塊状や皮殻状、鍾乳状、ぶどう状で産出し、しばしばマラカイトなどの鉱物とともに発見されます。

色
緑、青緑、ターコイズ

産地
ロシア、アメリカ合衆国、ザイール

希少性
かんたんに入手可能。

硬度
2.5 〜 3.5

身体・精神面への作用
浄化と解毒の作用をもち、免疫系の働きを助け、病後、とくに胸の感染症にかかったあとに身体のエネルギー回復をうながします。
新陳代謝を促進し、甲状腺の機能を高めます。
感情的なレベルでは、真実を表現するのを助け、人前で話す人をサポートします。

ヒーリングのレイアウト
胸骨や喉の上に置くと、毒素を排出して、病後のエネルギー回復をうながします。
心臓のチャクラの上に置くと、呼吸を楽にします。
頭蓋底に置くと、霊能力を目覚めさせます。

日常的な使い方
職場に置くと、明確なコミュニケーションをうながします。
瞑想に使うと、創造力と直感が高まります。

ペールブルーグリーン

ペールグリーンのページでも説明したように、淡い色は、ほのかで神秘的な高い波動のエネルギーを発しています。ここで紹介するペールブルーグリーンは、クリスタルのアクアマリンに代表されるような南国の海の色です。やわらかな青緑色の波が白い砂浜に打ち寄せる風景は、まさに楽園そのものです。

古来の伝説によれば、数千年前の大西洋には、アトランティスという伝説的な都市国家がありました。アトランティスはいくつかの島からなり、その住人たちは高度に発展した社会で暮らし、あらゆる芸術や技術に長けていました。金属やクリスタルの細工技術にもすぐれ、建物は金や銀、オリカルコン（青銅の1種だと思われます）で飾られていたと、古代ギリシア人は記しています。アトランティスの人びとは、天文学や科学、医術の豊富な知識もそなえていました。アトランティス伝説は、今日でも謎につつまれ、わたしたちを魅了してやみません。アトランティスは、地殻の激変により海底に沈んだといわれます。その原因は、大規模な火山噴火が起きたためか、一部の人がいうように、科学者たちがあまりにも野心的な実験をおこなったためのようです。

神秘の国

アトランティスは昔から、神秘と不思議に満ちた場所でした。多くのクリスタルヒーラーは、このペールブルーグリーンに象徴されるアトランティスのエネルギーに親近感をおぼえています。アトランティス（Atlantis）の名にある“atl”は、インカやアステカの言語でも「水」を意味する言葉として使われています。四方を海に囲まれ、水と深いかかわりをもっていたアトランティスの島々は、現実の世界を超えた神秘の国の象徴です。伝説では、アトラティスはいつの日かふたたび海底から姿をあらわすといわれています。

わたしたちの人生は、この世かぎりのものではないと信じている人たちがいます。世界中の多くの宗教でも、現世は教えを学ぶ場であり、人間はその教えを学ぶために何度でも転生を繰りかえすと説いています。こうした思想を受けいれれば、自分の過去世を感じとり、ときには思い出すこともできるでしょう。多くのクリスタルヒーラーは、古代の治療法を学ぶために、エネルギーやクリスタルを使って、アトランティスの叡智と結びつきます。アトランティスでは、強力なクリスタルヒーリングが実践され、国家の壊滅後、その技術は古代エジプトに伝えられたといわれています。適切な資質をもつ人が、ペールブルーグリーンのクリスタルを用いたり、身につけると、アトランティスの人びとと結びつくことができるでしょう。この色の石を瞑想に使うと、神秘と不思議に満ちた世界の入り口に立つことができます。

アクアマリン　*AQUAMARINE*

アクアマリンは、エメラルドと同じく、ベリルという鉱物の宝石変種で、硬度が高く、成分中に微量の鉄を含有するため、淡い青緑色をしめします。しばしばペグマタイト中に六角形の長柱状の結晶をつくり、結晶の垂直方向には、いく筋もの条線が平行に見られます。アクアマリンという名前は、海と深く結びついています。“アクア”はラテン語で「水」、“マリン”は「海の」という意味です。本物のアクアマリンの色は、美しく不透明な淡いターコイズブルーです。ファセットカットをほどこしたものが、よく宝飾品に利用されますが、市場に出まわっているアクアマリンの多くは、低級品のベリルに熱処理をほどこして、ペールブルーに発色させたものです。現在はブラジルが良質の天然アクアマリンの主要な産地で、パキスタンでも、すばらしい石が見つかっています。鉱物やクリスタルとして収集するなら、より緑色がかった未加工のものが、比較的安い価格で入手できます。

クリスタルヒーリングでは、アクアマリンは、わたしたちの感情を象徴する水の元素を浄化するのに欠かせないツールです。人間の身体の70パーセント以上は水で占められているので、水の元素のバランスを保つことはとても重要です。わたしたちは、呼吸によって、風の元素を体内に取りこみ、土の元素からなる鉱物で、身体をつくりあげています。さらに体内では、何百万もの神経終末がエネルギーの火花（火の元素）を伝達しています。それでも人間にもっとも関係が深いのは、水の元素です。これは、おそらく人間が海にすんでいた生物から進化した名残でしょう。アクアマリンは体内の水の元素を浄化して、感情的な毒素を洗いながし、心に安らぎをもたらします。

原石

淡い色のもの

アクアマリン

形状と構造
六方晶系。大きなブレード（刃）状の結晶をつくり、垂直方向に条線が見られます。垂直面に沿って割れやすいです。しばしば火成岩中に生成します。

色
淡いターコイズブルー。より緑色がかったものもあります。ファセットカットした石の多くは、熱処理された低品質のベリルです。

産地
ブラジル、パキスタン

希少性
小さな石片やタンブル、ファセットカットした宝石ともに、かんたんに入手可能。

硬度
7.5 〜 8

身体・精神面への作用
胸腺のチャクラを活性化し、免疫系の働きを高めて、心臓のチャクラと喉のチャクラの橋渡し役をつとめます。
言葉による創造的な表現や調和のとれたコミュニケーションをうながします。
嘆きや孤独などの強い感情をやわらげます。
感染症や炎症をしずめます。

ヒーリングのレイアウト
この石を胸骨や喉に置くと、それぞれのチャクラを活性化し、コミュニケーションを促進できます。
炎症や痛みのある部分に置いてください。

日常的な使い方
この石を身につけると、コミュニケーションを促進して、自分が信じる真理を世界に向けて発信できます。

クリソプレーズ *CHRYSOPRASE*

クリソプレーズは、微細な結晶構造をもつカルセドニークォーツの1種です。含有するニッケルの作用により、淡い色からあざやかな色まで、さまざまな緑色を呈します。原石はココナッツのようにごつごつしていて、研磨すると、蝋光沢をおびます。クリソプレーズは、クォーツのなかでは珍しい部類にはいるので、良質のものは、それなりに高価です。カボションカットして色目を引きたてたものが、宝飾品に利用されます。一定の方向に力が加わると、フリント（火打石）のように粉々にくだけるので、加工の際には注意を要します。とはいえ、クリソプレーズは彫刻にも適した石で、良質のものはジェードと間違われることもあります。強い日光にあてると色があせるので、保管の際は注意してください。

クリソプレーズのおもな産地は、何百年ものあいだ、ポーランドの南西部に限定されていました。チェコ共和国とドイツに隣接し、かつてはシレジアとよばれていた地域です。ここの地質は複雑で、金、銀、サーペンティン、クォーツ、大理石、花崗岩、アラバスター、クリソプレーズなど、あらゆる鉱物を豊富に産出します。鉄器時代にまでさかのぼる石の工芸品の数々は、この地方の彫刻と石工技術の長い歴史を如実に物語っています。18世紀にはプロイセン（現在はドイツの一部）王フリードリヒ2世が、シレジアを併合しました。フリードリヒ2世はとくに緑色のクリソプレーズを欲し、ベルリン近郊の都市ポツダムにある宮殿の広間をこの石で装飾しました。現在は、オーストラリアやブラジル、マダガスカルでも、良質のクリソプレーズが発見されています。

研磨したもの

クリソプレーズ

形状と構造
カルセドニークォーツ。三方晶系で、微細な結晶構造をもちます。
原石はごつごつした外観を呈し、研磨すると蝋光沢をおびます。

色
緑がかった淡いターコイズから、あざやかなアップルグリーンまでさまざま。

産地
かつてはポーランド､現在はオーストラリア、ブラジル、マダガスカル。

希少性
タンブルは、かんたんに入手可能。

硬度
7

身体・精神面への作用
心臓のチャクラをサポートして拡張し、ネガティブな感情をやわらげて、喜びを増大させます。
愛と豊かさを引き寄せて、人生のあらたな局面を迎える準備を整えます。
安眠をもたらし、全身をリラックスさせます。

ヒーリングのレイアウト
心臓のチャクラや喉のチャクラ、第3の目のチャクラの上に置くと、身体を落ちつけて、ポジティブな感情の流れをよくします。
それぞれの手に石をもつと、身体の左右のバランスを整えます。

日常的な使い方
この石を身につけたり、持ち歩くと、人生にあらたな人間関係を引き寄せます。
枕の下に置いて眠ると、眠りの質が向上します。

ペールブルー

澄んだペールブルーの夏の空が地平線まで広がる様子を思いうかべてください。やわらかくさわやかで、開放感に満ちたブルーは、目にやさしく、心をおだやかにします。騒音やざわめきが絶えず、ストレスやプレッシャーだらけの毎日をおくるわたしたちにとって、このペールブルーの光はまたとない解毒剤です。広々とした青空は自由や広い空間を象徴し、安らぎやリラクゼーション、深々と息を吸いこむ余裕をもたらすので、旅行のパンフレットにもよく使われています。

飛行機が地上数千メートルの高さにある厚い雲を抜け、まばゆいほどの澄んだ青空が目に飛びこんでくる瞬間は、空の旅の醍醐味のひとつといえます。あわただしい毎日をすごし、ふだんは想像すらしたことのない広大な空間が、空の上には広がっていることが実感できます。瞑想にペールブルーの光を用いると、思考のプロセスが拡大されて、明瞭になり、細かい点にとらわれすぎずに問題点を俯瞰《ふかん》できるようになります。古代エジプト人は、広大な青空を自由にはばたくハヤブサを神として崇拝し、ホルスと名づけました。ホルスは、上空からすべてを見おろしています。アンデス山脈のペルー人も、コンドルにそうした資質を見いだしました。コンドルは世界最大級の鳥で、知恵と洞察力をもたらす存在としてあがめられました。広い視野で問題を見つめるときは、それが上空からはどのように見えるか、実際に上空から自分の目で見ることができたら、どんなふうに感じられるか自問してみましょう。認識の変化をうながすペールブルーの光によって、以前は見すごしていた側面にも目を向けられるようになるはずです。

おだやかな作用

カラーヒーリングでは、ペールブルーは、濃い色調のブルーよりも高い波動をもっています。この波動はより微妙で繊細なものですが、パワーの面で劣ることはありません。心身に対して、おだやかなやさしい作用をおよぼし、怒りなどのいきりたった感情をしずめ、身体の炎症をおさえます。コミュニケーションをつかさどる喉のチャクラと結びつきが深く、意識を高次のレベルへと導きます。ペールブルーの光をイメージしたり、ペールブルーのクリスタルを瞑想に使うと、透視力などの超感覚的な能力を開発できます。

ブルーレースアゲート *BLUE LACE AGATE*

アゲートは、多彩な色や形で産出するクォーツの1種です。微細な結晶構造をもち、顕微鏡下でかろうじて結晶であることがわかります。たいてい不透明で、純粋なクォーツのように明確なポイントをつくるのではなく、大きな塊状で産出します。この石は、ペールブルーとクリーム色が繊細なしま模様や斑点を織りなすことから、ブルーレースアゲートと名づけられました。タンブルはクリスタルショップでかんたんに入手でき、価格的にも手ごろです。クリスタルのコレクションをはじめたばかりの人にも人気の高い石で、とくにさまざまな色のクリスタルを集めて楽しんでいる子どもたちに人気があります。大きなものを研磨すると、やわらかいペールブルーの地にクリーム色の波状のしま模様がくっきりと見られ、とてもみごとです。

ブルーレースアゲートは空の色を映しだし、平静と安らぎの感覚をもたらします。瞑想やヒーリングをおこなう部屋に置くと、場のエネルギーを高めます。瞑想中にこの石に意識を集中させると、リラックスして、精神をあらたな領域に拡張できます。ローズクォーツとともに浴槽にいれると、水の中に愛と安らぎのバランスを生みだし、日々の不安や心配ごとを解消するのに役だちます。ブルーレースアゲートのクリスタルレメディー（284～285ページ参照）は、すばらしい平静と安らぎの感覚を全身にもたらします。とりわけ感情的なトラウマや極度の不安をかかえている人に効果的です。

原石

研磨したもの

ブルーレースアゲート

形状と構造
三方晶系の微晶質のクォーツで、アゲートならではのしま模様が見られます。
たいてい大きな塊状で産出します。

色
淡いスカイブルーで、クリーム色か白いしま模様がはいっています。

産地
ブラジル、南アフリカ共和国、ウルグアイ

希少性
タンブルも大きな石も、かんたんに入手可能。

硬度
7

身体・精神面への作用
心に平静と安らぎをもたらし、身体のリラックスをうながします。
眠りの質を高め、不安な気持ちをやわらげます。
怒りなどのいきりたった感情をしずめます。
身体の炎症や、喉の痛みやせきなどの喉の問題を軽減します。

ヒーリングのレイアウト
喉のチャクラの上に置くと、コミュニケーション力を高め、怒りをしずめます。
それぞれの手に石を握ると、全身を完全にリラックスできます。
第3の目のチャクラの上に置くと、心を落ちつけ、ものごとを明瞭に考えられるようになります。

日常的な使い方
この石を喉元につけると、おだやかで明快なコミュニケーションをうながします。

ブルームーンストーン　*BLUE MOONSTONE*

ムーンストーンは、カリウムとアルミニウムのケイ酸塩鉱物であるフェルドスパーの1種です。さまざまな形状をなしますが、どの石にもラブラドライト（124～125ページ参照）に見られるようなラブラドレッセンスとよばれる特殊な閃光があります。この光の効果は、2種類の鉱物の薄い層が結晶構造中で交互に重なり、それがある角度で光を反射して、玉虫色のきらめきを放つことに起因します。ムーンストーンに光をあてると、ふつうは真珠のような白い光沢が見られますが、なかにはこのブルームーンストーン（またはレインボームーンストーン）のように美しいペールブルーのきらめきを放つものもあります。この石は昔から装身具に用いられ、ケルト人やローマ人は指輪やブローチ、ペンダントとして身につけていました。銀と組みあわせると、とくに効果が高まります。ムーンストーンと銀のアクセサリーは、現在人気が上昇しつつあります。

この石は、夜空で満ち欠けを繰りかえす月の姿を思わせることから、ムーンストーンと名づけられました。クリスタルヒーリングでは、女性エネルギーを高めるための象徴的な石とされますが、女性のためだけの石ではありません。すべての人には、男性エネルギーと女性エネルギー、いいかえれば、動と静のエネルギー、能動と受動のエネルギーが内在しています。だれもがみな、あるときは外で“行動する”（男性的な）力を必要とし、またあるときは内に“存在する”（女性的な）力を必要とします。心に平静と安らぎをもたらしたいときは、ブルームーンストーンを手にするとよいでしょう。

研磨したもの

ブルームーンストーン

形状と構造
単斜晶系のフェルドスパーで、塊状や卓状を形成します。
しばしば花崗岩とともに発見されます。

色
淡色か透明な基岩の上で2種類の鉱物の薄い層が交互に重なり、これが青い閃光を放ちます。白や金色の閃光を放つ石もあります。

産地
オーストラリア、インド、ミャンマー、スリランカ、アメリカ合衆国

希少性
かんたんに入手可能。

硬度
7

身体・精神面への作用
エネルギーフィールド（オーラ）をおだやかに落ちつけ、ネガティブなエネルギーを取りのぞいて、心に安らぎをもたらします。
ストレスや不安をやわらげ、とくに月経前症候群（PMS）や更年期など、ホルモンのアンバランスによる症状に効果的です。
受容力や創造力を高め、直感を研ぎ澄まします。

ヒーリングのレイアウト
心臓のチャクラ、喉のチャクラ、第3の目のチャクラの上にひとつずつ石を置くと、深い心の安らぎをおぼえ、ものごとをより深いレベルで考えられるようになります。
それぞれの手に石を握ると、体内の女性エネルギーを増大できます。

日常的な使い方
心臓のチャクラか喉のチャクラの上に置くと、心がとても安らぎます。

カルセドニー *CHALCEDONY*

カルセドニーは、クォーツの微細結晶の集合体の1種です。結晶内部の繊維状組織により、柔和で不透明な外観を呈し、研磨するとこの特徴が顕著になります。ややごつごつとした外観のジャスパーと違って、カルセドニーはすべすべとしたなめらかな感触とやわらかな光沢をもちます。ブルーカルセドニーの色は、春の森に咲くブルーベル（青いつりがね型の花の総称）の色にも似た、やわらかくあざやかな独特の淡青色です。

ブルーカルセドニーをはじめ、さまざまな色のカルセドニーは、太古から彫刻に利用されてきました。古代エジプトでは、スカラベ（誕生と再生の神ケペラと結びつきの深い甲虫のフンコロガシ）の像を彫るのに好んで用いられ、人びとはスカラベの像を護符として持ち歩きました。古代ギリシア人もスカラベの形、つまり片面がたいらで、もう片面が丸みをおびた、ゆで卵を半分に切ったような形を利用しました。職人たちは繊細な人物像をカルセドニーに刻み、なかでも紀元前500年ごろに活動したエピメネスは、人間の筋肉や顔、さらには頭髪などを直径わずか5センチほどの石のたいらな面に鮮明に刻みました。ローマ時代になると、さらに繊細な彫刻がカルセドニーの指輪やネックレス、カメオにほどこされました。

クリスタルヒーリングでは、ブルーカルセドニーは、目の痛みをやわらげたり、視界をはっきりさせるなど、目の働きを助けるために利用されます。心に安らぎをもたらし、心身のバランスを回復させます。喉のチャクラ周辺の不調を解消し、明確なコミュニケーションがはかれるようにもします。

研磨したもの

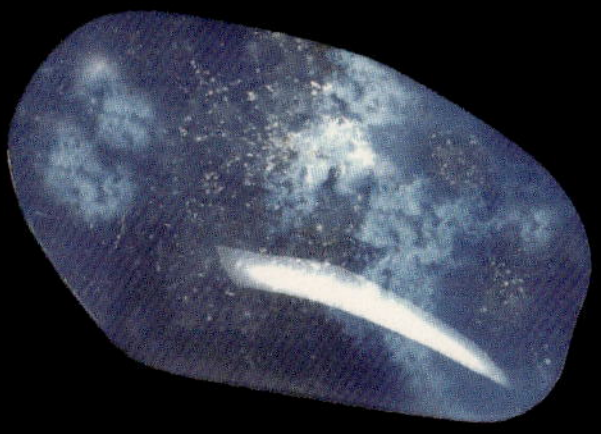

カルセドニー

形状と構造
三方晶系で、微晶質のクォーツ。鍾乳状やぶどう状、大きな塊状で産出します。

色
あざやかな淡青色、または紫

産地
ブラジル、チェコ共和国、インド、マダガスカル、メキシコ、トルコ

希少性
かんたんに入手可能。

硬度
7

身体・精神面への作用
喉のチャクラを活性化し、本当の自己表現ができるようにします。
喉の痛みやせきなど、喉の問題を解消します。
鎮痛剤として作用し、精神的な深い傷をいやします。
不安や悪夢をやわらげ、心に安らぎをもたらします。
肺を落ちつかせ、とくにストレスによる呼吸器系の不調をやわらげます。

ヒーリングのレイアウト
喉のチャクラの上に置くと、コミュニケーション上の障害を取りのぞき、喉の痛みや失声を緩和します。
第3の目のチャクラの上に置くと、内なる認識を目覚めさせて拡張します。

日常的な使い方
枕の下に置いて眠ると、睡眠障害を緩和します。
喉元につけたり、持ち歩くと、コミュニケーションの問題を解消します。

カヤナイト　*KYANITE*

カヤナイトは、アルミニウムのケイ酸塩からなる珍しい鉱物です。平板なブレード（刃）状の結晶には条線（平行な筋模様）が見られ、しばしば変成岩やクォーツの鉱脈中に生成します。2種類の硬度があるという珍しい特徴をもち、垂直軸に対して平行に引っかいたときは、比較的硬度が低く、垂直軸に対して直角に引っかくと、硬度が高くなります。たいてい淡青色ですが、濃青色や白色のものもあり、たいらな面には真珠光沢が見られます。横から見ると、本の側面のように薄い紙が重なっているように見えます。垂直軸方向に割れやすい性質をもつので、装飾品には適さず、保管や取り扱いにも注意を要します。

クリスタルヒーリングでは、独特の構造をもつカヤナイトは、エネルギーの伝達役として用いられ、身体からネガティブなエネルギーを排出して、ポジティブなエネルギーを取りこむための経路のような働きをします。意識にあらたな道をひらき、瞑想中により深いレベルにアクセスするのを可能にします。どんな障害ももとのもせずに、つねにエネルギーが流れるようにします。手放すためのクリスタルとして昔から用いられ、不用になった古いパターンを取りのぞきます。

ブレード

原石

カヤナイト

形状と構造
三方晶系で、条線がある長く平板なブレード状の結晶をつくります。
もっぱらクォーツや片麻岩、片岩などの変成岩中に生成します。

色
大半は淡青色だが、あざやかな青や白、灰色、黒もあります。

産地
アフリカ、ブラジル、東ヨーロッパ、インド、ロシア、スイス、アメリカ合衆国

希少性
専門業者から入手可能。

硬度
垂直軸に対して平行に引っかくと4.5、直角に引っかくと6.5

身体・精神面への作用
エネルギーの伝達役として働き、ネガティブなエネルギーを取りのぞき、ポジティブなエネルギーを取りこんで全身に流します。
精神的・感情的な古いしこりを取りのぞき、あらたな見方を可能にします。
霊能力を活性化して、高めます。
けがをした箇所にヒーリングのエネルギーを流し、骨折の治癒をうながします。

ヒーリングのレイアウト
けがをした箇所に置くと、ヒーリングのエネルギーが流れやすくなります。
太陽神経叢のチャクラの上に置くと、上部のチャクラと下部のチャクラの働きを調整し、エネルギーの経路として正常に機能させます。
第3の目のチャクラの上に置くと、霊的な意識を高めます。

日常的な使い方
胸元につけると、エネルギーが全身にスムーズに流れます。

セレスタイトとエンジェライト *CELESTITE AND ANGELITE*

セレスタイトは、美しい淡青色をしたストロンチウムの硫酸塩鉱物で、セレスティン（Celestine）ともいわれます。花崗岩やペグマタイト中に生成したり、母岩の内壁にクラスター状の結晶をつくり、ジオード（晶洞）を形成します。美しくはっきりとしたポイントをつくることもあります。マダガスカル産のスカイブルーのセレスタイトが最高級品で、アメリカ産のものはより白っぽく、大きなポイントをつくります。セレスタイトの粉末は、燃やすと真っ赤な炎を出します。これは含有成分のストロンチウムによるものです。セレスタイトは不透明で、クォーツよりも比重が大きいです。鮮黄色のサルファとともに産出することもあり、スカイブルーとイエローのコントラストが美しい石は、コレクターのあいだで大変人気があります。

エンジェライトは、セレスタイトとよく似たスカイブルーの硫酸塩鉱物ですが、混同されることはまずありません。カルシウムの硫酸塩鉱物で、正式にはブルーアンハイドライト（BLUE ANHYDRITE）といいます。ジプサムが水を失って、長い年月を経て縮小し、不透明で密集した構造をもつようになったものです。半透明のセレスタイトと違って、ブルーアンハイドライト（エンジェライト）は不透明です。どちらも美しい石で、タンブルとして売られています。

クリスタルヒーリングでは、どちらの石も、霊感を与えるおだやかなヒーリングのエネルギーをその場にもたらし、神秘的なエネルギーレベルや守護天使との結びつきを強めます。

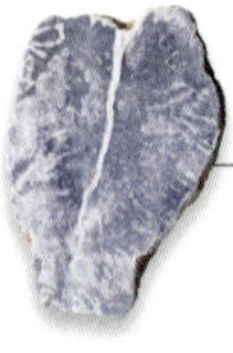

原石（エンジェライト）

研磨したもの（エンジェライト）

セレスタイト／エンジェライト

形状と構造
セレスタイトとエンジェライトは斜方晶系。
セレスタイトは、大きな半透明のポイントやクラスター、ジオードを形成します。
エンジェライトは、塊状で産出します。

色
どちらも淡いスカイブルー。ほとんどのセレスタイトは半透明ですが、アメリカ産のものは白っぽい色をしています。エンジェライトは不透明です。
どちらも白や灰色、バイオレットのこともあります。

産地
セレスタイト：ヨーロッパ、マダガスカル、アメリカ合衆国
エンジェライト：メキシコ、ペルー

希少性
どちらも、かんたんに入手可能。

硬度
ともに3 ～ 3.5

身体・精神面への作用
どちらも喉のチャクラをひらくのに用いられ、守護霊や天使との高次のコミュニケーションを可能にします。
やわらかなスカイブルーの色は、持ち主をやさしく支え、自分の存在意義に対する自覚をうながします。

ヒーリングのレイアウト
第3の目のチャクラと宝冠のチャクラの上に置くと、それぞれのチャクラに働きかけ、霊的な意識を高めます。

日常的な使い方
セレスタイトのジオードを部屋に置くと、おだやかなヒーリングのエネルギーがもたらされます。
エンジェライトを持ち歩くと、天使の存在を思いおこさせます。

サファイアブルー

サファイアブルーは、中世のステンドグラスや絵画の多くに見られる色で、とりわけフランス中部のシャルトル大聖堂のステンドグラスの色として有名です。石造りの巨大な大聖堂のほの暗い内部に窓から光が差しこむと、あざやかな青いガラスの美しさに、だれもが思わず息をのみます。中世のガラス職人たちはラピスラズリの粉末を使って、ガラスをあのブルーに着色しました。画家たちはラピスラズリの顔料で、聖母マリアが身にまとうローブに色を塗りました。

15世紀はじめにフランスで製作された有名な写本「ベリー公のいとも優雅なる時祷書」に描かれているすばらしい挿絵の数々には、空や背景、貴族の豪華な衣装などにラピスラズリのブルーが用いられています。中世からルネッサンス期にかけて、サファイアブルーは天国を象徴する色でした。昔から、大天使ミカエルとも結びつきの深い色で、ミカエルのマントにもしばしばこの色が使われました。ミカエルは炎の剣《つるぎ》をもつ神の戦士で、魂の生き生きとした目覚めを象徴する存在です。サファイアブルーの光をイメージしながら瞑想すると、大天使ミカエルのエネルギーと結びつくことができます。

自己表現の色

昔は王や権力者、宗教指導者たちが、サファイアブルーのクリスタルを身につけていましたが、現代では、だれでも自由に身につけたり、持ち歩けます。この色の石は、わたしたちのなかに眠るリーダーの資質を目覚めさせ、その人ならではの才能を発揮させます。自分の才能を謙虚にかくすことはかんたんですが、だれにでも、その人にしかない資質があるものです。サファイアブルーの石を身につけると、自分の才能がどんな種類のものであれ、それを人前で臆せずに披露できるよう、自信がもてるようになります。

サファイアブルーは、自己表現をつかさどる喉のチャクラの色で、あなたが創造性を発揮して、自分の才能を世間にしめし、高尚な目的のために役だてられるようにします。子どもも大人も、創造性を思う存分発揮して、思い思いの自己表現ができる社会が実現したら、どんなにすばらしいことでしょう。歴史の教科書に載るような偉人たちは、みんなから尊敬されていますが、本当はわたしたちのだれもがそうした創造性を秘めています。サファイアブルーは、わたしたちを心の底からの夢と結びつけ、その実現をサポートします。

ラピスラズリ　*LAPIS LAZULI*

ラピスラズリは、数種類の化合物からなる複雑な組成の石です。主成分はラズライト（Lazurite ／ 25 ～ 40パーセント）で、ナトリウム、アルミニウム、ケイ素、酸素、硫黄、塩素からなります。さらに、たいていパイライト（金色の斑点）やカルサイト（白っぽいまだら模様）、きらきらと輝くマイカ（雲母）のインクルージョンも含んでいます。ラピスラズリはこうした複雑な構造をしていることから、鉱物の集合体である岩石に分類されます。ラテン語で「石」を意味する“ラピス”と、古代ペルシア語で「青」を意味する“lazhward”から派生した中世のラテン語“ラズリ”が、名前の由来です。含有する硫黄により、サファイアブルーに着色されます。数千年前に、はじめてアフガニスタンで採掘されました。現在はほかの地域からも産出しますが、アフガニスタンの山岳地帯からは、いまでも極上品のラピスラズリが発見されます。

この石は、太古の昔から人びとに珍重されてきました。古代エジプト人はこの石を装身具に利用し、ファラオのための聖なる宝器や指輪、スカラベの彫刻、箱、モザイクなどをつくりました。研磨すると、石のあざやかさがさらに増します。比較的硬いので、彫刻にも適しています。エジプトのラピスラズリの工芸品は、古代の宝石職人たちが石の色を際だたせるために用いた技術をよくしめしています。古代エジプトの貴族たちは、ラピスラズリの粉末をアイシャドーとして利用し、さらに黒いコールで目の輪郭を描きました。

中世の絵画やガラスの製造に用いられた“ウルトラマリン”という顔料は、ルネッサンス以降に人工色素が発見されるまで、ラピスラズリの粉末を原料にしていました。

原石

ラピスラズリ

形状と構造
等軸晶系で、たいていはラズライトをはじめとした多くの鉱物の集合体。

色
あざやかなサファイアブルーに、金色のパイライトと白っぽいカルサイトが混じっています。

産地
アフガニスタン、インド、ミャンマー、パキスタン、ロシア、アメリカ合衆国

希少性
専門業者から入手可能。

硬度
5.5

身体・精神面への作用
ラピスラズリは王者の石で、第3の目のチャクラや宝冠のチャクラを活性化し、魂や人生の霊的な目的を自覚させます。
金色のパイライトのインクルージョンは、この石を太陽のエネルギーと結びつけ、太陽神経叢のチャクラ（個人の意志）と宝冠のチャクラ（神の意志）のバランスをとります。
勇気を授け、あなたの光を全世界で輝かせます。
片頭痛や頭痛をやわらげます。

ヒーリングのレイアウト
喉、第3の目（眉間）、宝冠、いずれかの最適なチャクラに置くと、魂の目的との結びつきを促進します。

日常的な使い方
胸元か喉元につけると、持ち主の自信を高めます。

ソーダライト　*SODALITE*

ソーダライトは、ナトリウムとアルミニウムと塩素のケイ酸塩鉱物で、ソーダ（ナトリウム）を含有することから、この名があります。ロイヤルブルーの地に、脈状の白いカルサイトが見られます。研磨された良質のものは、ラピスラズリとよく似た外観を呈しますが、パイライトのインクルージョンを含まないので、この点で区別できます。もうひとつの大きな違いは、ソーダライトは明瞭な劈開をしめし、割れやすい点です。大きな結晶をつくることはまれで、ふつうは粒状の集合体として、あるいは火成岩の鉱脈中に生成します。イタリア南部にあるベスビオ火山の周辺からは、少量ながら、大変良質の結晶化したソーダライトが産出します。カナダのオンタリオ州も、豊富な埋蔵量を誇ります。今日ソーダライトは、ジャスパーや大理石などとともに装飾石材として、荘厳な建築物の階段や床材、室内装飾などに利用され、その青い色で魅力的なコントラストを生みだしています。

クリスタルヒーリングでは、認識を広げ、明瞭な思考をうながすために用いられます。定期的に瞑想しようとしている人は、この石を利用するとよいでしょう。ソーダライトは肉体的な自己と霊的な自己を結びつけるのを助け、さまざまな意識レベルを移動しやすくします。この石の深い青色は周辺環境に安らぎをもたらし、荒れくるう感情をしずめます。直感や第六感を強め、創造力やのびのびとした感性をはぐくみます。

研磨したもの

原石

ソーダライト

形状と構造
立方晶系。塊状か粒状をなし、結晶化することはまれ。
火成岩中によく生成します。
研磨すると、蝋光沢をもちます。

色
大半はロイヤルブルーですが、白や灰色、緑もあります。

産地
カナダ、グリーンランド、イタリア、ミャンマー、ロシア、アメリカ合衆国

希少性
小さなタンブルは、かんたんに入手可能。

硬度
6

身体・精神面への作用
精神を落ちつけ、リラックスさせます。
瞑想中に意識を集中できるよう、第3の目のチャクラを活性化します。
免疫系の働きを助け、喉や鼻の不調を取りのぞき、とくに声帯を痛めているときに声を出しやすくします。
心の葛藤や確信のなさを解消し、自分を表現できるよう自信をつけます。

ヒーリングのレイアウト
喉か第3の目（眉間）、どちらか最適に思えるほうにこの石を置くと、ネガティブな感情を取りのぞき、全身のリラックスをうながします。
ローズクォーツとともに心臓のチャクラの上に置くと、直感力と無条件の愛を融合させます。

日常的な使い方
この石を瞑想に使うと、日々の心配ごとを忘れ、ただ自分の存在のみに意識を集中できます。

ブルーサファイア *BLUE SAPPHIRE*

サファイアは、コランダムという酸化アルミニウムの鉱物の1種で、ダイヤモンドにつぐ硬度をもちます。ブルーの色は、含有するチタンと鉄によるもので、サファイアといえば青い色がもっとも一般的ですが、そのほかにも、ピンクなどさまざまな色があります。最高級品のサファイアの産地はスリランカ、インド、ミャンマーで、ダイヤモンドやルビー（赤色のコランダム）と同じく、宝石級のものは高価です。ブルーサファイアのほとんどは、熱処理により、褐色や灰色の色素を取りのぞき、色の彩度を高めています。ブルーサファイアのなかには、アステリズムとよばれる効果をしめすものもあり、結晶の中にはいりこんだルチルの針状結晶が、石の表面に6条のスターを浮かびあがらせます。スターサファイアは希少で高価で、カボションカットすると、アステリズム効果がよく表れます。クリスタルヒーリングでは、小さな6角形のスライスなど、グレードが低く、価格的にも手ごろなサファイアを利用します。

「サファイア」という言葉は、ヘブライ語の“sapir”に由来します。旧約聖書の出エジプト記28章18節では、神がユダヤ人の大祭司アロンに祭服の胸当てをつくるよう指示しています。サファイアは、胸当てを完成させるために必要な12の聖なる石のひとつです。胸当てでは3つの貴石が4段に並び、その2段めにエメラルド、サファイア、ダイヤモンドがつけられました。この12の石は、イスラエルの12の部族を象徴しています。

ファセット加工したもの

ブルーサファイア

形状と構造
三方晶系。菱面体状、角柱状、卓状の結晶をつくり、たいてい六角形です。
ふつうは火成岩か変成岩中に生成します。

色
大半はロイヤルブルーですが、ピンク、透明、黄色、緑、多色もあります。

産地
オーストラリア、アフガニスタン、アフリカ、インド、ミャンマー、パキスタン、スリランカ

希少性
最高級の宝石のサファイアは、希少で高価。低級品は、クリスタルショップで入手可能。

硬度
9

身体・精神面への作用
昔から王位の象徴として用いられた石なので、持ち主の自信と存在意義を高めます。
喉のチャクラや第3の目のチャクラ、宝冠のチャクラと結びつき、霊能力を目覚めさせます。
明確な本音のコミュニケーションをうながします。
炎症ややけどを治します。
頭痛や片頭痛を緩和します。

ヒーリングのレイアウト
喉のチャクラや第3の目のチャクラ、宝冠のチャクラの上に置くと、霊的な意識を高めます。
ブルーサファイアのクリスタルレメディー（284～285ページ参照）は、全身を落ちつけ、緊張をほぐします。

日常的な使い方
身につけると、自信が高まります。

アズライト　*AZURITE*

アズライトは、濃青色をした銅の水酸化炭酸塩の鉱物です。この名前は、「スカイブルー」を意味する"azure"に由来します。もっぱらクォーツやカルサイト中に生成したり、マラカイトとともに産出します。

アズライトのあざやかな青色は、銅、炭酸塩、水素、酸素の特殊な化学反応によるものです。化学組成はマラカイトとほぼ同じで、このふたつはしばしば同時に発見されます。これらの鉱物は、近くに銅鉱床が豊富にあることの目じるしとされます。アズライトは地表で風化すると、仮像（成分が置き換わって、ほかの鉱物になること）というプロセスにより、マラカイトに変質します。アズライトは採掘された直後から、大気中の水分により酸化して、マラカイトに変わりはじめます。したがってアズライトは、水分による変色を防ぐために、乾燥した状態で保管する必要があります。

アズライトの粉末は、何百年にもわたり、絵画の顔料として利用されてきました。オイルと混ぜると緑色になり、卵の黄身と混ぜると灰色になります。深みのある青色は、粉末を徐々に加熱することにより得られますが、加熱しすぎると黒くなります。酸化しやすい鉱物なので、中世の画家がこの顔料で描いた青い空は、長い年月が経つうちに緑色に変わりました。

アズライトとマラカイトが共生する石は、心臓のチャクラ（マラカイト）と喉のチャクラ（アズライト）のエネルギーのバランスを整え、愛のある明確なコミュニケーションを可能にします。

原石

アズライト

形状と構造
単斜晶系で、大きなノジュール状の結晶をつくり、鍾乳状やぶどう状、皮殻状で産出することもあります。
クォーツなどの岩石中で、マラカイトとともに発見されることもあります（くっきりとした濃青色の部分がそうです）。

色
深いサファイアブルー。紫外線や過剰な水分にさらされると、色が薄くなったり、緑色っぽくなります。

産地
オーストラリア、チリ、中国、メキシコ、ナミビア、ロシア

希少性
希少で高価。専門業者から入手可能。

硬度
3.5～4（軟らかいので、取扱注意）

身体・精神面への作用
この石の濃青色は、喉のチャクラや第3の目のチャクラとただちに結びついて、内なる叡智とのコミュニケーションを可能にし、霊的な導きを受けやすくします。
直観力と霊能力を高めます。
創造力を刺激します。
喉の問題を解消し、声を出しやすくします。

ヒーリングのレイアウト
喉や頭頂部に置いたり、それぞれの手に持つと、霊能力を高めて、バランスを整えられます。

日常的な使い方
部屋に置くと、インスピレーションを刺激して、創造力を高めます。

ダークブルー

ダークブルーは、夜空の色です。人類は澄みきった空に満月がのぼり、無限のかなたまでつづくダークブルーの天空に無数の星がまたたくさまに、太古から魅了されてきました。都会を離れると、夜の青さは深みを増します。街灯の明かりがない場所では、夜空と星のコントラストが、なおいっそう引き立つのです。オーストラリアの奥地やアフリカの大平原のような野生のただなかでは、何百万もの星の光が夜空から地上へと降りそそぎます。夜空は先祖たちが暮らす世界へとわたしたちを導く地図だという伝説も、世界各地に残されています。

ダークブルーは、神秘と無限を象徴する色で、わたしたちの目を未知なる宇宙の世界へと向けます。この色は、眉間にある第3の目のチャクラの色でもあります。このチャクラは、サンスクリット語では「知覚する」を意味する“アジュナ”といい、自分の内と外の双方に知覚を広げる入り口となります。深い瞑想中にひらかれるエネルギーセンターで、肉体的な欲求に駆られた“ローワーセルフ（低次の自己）”を解消し、霊的な叡智とつながる“ハイアーセルフ（高次の自己）”を目覚めさせます。こうした状態に到達するには、何年間も本格的に瞑想に取りくむ必要がありますが、だれにでも悟りの道はひらかれています。このチャクラの働きは、ときには直感のひらめきやデジャビュ、あるいは“第6感”としてしめされます。それは、理性では理解できないレベルの知覚です。

意識を広げる

　ダークブルーのクリスタルをヒーリングや瞑想に用いると、エネルギーフィールド（オーラ）が調整されて、ストレスや限界を感じることのない、あらたな自己の状態を体験できます。こうした状態では、自分の意識というものが、ものごとを分析し、コントロールしたがる理性よりも、はるかに広いものであることが感じられるはずです。そのときの意識は、自分という存在をより広い枠組みのなかでとらえています。こうしたことをいちども考えたことがない人は、瞑想のクラスに通い、それが自分にとってどんな意味をもつのか、指導者の教えを仰ぐとよいでしょう。

アイオライト *IOLITE*

アイオライトは半透明な濃青色の宝石で、ウォーターサファイアとよばれることもあります。しかし、本物のサファイアがコランダム（酸化アルミニウム）の1種であるのに対し、アイオライトはマグネシウムとアルミニウムのケイ酸塩鉱物です。多色性（見る角度に応じて、さまざまな色を呈すること）をしめし、角度によってバイオレット、黄色、薄青色または灰色に見えます。比較的硬度が高く、宝石用にファセットカットすることもでき、とくにシルバーと組みあわせたものに人気があります。アイオライトはコーディエライト（Cordierite）の宝石変種で、変成岩中に生成します。アイオライトはマグネシウムを含有しますが、ほかのコーディエライトは鉄を豊富に含むので、その点で区別できます。コーディエライトの鉱物群は、しばしば花崗岩中で発見されます。

ヒーリングでは、アイオライトの半透明な濃青色は、内なる旅をうながすために用いられます。これはシャーマンが利用していたテクニックで、想像力を駆使して自己の内面を旅し、問題点をあきらかにするというものです。アイオライトは、内なる叡智や理解の入り口である第3の目のチャクラをひらきます。安らぎと落ち着きをもたらす石で、不安や恐怖を解消し、持ち主のもとに情報を流れやすくします。内なる旅で得られた認識は、その人の人生にはかりしれない影響をおよぼすものです。そうした内なる旅に出るときは、専門的な知識をもつヒーラーのもとで手ほどきを受けたほうがよいでしょう。

原石

アイオライト

形状と構造
斜方晶系。六角柱状の双晶を形成したり、変成岩中に粒状や塊状で生成します。

色
濃青色または菫青色で、黄色や薄青色、灰色の多色性をしめします。

産地
カナダ、マダガスカル、ミャンマー、スリランカ、タンザニア

希少性
希少。専門業者から入手可能。

硬度
7～7.5

身体・精神面への作用
第3の目のチャクラを活性化して、洞察力をもたらし、明晰夢を見やすくします。
頭痛や片頭痛を解消し、目の疲れをいやします。
ひどく緊張した神経をしずめ、感情的なストレスを解消します。
精神的ストレスによる不眠症を改善します。

ヒーリングのレイアウト
身体を落ちつけて、おだやかにする作用があります。
第3の目の上に置くと、このチャクラのつまりを取りのぞいて活性化します。喉や心臓の上に置くと、感情や神経系のバランスを整えます。

日常的な使い方
アクセサリーとして身につけると、全身を落ちつけ、ストレスを解消します。

ブルータイガーアイ *BLUE TIGER'S EYE*

タイガーアイは、光を放つ特殊な性質をもつ二酸化ケイ素鉱物（クォーツ）です。クロシドライトという鉱物の繊維組織がクォーツの中に帯状に混入してできたもので、光があたると、ネコの目のように明るく輝く光の筋が石の表面に表れます。この光の輝きは、フランス語でネコを意味する「シャ（chat）」にちなんで、シャトヤンシー効果といわれます。ブルータイガーアイは、多数のクロシドライトが結晶中に凝縮して、不透明な外観を呈し、研磨すると濃青色の光沢を放ちます。

タイガーアイは、古代メソポタミア文明やエジプトの初期王朝時代などで何千年も前から利用されている半貴石です。貴金属にはめこまれたり、首飾りや指輪に利用されたり、手のこんだ首飾りの象眼に用いられました。ローマ時代以降は、手紙などを蝋で封印するときに使う家紋入りのシグネットリングにも使われています。

タイガーアイのなかでは、金色や黄褐色のしま模様がはいったイエロータイガーアイ（72～73ページ参照）がもっとも一般的ですが、ブルータイガーアイも青いしま模様がきらめきを放つ美しい石です。神秘の石で、第3の目や霊能力と深く結びついています。イエロータイガーアイよりも鎮静作用が強く、不安をやわらげ、働きすぎている頭の回転をゆるやかにします。

研磨したもの

ブルータイガーアイ

形状と構造
六方晶系。大きな塊状で産出します。繊維状のクロシドライトによる独特のしま模様があります。

色
落ちついた暗青色

産地
オーストラリア、インド、南アフリカ共和国、アメリカ合衆国

希少性
タンブルは、かんたんに入手可能。

硬度
7

身体・精神面への作用
精神的ストレスによる前頭部の頭痛を解消して、全身を落ちつけ、不安をやわらげます。
魔よけのパワーをもち、好ましくない影響からオーラを守ります。
第3の目のチャクラをひらき、明晰夢を見やすくして、明確な思考をうながします。

ヒーリングのレイアウト
眉間に置くと、第3の目のチャクラをひらきます。それぞれの手に持つと、全身を落ちつけてバランスを整えます。
心臓のチャクラの上にローズクォーツとともに置くと、感情を落ちつけて、愛のある自己表現が可能になります。

日常的な使い方
この石を身につけたり、持ち歩くと、ストレスや不安をやわらげて、明確な思考をうながせます。
浴槽にいれて入浴すると、不安を解消できます。

ダークパープル

ダークパープルは、古代より高い身分、さらには王のしるしとして重用されてきた色です。ミノス文明発祥の地であるクレタ島では、紀元前2000年ごろから「ティリアン・パープル」といわれる染料の抽出が行われていたことが、考古学的な調査により明らかになっています。ティリアン・パープルはある種の巻き貝の粘膜からとれる染料で、その抽出方法は現代の知識をもってしても再現できません。ローマ時代には、地中海東部の都市テュロスがこの染料のおもな生産地だったことから、ティリアン・パープルと名づけられました。

このパープルは、黄色いサフランと並び、古代社会でもっとも高価で希少な染料とされ、最高位の人物のローブやマント、トーガの染色に使われました。時代の移りかわりとともにホソバタイセイやゼニアオイなどの植物染料が使われだし、ティリアン・パープルは廃《すた》れましたが、パープルは現在でも高貴な色、王の色とされています。

ダークパープルは、頭頂にある宝冠のチャクラと結びつきの深い色です。宝冠のチャクラは、宗教画でしばしば頭頂部のまわりに広がる黄金の光、すなわち光輪として描かれています。このチャクラは、わたしたちのだれもが肉体、精神、感情、魂のあらゆるレベルで潜在能力を最大限に発揮できることを意味しています。

目覚めを体験する

宝冠のチャクラが活性化するのは、人生最高の瞬間で、その人が聖なる目的に目覚めたことを意味します。昔はごく一部の人しか、そうした体験ができませんでしたが、現在は、だれにでもそうした目覚めがもたらされます。歓喜と法悦のなかで真理を理解したり、すさまじい直感やインスピレーションがひらめいたり、どこからともなく創造力がわいてきたら、宝冠のチャクラが目覚めたしるしです。この体験をするときは、自分をしっかりとグラウンディングしておく必要があります。「悟りの前に薪《まき》を割り、水を汲《く》め。悟りのあとにも薪を割り、水を汲め」という仏教の教えがあります。わたしたち人間は、肉体的にも霊的にもあらゆるレベルで機能しています。大切なのは、そのバランスを保つことです。

春に咲くパープルカラーのクロッカスは、この色の特性をよく表しています。青々とした新緑の葉とのあざやかなコントラストは、心臓のチャクラ（グリーン）の豊かさと宝冠のチャクラ（ディープパープル）の叡智をしめしています。

アメジスト　*AMETHYST*

アメジストは、もっとも美しいクリスタルのひとつで、さまざまな色や形、大きさのものがあります。クォーツの1種で、含有する鉄やアルミニウムにより着色され、産地により、深みのある濃い紫色から淡いライラック色まで、さまざまな色を呈します。大きく明確に結晶化したポイントや小さな結晶のクラスターとして産出します。火成岩が冷えたときにできた空洞中にも、大きなアメジストが生成します。外側は緑色っぽい岩石に覆われていますが、割ってみると内部には、何百もの結晶が中心に向かって成長しているのが見られます。まるでクリスタルの洞窟のようで、大きさが1メートルになることもあります。

「アメジスト」という言葉は、古代ギリシア語で「酔っていない」を意味する言葉に由来します。現在でもギリシア語の"amethystos"には、「アメジスト」と「しらふ」のふたつの意味があります。この石にそうした名前がつけられた理由はよくわかっていませんが、濃い紫の色調はワインを思わせます。アメジストは古代から珍重されて、王冠や笏《しゃく》など、王の宝飾品に利用されました。旧約聖書の出エジプト記では、大祭司アロンの胸当てを飾った12の宝石のひとつとされています。

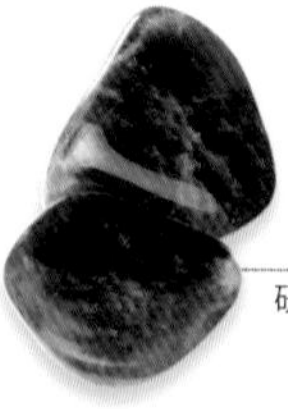
研磨したもの

アメジスト

形状と構造
三方晶系。先端に六角錐のある長柱状の結晶を形成します。小さな結晶のクラスターや、変成岩中の空洞に大きな塊状（ジオード）で発見されることもあります。

色
あざやかな濃紫色から淡いライラック色まで、さまざま。

産地
アフリカ、ブラジル、カナダ、メキシコ、ロシア、アメリカ合衆国

希少性
さまざまな形や大きさのものが、かんたんに入手可能。

硬度
7

身体・精神面への作用
浄化力のある石として知られ、ネガティブなパワーを払拭し、環境ストレスから身を守ります。神経系や脳の働きをしずめ、頭痛や片頭痛を緩和します。
第3の目のチャクラと宝冠のチャクラをひらき、霊的な意識を拡張します。

ヒーリングのレイアウト
頭頂や眉間に置くと、意識が拡張します。
身体を円形に囲むように8つのアメジストを並べると、身を守るフィールドを形成できます。

日常的な使い方
身につけたり、持ち歩くと、精神的ストレスを解消できます。
枕の下に置くと、眠りの質が高まります。

スギライト　*SUGILITE*

スギライトは、複雑な化学組成をもつ希少な石で、カリウム、ナトリウム、リチウム、鉄、マンガン、アルミニウムのケイ酸塩鉱物です。日本の岩石学者、杉健一氏が1944年に最初に発見したため、杉氏にちなんでスギライトと命名されました。独特の濃い紫色をしめし、塊状で産出します。不透明な石ですが、研磨すると光沢を放ち、それによって濃い紫色がより一層引き立ちます。もともと日本で発見された石ですが、カナダと南アフリカ共和国でも発見され、現在ではこの2カ国がおもな産地となっています。現代になって見つかった石なので、コレクターのあいだで高い人気を博しています。濃い紫色のものが最高級品とされます。

クリスタルヒーリングでは、スギライトは20世紀なかばにようやく発見されたこともあり、現代のための石とされます。濃い紫の色調は、宝冠のチャクラを通じて霊的な潜在能力が目覚め、大変化のただなかにある地球のことを心から心配する人びとに大いなる叡智がもたらされることをしめすものだと考えられています。この石は、神の愛を地球にもたらし、あらゆる生き物への思いやりの気持ちを高めます。日常生活を反映したような雑然とした夢ではなく、明晰夢を見やすくします。明晰夢は、未来を再構築して、あらたに生みだすためのプロセスです。ペルーのシャーマニズムやオーストラリアのアボリジニの教えでは、未来はそうした夢を通じてわたしたちにコンタクトをはかっているといわれます。わたしたちはそうしたサインを感じとり、それにしたがって行動すればよいのです。

研磨したもの

スギライト

形状と構造
六方晶系。たいてい塊状で発見されますが、まれに小さな柱状の結晶をつくります。

色
大半は濃紫色。褐色や黄色、ピンク、黒もあります。

産地
日本、カナダ、南アフリカ共和国

希少性
かなり希少。専門業者から入手可能。

硬度
6～6.5

身体・精神面への作用
第3の目のチャクラと宝冠のチャクラをひらき、自分の地上での役割や霊的な運命についての認識を深めます。
明晰夢を見やすくします。
身体がエネルギーの伝導体となるのを助け、霊的なエネルギーを地球に流して、肉体のエネルギーを宇宙に送りかえします。
不眠症を解消します。精神的な重荷による不眠症にとくに効果的です。
楽観主義的でポジティブな気持ちや未来への希望をもたらします。

ヒーリングのレイアウト
頭頂部に置くと、宝冠のチャクラの目覚めをうながせます。さらにスモーキークォーツを足元に置くと、エネルギーが頭頂部から足元へおりるのを助けます。

日常的な使い方
身につけたり、持ち歩くと、自分の霊的な運命をつねに意識できるようになります。

ライトパープル

ライトパープルは、パープルのなかでも微妙なバイブレーションをもつ色で、ラベンダーの花の色を思わせます。フランス南部のプロヴァンス地方では、やわらかな薄紫色のラベンダー畑が一面に広がり、五感をいやしてくれます。ラベンダーの花を見て、においをかぐと、心身が落ちつき、リラックスするものです。ライトパープルは、ヒーリング面では、不安などの感情をしずめるために用いられ、精神的なストレスやネガティブな思考パターンを取りのぞきます。

ライトパープルやバイオレットは、太陽の光とも結びつきの深い色です。紫外線は人間の目では感知できないスペクトルの光ですが、わたしたちの身体や目や心は、毎日のようにこの光を浴びています。わたしたちは光を求める生き物なので、暗くじめじめとした天気が続くと、気分まで滅入ってしまいます。反対に日が差すと、心まで晴れやかになり、外出したくなります。体じゅうに日光を浴びると、気分がよくなり、力が湧いて、ポジティブな気持ちになるものです。もちろん紫外線の浴びすぎは逆効果で、身体に害がおよぶこともありますが、適度な日光浴は健康維持に役だち、脳の下垂体や松果体に好ましい作用を与えて、体内のホルモンバランスを整えます。

バイオレットの炎

バイオレットはやさしい色で、全身をおやだかにいやします。カラーヒーリングでは、ストレスを解消して、張りつめた神経を落ちつけるために用いられ、怒りや激情を中和します。スピリチュアルな世界では、バイオレットの炎についてしばしば言及されます。これは、卑金属を貴金属に変える錬金術の概念と結びついています。炎の色が、物質界で見られるようなオレンジや赤ではなく、バイオレットとして表されるのは、低次の人間性が高次の霊的なものへと変容することを象徴しています。瞑想中にバイオレットの炎をイメージすると、過去に背負った重荷をおろして、心を解放し、現在に目を向けて進むべき道を選択し、変化をうながすことができます。瞑想中にバイオレットの炎が燃えている様子を思いうかべ、自分がそのなかに入っていくことをイメージしましょう。バイオレットの炎に体じゅう包まれながら、自分があらゆる束縛から解放され、生まれかわるのを感じてください。

淡い色のアメジストなど、ライトパープルやバイオレットカラーのクリスタルは、バイオレットの光のエネルギーをもたらし、身体が生まれかわる準備を整え、こうした変化のプロセスをサポートします。

チャロアイト　*CHAROITE*

チャロアイトは、きわめて複雑な化学組成をもつ珍しい鉱物です。淡紫色や灰色の筋や白黒の斑点がある大理石のような外観を呈し、ティナクサイトという金色の鉱物がインクルージョンとして見られることもあります。化学組成は、水酸基とフッ素を含むカリウム、ナトリウム、カルシウム、バリウム、ストロンチウムのケイ酸塩です。1940年代に発見され、ロシア連邦のシベリアにあるチャラ川にちなんで、チャロアイトと命名されました。研磨すると、ラベンダーパープルにさまざまな色の混じったマーブル模様が美しく浮かびあがります。チャロアイトは、アルカリ分を多く含む鉱物が高熱下で石灰岩の層に貫入することにより生成します。現在のところロシアが唯一の産地なので、希少な石です。宝飾品に加工できますが、比較的軟らかく傷つきやすいので、取り扱いには注意を要します。

チャロアイトの渦まき模様は、この石が変容のためのツールであることをしめし、古いパターンを一掃して、あらたなエネルギーをよびこむ働きをします。この石の各色には、大きな意味が込められています。やわらかな紫色はスピリチュアルな幕開けを象徴し、黒い斑点はネガティブなエネルギーの変容を意味します。銀色の筋は感情の浄化と月の影響を表し、金色の斑点は太陽の燦然《さんぜん》たる輝きをしめします。こうした資質のすべてを備えたチャロアイトは、クリスタルヒーラーのあいだでは、人間のエネルギーとパワーを増幅させて浄化とグラウンディングをおこない、霊的な発展の準備を整える石とされます。

研磨したもの

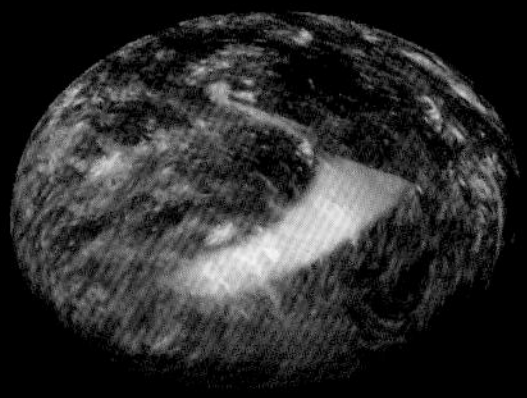

チャロアイト

形状と構造
単斜晶系。繊維状の結晶が塊状で見られます。アルカリ分を豊富に含んだ鉱物が、高熱下で石灰岩の層に貫入することにより生成します。大きな鉱床で発見されます。

色
ラベンダーパープルの地に黒や灰色、白、金色のインクルージョンが見られます。

産地
ロシア

希少性
かなり希少。専門業者から入手可能。

硬度
5～6

身体・精神面への作用
宝冠のチャクラのエネルギーを増幅させて、全身のエネルギーを強力に浄化し、古い記憶や過去のトラウマなど、不用なものを取りのぞきます。
高い波動のエネルギーが肉体に同化するのを助けます。
“魂の目的” に目覚めることをうながし、人生の方向を明確にします。

ヒーリングのレイアウト
宝冠のチャクラの上に置くと、チャクラのエネルギーを活性化し、増幅できます。
さらにローズクォーツを心臓のチャクラの上に置くと、無条件の愛に目覚め、スモーキークォーツを足元に置くと、エネルギーの流れをグラウンディングできます。

日常的な使い方
部屋に置くと、自分の“魂の目的”に対する理解が深まります。

パープルフローライト *PURPLE FLUORITE*

フローライトは、さまざまな色をしめす鉱物ですが、なかでも美しいパープルカラーのものが有名で、良質のものは、色や輝きの点でアメジストにもひけを取りません。フッ化カルシウムの鉱物で、立方体の結晶のクラスターを形成します。半透明なガラス質の外観を呈し、研磨するとより一層輝きを増して、しま模様やさまざまな色のバリエーションをしめします。フローライトは熱ルミネッセンスをもち、加熱により燐光《りんこう》を発します。蛍光現象も見られ、紫外線をあてると蛍光を発します。4つの明確な劈開面をもち、劈開面に沿って力を加えると、ダイヤモンド形の完ぺきな八面体になります。クリスタルショップで売られている低品質の石の多くは、こうした方法で成形されたものです。フローライトは、歯磨き粉や水道水に利用されるフッ素の原料です。とても一般的な鉱物で、さまざまな色や形のものがあるので、クリスタルのコレクションをはじめたばかりの人にも人気があります。

フローライトは、バランスのとれた幾何学的な構造をしていることから、クリスタルヒーリングでは、混沌とした状態を秩序ある状態に変えることを象徴する石とされます。きちんとした生活をおくりたいときや、ものごとの優先順位をつけられずに困っているとき、自分がバラバラに感じられるときなどに身につけるとよいでしょう。たいらで明確な劈開面をもつフローライトは、明快で論理的な思考パターンをうながします。

研磨したもの

パープルフローライト

形状と構造
立方晶系。透明か半透明。立方体の結晶を形成し、双晶が見られることもあります。
カルサイトやクォーツ、パイライトなどの硫化鉱物とともによく産出します。

色
淡い紫、または赤橙色、緑、青、ピンク、黄色
ひとつの石にさまざまな色が混じっていることもあります（レインボーフローライト）。

産地
ブラジル、イギリス、カナダ、中国、ドイツ、メキシコ、スペイン、アメリカ合衆国

希少性
かんたんに入手可能。

硬度
4

身体・精神面への作用
体系的な思考をうながし、精神的な困難を解決するのを助けます。
混乱した思考パターンを解消し、精神のバランスを整えます。
第3の目のチャクラをひらき、精神的な集中力を高めます。
瞑想中に意識をセンタリングします。
骨格を治すので、けがのあとに有用です。

ヒーリングのレイアウト
第3の目の上に置くと、混乱した思考を落ちつけて整理し、けがをした箇所に置くと、組織を活性化して、バランスを整えなおします。

日常的な使い方
仕事場に置くと、集中力を高めます。
瞑想中に手に握ると、意識をセンタリングしやすくなります。

ライラック

ライラックは、ライトパープルとピンクを混ぜあわせた繊細かつ微妙な色で、たそがれどきの空の色を思わせます。やわらかく淡い色は、心を落ちつけて、はぐくむエネルギーをもち、外界の厳しいストレスに対する解毒剤になります。ライラックのエネルギーに包まれると、安らぎに満ちた安全な繭《まゆ》の中にいるような気分になります。

ライラックの色の組みあわせには、大きな意味が込められています。すでに説明したとおり、ライトパープルは心を浄化し、明晰にする色です。ピンクは無条件の愛の色で、あらゆる生き物に対する深い思いやりの心をしめしています。ライラックはこうしたふたつのエネルギーをもち、おだやかな精神と慈愛に満ちた心の橋渡し役となります。これまでとは違った視点から世の中を見つめて、あらたな人間関係を築けるようになります。

ライラックはインナーチャイルド（内なる子ども）をはぐくみ、サポートするためにも使われます。インナーチャイルドは、肉体的な年齢に関係なく、だれの心の中にも存在する意識のレベルです。もっともポジティブな面に目を向ければ、純粋無垢で自由奔放、喜びと創造力にあふれた心のことですが、おとなの多くは、幼少時の感情的な問題により、しばしばこの心が傷ついています。幼いころからネガティブな思考や批判にさらされて育った人は、インナーチャイルドのエネルギーが損なわれ枯渇していて、おとなの人格が脅かされると、これが怒りや嫉妬などの反応として表面化します。インナーチャイルドを見つけだしていやすために、さまざまな精神療法のセッションが実施されています。ライラックは、心のなかは安心して成長できる場所なのだという感覚をインナーチャイルドにもたらします。

自分をはげますエネルギー

ライラックのクリスタルには、これから紹介するもののほかにも、淡い色のアメジストやフローライトがあげられます。身体を取り囲むようにこれらのクリスタルをレイアウトすると、安心できる安定したエネルギーフィールドがつくりだせるので、自分が無防備に思え、人とうまく話せないときにとくに役だちます。だれでも、心のなかの気持ちをうまく表現できないことはあります。そんなときはクリスタルなどのヒーリングツールを使って、自分をはげますエネルギーを心身に送りましょう。こうすることで、さらなる発展の素地が築かれます。じゅうぶんに休息をとってリラックスし、心休まる環境でひと息つくことは、とても大切なことです。

スピリットクォーツ　*SPIRIT QUARTZ*

スピリットクォーツは、クォーツのなかでも珍しい石です。ほかのクォーツと同じく二酸化ケイ素鉱物ですが、ユニークな構造をしています。先端にファセットをもつ、はっきりとした柱状の結晶をつくり、柱の各側面には何百もの小さな結晶が密集して、魅力的な輝きを放っています。スピリットクォーツのクラスターは、さまざまな形状をなし、ときには指のような形のものもあります。たいていは淡い色のアメジストですが、まれに白や黄色（シトリン）のスピリットクォーツも産出します。2002年に発見されたばかりの新しい石で、いまのところ、南アフリカ共和国の都市プレトリアの北東90キロメートルほどに位置する産地でしか見つかっていません。

クリスタルヒーリングでは、スピリットクォーツの構造に大きな関心が集まっています。結晶の多方向性と多面性は、人類の潜在能力のさまざまな段階を活性化し、多様なレベルにおいて目覚めや気づきをもたらすことを意味しています。この石は、肉体、精神、感情、霊性のすべてに同時に働きかけ、エネルギーフィールドのバランスを整えて再構築します。変化をうながす石であり、自分本来の姿を象徴しています。人類の進化と潜在能力の象徴でもあります。大地が珍しい鉱物を次々と生みだすように、人類も選択と進化を繰りかえす無限の可能性を秘めています。スピリットクォーツは多様性をしめすともに、家族や地域社会やより広いレベルで人類が統合される側面も象徴しています。

クラスター

スピリットクォーツ

形状と構造
三方晶系。明確なポイントをもつ柱状の結晶がつくられ、小さなファセットをもつ無数のクォーツがその側面を覆っています。

色
ライラックパープル、まれに白や黄色

産地
南アフリカ共和国

希少性
かなり希少。専門業者から入手可能。

硬度
7

身体・精神面への作用
多面的な結晶をもつスピリットクォーツは、石の共同体のようです。家族や集団の問題を解決して、コミュニケーションをうながし、争いを抑制します。
すべてのチャクラを活性化して、外界とチャクラのバランスを整えます。
安定感をもたらし、人生に安らかな中心を生みだします。

ヒーリングのレイアウト
この石を頭頂部か、両足のかかとのあいだに置くと、エネルギーフィールド全体を調整して、バランスを整えられます。

日常的な使い方
家に置くと、平穏で調和のとれた家族関係が築けます。

ラベンダークォーツ *LAVENDER QUARTZ*

ラベンダークォーツは、特殊な珍しいローズクォーツで、ライラックピンクの独特の色調にちなんで命名されました。ふつうのローズクォーツをとなりに並べて、色を見比べると、その違いがはっきりとわかります。ラベンダークォーツは、美しくおだやかなエネルギーと色調をもちます。おもな産地はブラジルで、大きなクラスターやポイントで産出することもあります。硬度が高く、彫刻に適し、炎の形をしたものにとくに人気があります。ローズクォーツと同じく、透明、半透明、不透明のいずれでも発見されますが、希少な石なので、ローズクォーツよりも高価です。

ラベンダークォーツは、ピンクとライトパープルをあわせた色をしています。ピンクは心臓のチャクラの高次のレベルの色で、人を信頼する心や思いやり、内なる気持ちへの目覚めをうながします。ライトパープルは宝冠のチャクラをおだやかに活性化し、インスピレーションと叡智をもたらします。ラベンダークォーツは瞑想中におだやかな働きをする石で、急激な変化ではなく、ゆったりとしたペースで忍耐強く霊的な目覚めをうながします。感情をはぐくみ、心のなかに安心できる場所をつくりだすのを助け、平和と安らぎを象徴します。枕の下に置いて眠ると、睡眠障害を解消して、深い休息をうながします。運動したあとの子どもを落ちつかせるのにも役だちます。

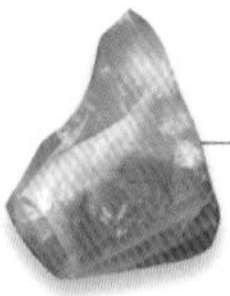
研磨したもの

ラベンダークォーツ

形状と構造
三方晶系の二酸化ケイ素鉱物。大きな鉱床中で発見されたり、クラスターを形成します。

色
ライラックピンク

産地
ブラジル

希少性
希少。専門業者から入手可能。

硬度
7

身体・精神面への作用
感情を落ちつけ、精神的な弱さを解消します。
ストレスの多い状況でも、安らぎと安定感を生みだします。
不眠症や悪夢、不規則な睡眠パターンを解消します。
精神的ストレスによる頭痛や片頭痛をやわらげます。
インナーチャイルドのエネルギーをはぐくみ、人を信頼する心と自発的な行動をうながします。

ヒーリングのレイアウト
心臓のチャクラの上に置くと、感情をしずめます。第3の目のチャクラや宝冠のチャクラの上に置くと、精神的ストレスや頭痛をやわらげます。
それぞれの手に石を持つと、身体の左右のバランスを整えられます。

日常的な使い方
ローズクォーツとともに浴槽にいれて入浴すると、ストレスや緊張を緩和します。
この石のクリスタルレメディー（284 ～ 285ページ参照）は、感情的なストレスをやわらげます。

ピンク

ピンクは、やさしく包みこむような愛のヒーリングカラーで、心臓のチャクラと結びつきの深い色です。緑色が心臓のチャクラにおよぼす作用については、すでに説明したとおりですが、ピンク色は、より微妙な波動をもつ心臓のチャクラのエネルギーです。とても開放的なエネルギーで、結びつきやはじまり、実現を象徴しています。

緑色とピンク色を結びつけるには、ピンクのバラが緑色の葉に囲まれて、花ひらく様子をイメージするのがいちばんです。ピンクの花の色や形、質感はすばらしく、わたしたちの目を楽しませてくれます。あたりに漂うほのかな芳香は、鼻腔をくすぐります。だれもがみごとなバラの前でしばし足をとめ、その美しさを愛《め》でていきます。昔から西洋の秘教では、バラの花がシンボルとして用いられ、古代ギリシアの愛の女神アフロディアや聖母マリアと結びつけられてきました。愛のあかしとしてバラの花を贈ることは、シンプルながらも大きな意味のこもった意思表示です。

ピンクは、無条件の愛とも結びついている色です。見返りを期待した愛ではなく、純粋でオープンな気持ちですべてを受けいれます。なにも期待せず、流れるように人生をおくることは、ヒーリングの最大の教えのひとつです。無条件の愛は心からの思いやりであり、優柔不断さや感傷的なものではありません。古い傷をいやし、人生の習慣を変えることができます。心臓のチャクラが放つピンク色のエネルギーはこうした愛の体験をうながして、対人関係を良好にし、物質社会の枠を超えて魂との内なる結びつきをもたらします。

思いやりにあふれた色

心臓のチャクラのエネルギーを利用するには、ピンク色の水のプールをイメージしましょう。とくに人間関係に問題を抱えているときや、つねにだれかと意見が衝突するときに役だちます。無条件の愛に満ちたピンク色の水に浸かると、状況が驚くほど改善するので、ぜひ試してみてください。気まずい雰囲気になったときに“ピンク色のプール”を思いおこすだけで、じゅうぶんな効果が得られることもあります。思いやりの心をもって問題を見つめなおすと、どんなに複雑に思える問題でも、エネルギーが驚くほど変化します。ローズクォーツなどのピンク色の石を無条件の愛のシンボルとして、だれかに渡してもよいでしょう。

ローズクォーツ　*ROSE QUARTZ*

ローズクォーツは、もっともポピュラーなクリスタルのひとつで、コレクターが最初に手にすることの多い石です。クォーツの1種で、含有するマンガンやチタンの不純物により、濃淡さまざまなピンク色に着色されます。不透明なものがほとんどですが、研磨すると美しい半透明の外観を呈するものもあります。少量のルチルを内包するものは、きらめきを放ちます。クォーツの1種なので、硬度は高いものの、結晶構造にしばしば難があり、割れ目やひびがはいっているので、カッティングにはじゅうぶんな注意を要します。塊状やクラスター状で産出します。原石も研磨したものも、かんたんに入手可能で、小さなタンブルが手ごろな価格で売られています。

クリスタルヒーリングでは、原石や研磨したワンドが、エネルギーの誘導によく使われます。この石のおだやかな波動は身体とエネルギーフィールドにやさしく作用をおよぼし、ヒーリングのレイアウトでは、はぐくみ、はげます力を発揮します。この石の色は心臓のチャクラに直接結びついていますが、それにこだわる必要はなく、愛のエネルギーを必要としている部分なら、身体のどこに置いてもかまいません。この石を握りしめると、感情的なストレスにうまく対処できるようになり、枕の下に置くと、眠りの質を改善します。

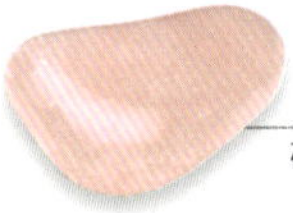
研磨したもの

ローズクォーツ

形状と構造
三方晶系。大きな鉱床中で発見されたり、多数のポイントが集まったクラスター状で産出します。

色
濃いローズピンクから、淡いピンクまで、さまざまピンク色

産地
ブラジル、インド、マダガスカル、アメリカ合衆国

希少性
かんたんに入手可能。

硬度
7

身体・精神面への作用
あらゆる方法でハートをサポートし、感情的なストレスを解消して、パニック発作など、ストレスが身体におよぼす影響を調整します。
不安や恐れをやわらげ、あたたかい思いやりと無条件の愛を全身にもたらします。
愛というヒーリングの光を全身に浴びせます。
美を愛でる心を目覚めさせて、はぐくみます。
受胎能力を高めるといわれています。

ヒーリングのレイアウト
心臓の上か、ピンク色の無条件の愛のサポートを必要としている身体の箇所に置いてください。

日常的な使い方
胸元につけると、人生に愛を呼びこみます。
家に置くと、安らぎと調和に満ちた空間をつくります。

クンツァイト *KUNZITE*

クンツァイトは、リチウムとアルミニウムのケイ酸塩鉱物で、スポデューメン（Spodumene）という鉱物のピンク色の変種です。明確な柱状結晶をつくる珍しい鉱物で、多色性をしめすため、石の横側からではなく、縦の端面から見ると、濃い色調が表れます。薄片状に生成するので、特定の方向に割れやすい性質をもちます。結晶構造に起因するはっきりとした条線（筋模様）が、垂直方向に見られます。1902年にアメリカ・カリフォルニア州でこの石を発見した鉱物収集家ジョージ・フレデリック・クンツにちなんで、クンツァイトと命名されました。日光にあたると色が褪《あ》せるので、美しいピンク色を保つために暗い場所で保管しましょう。

クリスタルヒーリングでは、ハートを守り、感情的なつまりをおだやかに取りのぞくために用いられます。精神を落ちつけ、安心感と安らぎの気持ちを高めます。長いあいだ人とのかかわりを避けていた人がふたたび人を信じて、心をひらくことがなかなかできないときに、ハートを目覚めさせます。新しい人間関係を築きはじめた人が身につけると、あらたな関係を喜んで受けいれられるようになります。クンツァイトはおだやかなピンク色の輝きでヒーリングルームや瞑想場所のエネルギーを高め、部屋に安らぎをもたらします。

原石

クンツァイト

形状と構造
単斜晶系。明確な柱状結晶をつくり、クォーツやフェルドスパー、マイカなどの鉱物とともに花崗岩の鉱床でよく発見されます。
緑色のスポデューメン（ヒッデナイト）とともによく発見されます。

色
やわらかいピンク色

産地
ブラジル、カナダ、アメリカ合衆国

希少性
かなり希少。専門業者から入手可能。

硬度
6.5 〜 7

身体・精神面への作用
人とのあらたな感情のつながりを通じてハートをサポートし、新しい人間関係を楽しめるようにします。
精神的ストレスや緊張、不安を解消し、大いなる自信と喜びをもたらします。
新しいアイデアや指示に対する抵抗感をなくし、人生を円滑に進めて発展させます。

ヒーリングのレイアウト
心臓の上に置くと、無条件の愛のエネルギーをもたらします。
第3の目の上か頭頂に置くと、霊的なエネルギーが全身に流れるのを助けます。

日常的な使い方
胸元につけると、新しい愛を引き寄せたり、あらたな人間関係のはじまりをサポートします。

レピドライト *LEPIDOLITE*

レピドライトは、複雑な化学組成（水酸基とフッ素を含むカリウム、リチウム、アルミニウムのケイ酸塩）をもつピンク色の鉱物です。リチウムとアルミニウムのケイ酸塩の層とカリウムイオンの層が弱く結合することで生成されます。トルマリンやスポデューメンなどと同じ場所から産出することが多く、いずれの鉱物にも、リチウムが含まれます。レピドライトは粒状の外観を呈し、しばしばきらめくマイカ（雲母）の粒を内包します。柱状の結晶もたまに発見されますが、たいていは微細結晶の集合体として産出します。横から見ると、薄片の重なりが本のページのように見えるため、“クリスタルブック”とよばれることもあります。こうした結晶構造のために垂直方向に薄くはがれます。現在のおもな産地はアメリカ、アフリカ、ブラジルで、ここ10年でかなり入手しやすくなりました。

この石のピンク色は心臓のチャクラと結びつき、愛のエネルギーをエネルギーフィールド全体に行きわたらせます。リチウムの含有率が高いので、精神的なストレスや負担、あるいは過活動や注意欠陥障害などの症状に対処するのに役だちます。極度の精神的プレッシャーや不安、パニック発作に悩まされている人は、レピドライトを浴槽に入れて入浴するとよいでしょう。この石には神経を落ちつけ、しずめる作用があります。

研磨したもの

レピドライド

形状と構造
単斜晶系。卓状結晶や柱状結晶、または微細結晶の大きな集合体を形成します。垂直方向に明確な劈開をもち、薄くはがれます。

色
ピンク、または淡いライラック、白

産地
アフリカ、ブラジル、ロシア、アメリカ合衆国

希少性
かんたんに入手可能。

硬度
2.5 〜 3（とてもやわらかい石なので、保管の際は、傷つけたり割らないよう注意すること）

身体・精神面への作用
はりつめた神経をほぐし、極度のストレスや緊張をやわらげます。安らぎや安心感をもたらします。
精神的ストレスによる不眠症や頭のスイッチがオフにできない状態を改善します。
肉体的、精神的、感情的な疲労を軽くします。
憂うつな気分を解消し、うきうきとした気分にします。

ヒーリングのレイアウト
太陽神経叢のチャクラの上に置くと、肉体的なストレスをやわらげ、心臓のチャクラや第3の目のチャクラの上に置くと、精神的、感情的なプレッシャーを解消します。
レピドライトを浴槽に入れて入浴すると、石がもつストレス発散効果によりリラックスできます。

日常的な使い方
持ち歩くと、不安の原因となるプレッシャーを克服できます。
家に置くと、エネルギーのバランスを整えて、安らぎの空間をつくりだします。

ピンクトルマリン *PINK TOURMALINE*

トルマリンは、さまざまな色を呈するいくつかの近縁の鉱物群の名称です。明確で魅力的な構造をもつことから、鉱物コレクターやクリスタルヒーラーのあいだで、高い人気を博しています。なかでもいちばんポピュラーなのは、「ショール」(水酸基を含むナトリウム、鉄、アルミニウムのホウケイ酸塩) と「エルバイト」(水酸基を含むナトリウム、リチウム、アルミニウムのホウケイ酸塩)です。ショールは黒く不透明な石 (208 ~ 209ページ参照) で、エルバイトは一般的に宝石として販売されているカラートルマリンです。ピンクトルマリンはエルバイトに分類されます。

すべてのトルマリンは、圧電性という特殊な性質をもちます。これは、熱したり、圧縮したり、電位を加えると、石の上端と下端で異なる電荷をしめし、一方がプラス、もう一方がマイナスに帯電するものです。トルマリンは多色性もしめし、石を横側からではなく真上から見ると、色が濃く見えます。火成岩や変成岩中でよく発見され、クォーツなどの内部にインクルージョンとして含有されていることもあります。

ブレード

ピンクトルマリン

形状と構造
三方晶系。明確な柱状結晶をつくり、石の表面には条線(筋模様)が垂直軸に対して平行に見られます。変成岩や火成岩中で発見されます。クォーツ中に生成した場合は、トルマリンが分離しにくくなることもあります。

色
ピンク、または緑、赤、褐色、黄色、黒、ライラック、バイオレット

産地
アフガニスタン、アフリカ、ブラジル、アメリカ合衆国(ピンクトルマリンとその他の色)
マダガスカル、ロシア、スリランカ(その他の色)

希少性
希少。専門業者から入手可能。

硬度
7~7.5

身体・精神面への作用
心を落ちつけ、不安や張りつめた気持ちをやわらげます。
子どもに使えるクリスタルで、とくに感受性が強すぎたり、行動の問題を抱えている子どもに有用です。おとなのインナーチャイルド(とても傷つきやすい心の奥底の部分)とも結びつきます。
ストレスを減らして、心臓の機能を落ちつけ、不規則な心拍を整えます。

ヒーリングのレイアウト
心臓のチャクラの上に置くと、感情的なストレスを軽減し、太陽神経叢のチャクラの上に置くと、副腎の負担を減らします。
第3の目のチャクラの上に置くと、活発すぎる思考パターンを落ちつけます。

日常的な使い方
寝室やリビングに置くと、おだやかで落ちついた雰囲気をつくりだします。
胸元につけると、感情を落ちつけます。

ロードクロサイト　*RHODOCHROSITE*

ロードクロサイトは、白いしま模様がはいったピンク色の美しい石で、マンガンの炭酸塩鉱物です。ギリシア語で「バラ色」を意味する言葉にちなんで、ロードクロサイトと命名されました。形の整った菱面体の結晶がまれに発見されますが、ふつうは粒状やぶどう状、球状、鍾乳状として大きな鉱床から産出します。しばしば岩石の空洞中にも生成します。有名な産地のひとつにアメリカのコロラド州があり、同州のスウィートホーム鉱山は、とくに良質の標本を産出することで有名です。大きな石の塊をスライスや球状、タンブル状に研磨したり、小さな置物や像を彫ったりします。ローズピンクと白い色がコントラストをなす、とても魅力的な石で、石ごとにさまざまな模様が見られます。

クリスタルヒーリングでは、下部のチャクラの激しいエネルギーを心臓のチャクラの無条件の愛で整えるために用います。強い衝動や欲求を至高の善のために役だてるよう、ポジティブな形で導きます。新しい人間関係を築いたときに感情を安定させて、感情が激しているときには安定感をもたらします。心をしずめ、あらたな状況に直面したときに勇気を授けます。内なる創造力と自信を高めて、アイデアを実現化します。

研磨したもの

原石

ロードクロサイト

形状と構造
三方晶系。球状や鍾乳状などの集合体や、まれに明確な柱状結晶として産出し、岩石の空洞内や鉱脈中にも生成します。

色
濃いローズピンクの地にクリームホワイトのしま模様がはいっています。

産地
アルゼンチン、カナダ、ペルー、南アフリカ共和国、アメリカ合衆国

希少性
かんたんに入手可能。

硬度
3.5 ～ 4（比較的やわらかいので、傷つきやすい）

身体・精神面への作用
人生のあらたなできごとが始まったときに心を落ちつけてはげまし、安定感と中心感覚をもたらします。
神経をしずめて、バランスを整えなおします。とくにストレスが慢性化したり、長期化しているときに有用です。
感情的なトラウマからの回復を助けます。
怒りや嫉妬などの激しい感情や根深い感情を解消し、困難な状況に無条件の愛のいやしをもたらします。

ヒーリングのレイアウト
心臓のチャクラの上に置くと、チャクラを活性化して、エネルギーを安定化します。さらに両足のかかとのあいだにスモーキークォーツを置いてバランスをとると、ネガティブなエネルギーを変容させます。
それぞれの手に石を持つと、エネルギーフィールドのバランスを整え、安定感が得られます。

日常的な使い方
この石を身につけたり、持ち歩くと、新しい状況や人間関係に自信がもてます。
浴槽に入れて入浴すると、緊張をほぐし、全身をリラックスできます。

ピンクサファイア　*PINK SAPPHIRE*

サファイアといえば、青色のものが一般的ですが、そのほかにもピンクをはじめ、さまざまな色のものがあります。サファイアはコランダムという酸化アルミニウムの鉱物の1種で、ダイヤモンドにつぐ硬度をもちます。コランダムとよばれるのは白や透明のもので、その赤い変種がルビーです。そのほかの色のものはすべてサファイアとよばれ、鉄やチタンなど含有する微量の元素により、さまざまな色に着色されます。ピンクサファイアはクロムによる着色で、濃いピンク色のものはルビーに匹敵するほど高価です。

「サファイア」という言葉は、ヘブライ語の“sapir”に由来します。聖書にたびたび登場する宝石です。古代社会で珍重され、古代のエジプトやギリシア、ローマでは、王族や高貴な生まれの人びとが身につけたり、持ち歩いていました。

クリスタルヒーリングでは、ピンクサファイアは、愛のエネルギーを肉体にもたらす石とされ、遊び心や自由奔放さ、オープンな感情表現をうながします。過去の痛手により心にできた壁を取りのぞき、円滑な人生がおくれるようにします。鉱物学的にはルビーに近い石ですが（どちらもクロムを含有します）、ピンクサファイアはルビーほど濃い色ではなく、激しいエネルギーももっていません。この石のエネルギーは身体におだやかで、心地よいものです。

研磨したもの

ピンクサファイア

形状と構造
三方晶系。柱状や両錐状の結晶や菱面体を形成します。硬度が高いため、ファセットカットをほどこすときらめく宝石になります。

色
濃淡さまざまなピンク色。または青や黄色、緑、白、多色。

産地
アフリカ、オーストラリア、インド、アメリカ合衆国

希少性
鉱物標本は希少。専門業者から入手可能。

硬度
9

身体・精神面への作用
新しい愛を人生に引き寄せ、あらたな成長をごく自然に喜んで受けいれられるようにします。
憂うつな気分を吹きとばし、深い失望感を取りさって、未来への希望をもたらします。
愛のあるオープンなコミュニケーションをうながします。

ヒーリングのレイアウト
心臓のチャクラの上に置くと、愛を受けいれやすくなり、喉のチャクラの上に置くと、感情を表現しやすくなります。
ほかのピンク色の石（クンツァイトやローズクォーツなど）と組みあわせると、過去の痛手を解消して、あらたな人生に心をひらくのに効果的です。

日常的な使い方
この石を身につけると、感情をサポートして、自分への愛を表現しやすくなります。

シルバー

シルバーは、明るく澄みきった神秘的な月光の色です。満月の夜に外に出ると、月の光に照らされて、なにもかもがくっきりと見えます。昼間のまぶしい陽光と違って、月の光はあらゆるものをやわらかく照らしだします。シルバーカラーの月光は、太陽の光と同じくらい強力ですが、微妙で繊細な作用をもたらします。

月は絶えずその形や明るさを変えるので、ある状態から次の状態へと流れるように形を変えるダンスを象徴しています。これはシルバーのエネルギーの特徴です。女性の月経も変動的なパターンをもち、天空の月と深くかかわっています。満月はホルモン周期を調節する脳の松果体に作用していることが、アメリカの研究によりわかっています。動物も月光の作用を受け、満月のときは、通常よりも活動が活発になるそうです。英語のlunaticは、ラテン語で「月」を意味する“luna”に由来し、不可思議な気分の変化のことをさします。昔の人は、月の力のせいでそうした気分になると考えていたのです。

夜空の星

シルバーは、夜空の星を思わせる光に満ちた色でもあります。ネイティブアメリカンの人びとは、星の光は先祖がともすたき火だと信じています。祖先を敬い、その知恵を重んじる彼らは、地上で暮らす自分たちが先祖に見守られていることを、夜空を見あげるたびに感じています。いっぽう、現代社会のわたしたちはもっぱら屋内ですごして、夜になると家の中に閉じこもり、たき火のまわりで瞑想して、空の変化を観察したはるかな昔とはかけ離れた生活をおくっています。暖かい夏の夜は外に出て、神秘的で美しいシルバーのエネルギーに満ちた夜空を見あげてみましょう。月食などの宇宙現象はとくに感動的で、望遠鏡がなくても観察できます。満天の星空を見つめていると、宇宙には無限の空間が広がっていることが実感できます。

スピリチュアルなヒーリングでは、シルバーは光の流入を意味し、不用になった過去の感情的なパターンを浄化して解消します。全身のすべてのチャクラのバランスを整え、あたらしいエネルギーを受けいれられるようにします。シルバーのエネルギーを利用する簡単な瞑想として、シルバーの光が全身を満たし、足の裏から大地へと抜けていく様子をイメージしましょう。こうしたスピリチュアルな浄化法は、とくに福祉の仕事にたずさわり、他人の世話をしている人たちに役だち、全身にまとわりつくネガティブなエネルギーを払拭します。

シルバー　*SILVER*

銀は元素鉱物です。自然界で純粋な形で発見されることもありますが、たいていは鉛や銅と混ざっています。化学記号の「Ag」は、ラテン語の "argentum" に由来します。小アジアやエーゲ海の島々では、銀を溶融した跡が発見されており、すでに紀元前4000年ごろには、人類が鉛から銀を分離していたことが明らかになっています。銀は何千年も前から、貨幣としても利用されています。イスカリオテのユダは、イエス・キリストを裏切り、銀30枚で祭司長に売りわたしました。多くの言語では、フランス語の"argent"のように「銀」と「カネ（金）」を意味する言葉がいまでも同じです。

古代ギリシア人は、銀に治癒作用があることを知っていました。ギリシアの医学者で、現代医学の父といわれるヒポクラテスは、銀は病気の治療に効果があると紀元前500年ごろに記しています。現代になって抗生物質が開発される以前から、銀の化合物は感染症の治療に用いられ、効果をあげてきました。いまでも重度のやけどによる感染症を防ぐために、銀でコーティングされた包帯などが使われています。

現在では、純粋な銀の鉱物が発見されることはめったになく、たいていはプルースタイト（Proustite）やパイラルギライト（Pyrargyrite）などの銀鉱から抽出されます。金鉱床付近の鉱脈からも産出します。精製された純度99.999パーセントの銀には、重金属やヒ素は含有されていません。銀は大変やわらかい物質で、シート状に延ばしたり、細い針金状にしたものが、アクセサリーに幅広く利用されています。

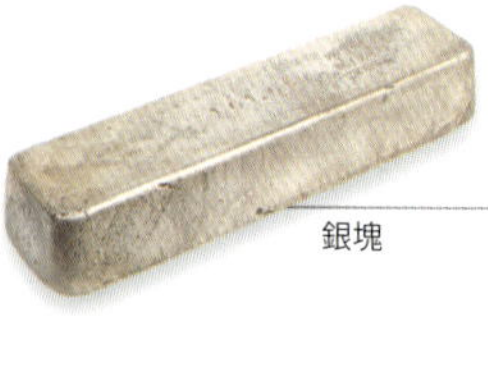

銀塊

シルバー

シルバー

形状と構造
立方晶系ですが、十二面体や八面体、正六面体の結晶はめったに発見されません。
針金状や塊状で見つかることもありますが、パイラルギライトなどの鉱床に微量が含まれていることが多く、分離・精製を要します。

色
銀白色

産地
オーストラリア、カナダ、メキシコ、アメリカ合衆国

希少性
アクセサリーはかんたんに入手可能。鉱物標本は専門業者から入手できます。

硬度
2.5 ～ 3（とてもやわらかい）

身体・精神面への作用
強い感情をしずめて落ちつけ、変化を克服できるように助け、更年期などの大きな転換期に身体の機能をサポートします。
自分の直感を磨いて信じられるようにし、意識の飛躍を起こします。
身体を強化して、感染症や免疫機能障害にかかりにくくします。

ヒーリングのレイアウト
銀塊や浄化したシルバージュエリーを胸腺のチャクラ（胸骨）の上に置くと、免疫系の働きを助けます。

日常的な使い方
浄化したシルバーブレスレットを1時間ほど浸した水をのむと、全身を浄化できます。

ヘマタイト　*HEMATITE*

ヘマタイトは酸化鉄の鉄鉱石で、水銀のような銀色の光沢をもちます。とても一般的な鉱物で、しばしばジャスパーやクォーツ、パイライトとともに産出します。堆積鉱床中でレッドジャスパーと交互に層をなしたものは、「タイガーアイアン」とよばれます。大半はぶどう状や腎臓状として、大きな鉱床中で発見されます。「アイアンローズ」とよばれるバラの花状の結晶も、まれに発見されます。鉄を含有するため、粉末状のヘマタイトは赤い色素としても用いられ、この粉を水で溶くと血のように見えます（この石の名は、ギリシア語で「血」を意味する"haima"に由来します）。ヘマタイトの鉱床は、酸化すると赤橙色に変わります。ヘマタイトには、持ち主を守護するパワーがあると考えられ、戦士のためのお守りとされました。イギリス北部には、この石が戦いで倒れた戦士の血、すなわち命のエッセンスを保つという言い伝えがあります。

ヘマタイトには、スペキュラーライト（Specularite）とよばれるものもあります。スペキュラーライトは卓状の石で、たいらな石の表面には、銀色のまだらな光沢が見られます。最近では、ヘマタイトを磁化したマグネットが中国でつくられています。

クリスタルヒーリングでは、ヘマタイトは体力や精神力を保持して、自信をつけることと結びつけられます。銀色の光沢により、神秘的な外観を呈します。この石特有の丸くでこぼことした形は、腎臓や脳など人間の身体の一部を思わせます。

粒状のクラスター

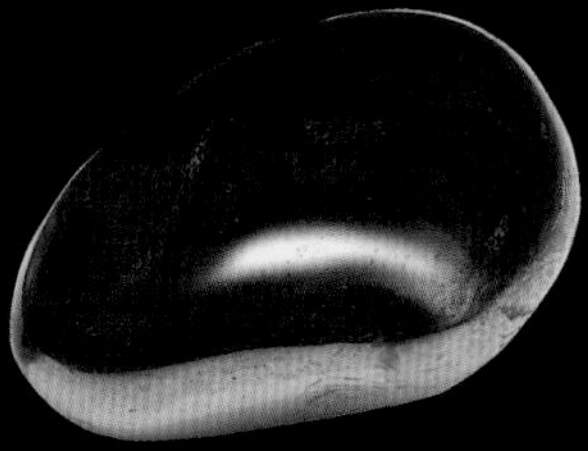

ヘマタイト

形状と構造
三方晶系。ぶどう状や塊状、腎臓状で産出します。堆積鉱床中に小さな粒状で発見されることもあります。アイアンローズとよばれるバラの花状のものも、まれに見られます。

色
銀白色、鉄灰色

産地
オーストラリア、ブラジル、イギリス、メキシコ

希少性
かんたんに入手可能。

硬度
5～6

身体・精神面への作用
血液を浄化して、血液の循環をサポートします。
全身をあたためて活性化し、体の力強さを感じさせます。
銀色の色調は持ち主の意識を拡張して、霊界を感知しやすくします。
肉体のグラウンディングとセンタリングをおこないます。
魔よけの石であり、持ち主をネガティブなものから守ります。

ヒーリングのレイアウト
下腹部や両足のかかとのあいだに置くと、肉体のグラウンディングとセンタリングをおこないます。さらにハーキマーダイヤモンドを宝冠のチャクラの上に置くと、霊的なエネルギーを物質化できます。

日常的な使い方
お守りとして身につけたり、持ち歩くと、自信をつけられます。

ブラック

ブラックは光を吸収する色で、あらゆるほかの色をそのなかに引きこみます。カラーパレットになくてはならない強力な色で、無視することはできません。ペルーやネイティブアメリカンの信仰では、闇はイニシエーションの儀式と変容の場とされます。闇の恐怖に立ち向かうことにより、内なる力が顕在化するのをうながすのです。彼らの信仰では、わたしたちがふだん自分自身だと思っているものは、わたしたちがもっぱら幼少時からの感情的な反応によってつくりあげた思いこみの集合体でしかないといいます。

こうしたものは、わたしたちの本来の姿ではありません。真の自分を見つけるには、闇のなかへと旅だって、あらゆる思いこみを手ばなし、自分の深い本質を探りだす必要があります。これが「シャーマンの旅」の概念です。適切なサポートを受けながらこの旅を実践すると、人生の見方や生き方ががらりと変わることもあります。

陰陽のシンボルは、黒と白の相関性を図式化したものです。陰陽の思想は古代中国で生まれ、伝統的な中国医学の思想と深くかかわり、2種類のエネルギーについて言及しています。「陰」は暗く冷たく、内向的、消極的、静的なエネルギーで、「陽」は明るく熱く、外向的、積極的、動的なエネルギーです。あらゆるものはこのふたつのバランスで成り立っています。

両極のシンボル

陰陽のシンボルに見られる渦を巻いたような模様は、白と黒で色分けされたふたつの側面のかかわりあいをしめしています。このシンボルを見つめていると、視線が自然と円を描くように動きます。直線ではなく、無限にめぐる形で、ある状態から別の状態へと絶え間なく移ろう変化を象徴しています。呼気と吸気、活動と停止、熱気と寒気などのコントラストは、絶えず変化しつづける人生の本質を表現しています。陰陽のシンボルには、変容の概念も強くしめされています。白と黒それぞれの部分には、反対の色をした丸い点が描かれています。これは、光のなかにもつねに闇の要素があり、闇のなかにもつねに光の可能性があることを意味しています。この概念を深く掘りさげると、人生とその意味について内なる深い真実が明らかになります。光の部分にばかり目を向けると、闇がはたす役割や闇がもつ力を見すごしてしまいます。これは、ニューエイジ思想にしばしば見られる問題点です。闇と光、陰と陽は、どちらも必要不可欠なものです。このふたつは宇宙にも見られます。恒星は誕生して、光を放ったのち、やがては爆発して、自分の内部に発生したブラックホールに沈んでいきます。ブラックホールは、星の再生をうながす大釜のような存在です。

ブラックオブシディアン *BLACK OBSIDIAN*

オブシディアンは天然の火山ガラスで、おもにシリカ（二酸化ケイ素）からなり、含有する多くの不純物によって、さまざまな色や形をしめします。火山性溶岩が湖に流れこみ、水によって急速に冷却されると、こうしたガラス質の鉱物が生成されます。ブラックオブシディアンは、鉄とマグネシウムにより黒く着色したものです。ときどき発見される、つるつるとした丸く小さなオブシディアンは、「アパッチティア（アパッチの涙）」とよばれます。オブシディアンに一定の角度で力を加えると、カミソリの刃のように鋭利な切り口をもつ破片ができるため、北アメリカの原住民はこの石で矢じりや槍、ナイフを作りました。アメリカ・アリゾナ州で発掘されたオブシディアンを使った道具は、すくなくとも1万年前のものだといいます。

ガラス質のブラックオブシディアンは半透明の外観を呈し、ユニークな形状で産出します。クリスタルヒーリングでは、神秘の石、自己の深く知られざる側面と結びつくための石とされます。ヒーリングを受けているときに持ち歩くとよく、とくにセラピストのもとで時間をかけて数回のセッションを受けるときに効果的です。持ち主を霊的なものから守護する力ももっています。ひと晩地面に埋めておくと、石を浄化し、魔よけのパワーを充電できます。

研磨したもの

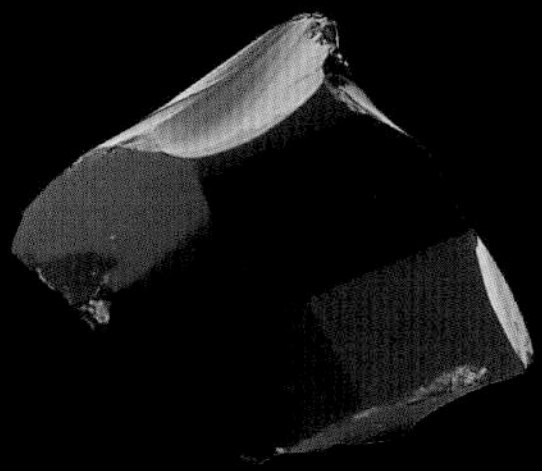

ブラックオブシディアン

形状と構造
シリカからなる天然の火山ガラス。非晶質（内部構造に幾何学的なパターンをもたない）。

色
黒、または暗褐色、暗緑色

産地
イギリス、イタリア、メキシコ、アメリカ合衆国

希少性
かんたんに入手可能。

硬度
5～5.5（クォーツよりも、はるかにやわらかい）

身体・精神面への作用
持ち主を霊的なものから守護する力をもつ石で、他人から依存的なエネルギーを送られたり、自分のエネルギーを吸いとられているときに、その矛先をそらせます。
基底のチャクラを活性化して、大地のエネルギーを吸いあげ、全身を元気づけて安定化します。
心の奥底に隠してきたことを表面化させ、ヒーリングの過程で自分に役だつものに変えます。
うそを見破り、明晰さと集中力をもたらします。

ヒーリングのレイアウト
両足のかかとのあいだに置くか、小さな石をそれぞれの手に持つと、身体のまわりのエネルギーフィールドをグラウンディングして、強化します。

日常的な使い方
家に置くと、過剰な電磁波を吸収します。
魔よけの石として、身につけたり、持ち歩きます。

ブラックトルマリン *BLACK TOURMALINE*

ブラックトルマリン（別名ショール）は、水酸基を含むナトリウム、鉄、アルミニウムのホウケイ酸塩という複雑な化学組成をもち、結晶の先端には、異なる角度で接するファセットをもつターミネーションがあります。石の表面には、条線が垂直軸に対して平行に見られます。黒い着色は、もっぱら含有する鉄によるものです。小さな石からポイントをもつ大きな結晶まで、さまざまな大きさのものが産出します。ほかのトルマリンと同じく圧電性を有し、熱や圧力を加えると、石の上端と下端で異なる電荷をしめして、一方がプラス、もう一方がマイナスに帯電します。ふつうは火成岩や変成岩中に生成します。

　ブラックトルマリンを家に置いたり、持ち歩くと、他人が発するものであれ、電磁波などの環境的なものであれ、ネガティブなエネルギーから身を守るのにとくに役だちます。この石がもつ圧電性（つまり、機械的なエネルギーを電気エネルギーに変換すること）により、全身のエネルギーの枠組みのバランスが整えます。現代社会のわたしたちはさまざまな環境ストレスにさらされているので、こうしたバランスを維持するのはとても大切なことです。クリスタルヒーリングでは、ブラックトルマリンは、浄化とグラウンディングの石のなかでももっとも人気の高い石で、ネガティブなエネルギーを中和して、全身から毒素を排出するのに用いられます。

原石

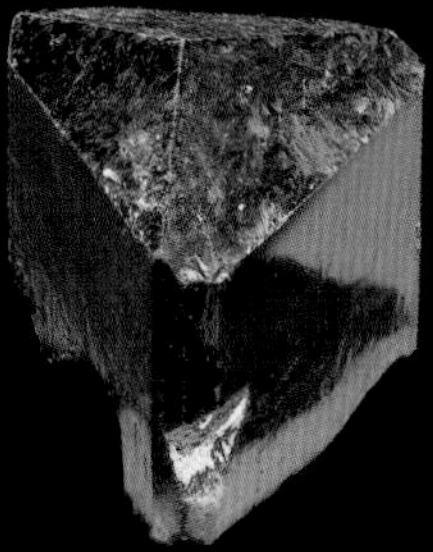

ブラックトルマリン

形状と構造
三方晶系。ターミネーション（ファセットをもつ尖った先端）と条線が見られる柱状結晶をつくります。

色
黒、またはピンク（192～193ページ参照）、ウォーターメロン（252～253ページ参照）。

産地
ブラジル、ネパール、パキスタン、アメリカ合衆国

希少性
かんたんに入手可能。

硬度
7～7.5

身体・精神面への作用
ネガティブなものに対する盾の役目を果たし、身体やエネルギーを霊的なものから守ります。
身体やエネルギーフィールドを浄化して、毒素を排出します。
全身のチャクラを調整しなおし、大地（基底のチャクラ）と天界（宝冠のチャクラ）のあいだに明確な伝達経路をつくります。

ヒーリングのレイアウト
ブラックトルマリンとヘマタイトを両足のかかとのあいだに置くと、ヒーリング中にその人のエネルギーを固定して、グラウンディングできます。
さらにアメジストかハーキマーダイヤモンドを頭の上に置くと、宝冠のチャクラを霊的な波長に同調させます。

日常的な使い方
身につけたり、持ち歩くと、自分をグラウンディングして、現在に意識を集中させ、電磁波ストレスをはねかえせます。

ジェット　*JET*

ジェットは、別名をリグナイト（Lignite）といいます。鉱物学的に特殊な物質で、本当の意味で鉱物ではなく、準鉱物です。鉱物のように見えますが、もともとは有機質の物質で、丸太などが海水を吸って海底に沈み、泥の層に閉じこめられ、時間をかけて炭素が圧縮されることにより生成したものです。基本的には炭素が硬化したもので、海水中で炭素が圧縮された“硬い”ものと、淡水中で硬化した“軟らかい”ものの2種類のジェットがあります。同じ準鉱物のアンバーのように、摩擦により帯電します。ガラスのようなひんやりとした感触はなく、つるつるとしています。木の年輪のような模様が見られることもあり、この石がもとは有機質だったことがうかがえます。

ジェットは小さな置物を彫ったり、ビーズや装身具に加工できます。ケルト人が移りすんだオーストリアのハルシュタットからは、何千年も前のジェットが見つかっています。ローマ時代には、ジェットの装身具はヨークなどイギリス北東部の都市でも作られました。イギリス・ノースヨークシャー州のホイットビーは、ジェットの産地として有名です。19世紀には、イギリスのヴィクトリア女王が夫のアルバート王子の死後、喪の期間中にホイットビー産のジェットのジュエリーを身につけていました。

クリスタルヒーリングでは、人間の肉体面やエネルギー面を浄化するのに用いられます。ブラックトルマリンやオブシディアンよりもおだやかなエネルギーをもち、持ち主を保護して、はぐくみます。

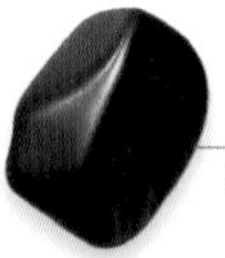

研磨したもの

ジェット

形状と構造
石炭が圧縮されたもの。堆積層のなかで生成され、さまざまな大きさのものが産出します。

色
黒

産地
イギリス、フランス、ドイツ、ポーランド、ロシア、スペイン、アメリカ合衆国

希少性
かんたんに入手可能

硬度
3～4

身体・精神面への作用
全身を保護のパワーで包みこみ、ネガティブなものをおだやかに中和します。
チャクラを浄化して解毒します。身体の毒素を処理する腎臓の働きをサポートします。
過去世を思い出し、現世まで尾を引いている過去の問題を解決します。
記憶力を向上させます。

ヒーリングのレイアウト
うっ滞している場所に置くか、それぞれの手に石を持つと、身体の浄化がおこなえます。
アンバーとともに縦に並べて、仙骨のチャクラか太陽神経叢のチャクラの上に置くと、身体にエネルギー補給ができます。

日常的な使い方
お守りとして身につけたり、持ち歩きます。

ブラックオニキス *BLACK ONYX*

オニキスはクォーツの1種で、カルセドニーに平行なしま模様がはいっているものを指し、白や黄褐色、褐色など、さまざまな色のものがあります。天然のブラックオニキスは黒一色ではなく、白と黒と灰色のしま模様が見られます。こうした濃淡は、不純物の含有量の差により表れたものです。オニキスは何世紀にもわたって彫刻に用いられ、凝ったデザインのシグネットリング（印章つきの指輪）やカメオが作られました。黒一色のブラックオニキスは、灰色か褐色の石を着色したものの可能性があります。石を着色して、むらをなくすなどの処理はいまに始まったことではなく、何世紀も前から実施されています。

ヒーリングには、人工的に着色されていない、天然の縞目がはいったブラックオニキスを使うことをおすすめします。白、黒、灰色のしま模様は、陰陽のシンボルのところで説明したように、白と黒の相関性を象徴しています（204～205ページ参照）。白と黒は光のスペクトルの両極に位置する色で、灰色はそのふたつが混じりあった色です。こうした3色は、さまざまなレベルのものごとを思わせます。白は光に満ちた日中の生活、黒は眠りと無意識の世界、灰色は夜明けと夕暮れの色で、すべてが静寂に包まれたたそがれどきをしめしています。おとぎ話では、夜明けと夕暮れどきは魔法の時間とされています。しま模様のブラックオニキスは、こうしたさまざまなレベルのものごとのかかわりあいを想起させます。

研磨したもの

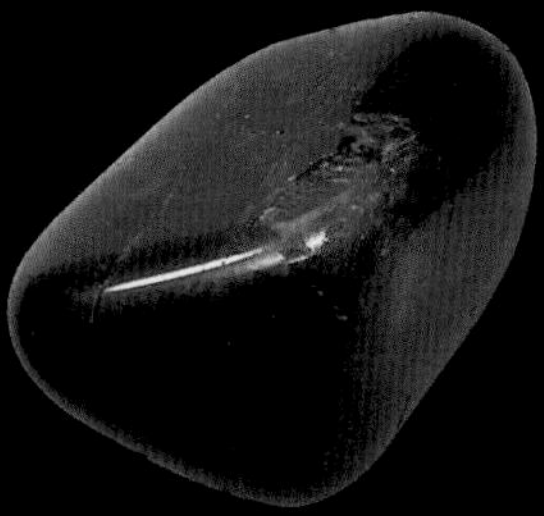

ブラックオニキス

形状と構造
微細な結晶構造をもつカルセドニー。平行なしま模様が見られます。

色
黒、白、灰色のしま模様

産地
ブラジル、ドイツ、メキシコ、アメリカ合衆国

希少性
かんたんに入手可能。

硬度
7

身体・精神面への作用
しま模様のあるブラックオニキスは、日常生活の要求と、休息をとり、新しいインスピレーションを得る必要性のバランスをとります。
過度のプレッシャーにより疲労した身体を回復させます。
心の安らぎを増大し、瞑想中の集中力を高めます。
基底のチャクラに働きかけて、手足を活性化します。

ヒーリングのレイアウト
両足のかかとのあいだに置くか、それぞれの手に持つか、下腹部の基底のチャクラの位置に置くと、肉体とエネルギーシステムをグラウンディングして、安定化します。

日常的な使い方
身につけたり、持ち歩くと、仕事とプライベートのバランスを改善できます。とくに仕事に重点を置きすぎている人に有用です。

ホワイト

　ホワイトは、雪の色です。雪の結晶はひとつひとつ形が違い、完ぺきな対称形をしています。日光に照らされた新雪を観察すると、雪の色はただの白ではないことがわかります。凍った結晶構造が虹色のきらめきを放っています。ホワイトは均一な色ではなく、きらめきと輝きをもち、心をうきうきとさせるような光を発しています。この色は、目に見えるあらゆるスペクトルの色の集合体です。

　丸く切ったボール紙に虹の7色を塗り、円の中心につまようじを刺して、高速で回転させると、すべての色が混じりあい、白一色になります。ヒーリングでは、人間のエネルギーの設計図を浄化して補給するために、この色のエネルギーを用います。日本人が近代に考案した仁心術《じんしんじゅつ》という手技療法は、エネルギーと肉体のかかわりを明らかにしたもので、身体のエネルギーの枠組みを重視します。仁心術では、エネルギーの枠組みは肉体が形づくられる前から存在するとされます。この枠組みはエネルギーの設計図のようなもので、この設計図どおりにエネルギーが補給されて、肉体を回復させます。肉体がどれだけ外界の影響を受けても、この設計図のおかげで全身を調整しなおして、本来のエネルギーレベルを取りもどし、身体を回復させることができるのです。

変容のシンボル

白や透明のクリスタルは、鉱物界で最大級のグループを形成し、ヒーリングツールとしても人気があります。このグループを代表する石として、ダイヤモンドがあげられます。原石は不透明で、光沢もありませんが、ファセットカットをほどこして研磨すると、まばゆいばかりの虹色のきらめきが表れます。あらゆる色がダイヤモンドのなかに見られ、ひとつの構造のなかに収まっています。ダイヤモンドは、人間が物質的な存在から光に満ちた存在へと変容することを象徴しています。これは、多くのスピリチュアルな教えの目標とされ、「頭は天に、足は地に」という言葉で表現されます。人間は霊界と物質界の橋渡し役として、大地とともに働くことができるのです。瞑想中にダイヤモンドが頭上で輝いていることをイメージして、その白い光を身体の中に取りこみ、全身をめぐらせて、足の裏から出しましょう。こうすることであなたのエネルギーを浄化して、大地へと送り、この星と結びつくことができます。

ホワイトムーンストーン *WHITE MOONSTONE*

ムーンストーンは、フェルドスパー（カリウムとアルミニウムのケイ酸塩鉱物）の1種で、オリゴクレースという鉱物名でも知られています。さまざまな色のものがありますが、どの石にもラブラドレッセンスとよばれる特殊な閃光があります。この光の効果は、ラブラドライト（124～125ページ参照）やブルームーンストーン（142～143ページ参照）にも見られます。ラブラドレッセンスは、結晶中で交互に重なりあった2種類の鉱物の薄い層がある角度で光を反射して、青色や黄色、銀白色、白色など、さまざまな色のきらめきを放つものです。ムーンストーンは、何百年も前からインドや中国、ヨーロッパのケルト人など多くの文化圏で利用され、研磨したものが金細工や銀細工にはめこまれていました。ムーンストーンを使った古代のみごとな装身具は、イギリスの大英博物館にも展示されています。

ホワイトムーンストーンは、ムーンストーンのなかでも、もっとも月に似ています。この石のやわらかな白い光沢は、とりわけ澄みきった夜空に浮かぶ満月のほのかな輝きを思わせます。ヒンドゥー教では、この石を聖なる女性の本質と結びつけ、愛のシンボルとしています。絶え間なく移ろう石の外観は、女性の気分やホルモンが月経の周期中、つねに変動することも連想させます。満月になると、女性の創造力は最高潮に達します。ホワイトムーンストーンはこうした創造的なパワーを解き放ち、維持するのを助けます。

タンブル

ホワイトムーンストーン

形状と構造
単斜晶系のフェルドスパーで、微細結晶の大きな集合体を形成します。薄片が重なりあう構造により、ある角度から見ると、独特の光沢が浮かびあがります。

色
白やクリーム、黄色の地に白、青、金、灰色の光沢をもちます。

産地
オーストラリア、インド、ミャンマー、スリランカ、アメリカ合衆国

希少性
かんたんに入手可能。低級品のタンブルには、あまり光沢がありません。

硬度
6.5

身体・精神面への作用
月経の周期にあわせて、ホルモンのバランスを整えます。思春期や更年期など、ホルモンの分泌が大きく変化する時期をサポートします。
不妊に関連するホルモンの問題を解決します。
この石は、女性だけに効果があるのではなく、男性が感受性を高め、内なる気持ちと結びつくのも助けます。
創造力を高め、直感を研ぎ澄まします。

ヒーリングのレイアウト
心臓のチャクラや第3の目のチャクラ、下腹部（基底のチャクラ）に置くと、ホルモンのバランスを整えて、感情的なストレスをやわらげます。

日常的な使い方
胸元につけると、感情をおちつけ、女性エネルギーとホルモンのバランスを整えます。

セレナイト　*SELENITE*

セレナイトは水酸化カルシウムの硫酸塩鉱物で、無色透明なジプサムです。とても一般的な鉱物で、温泉地帯などの堆積層に生成します。ふつうは海水の蒸発により結晶化して、巨大な鉱床をつくります。真珠光沢をもち、月光のような輝きを放ちます。ギリシアの月の女神セレーヌにちなんで、セレナイトと命名されました。条線をもつ明確なブレードを形成し、内部に気泡や水泡を含むものもあります。大きく透明な結晶や小さなブレードが一般的です。とても軟らかい石で、わずかに曲がることもあります。絶縁体の機能をもつので、ほかの透明なクリスタルほどひんやりとした感触はありません。

クリスタルヒーリングでは、セレナイトのブレードで、強力な作用をもつ天然のワンドがつくられます。このワンドはエネルギーの伝導体として働くため、激しい波が心身の毒素やネガティブな精神パターンを洗い流すように感じられます。ほかのクリスタルをセレナイトのワンドにはめこむと、その石の作用がより一層強まります。このため、セレナイトを使った専門的なエネルギーワークは、しかるべきクリスタルヒーラーのもとでおこなうことをおすすめします。一般的な楽しみ方としては、セレナイトを家に飾って、ポジティブなエネルギーを保つことができます。

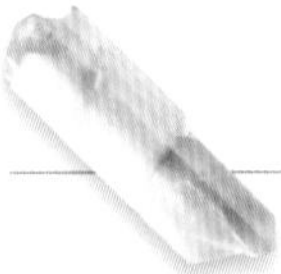

ブレード

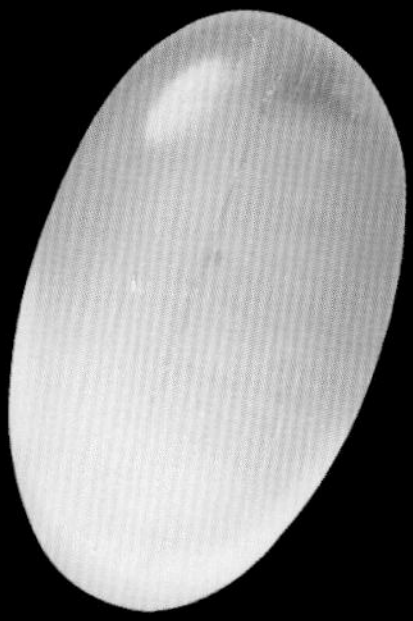

セレナイト

形状と構造
単斜晶系の透明または半透明のクリスタル。結晶はたいらな卓状やブレード状、塊状。
双晶が一般的で、ときどきスワローテイル（燕尾）状の双晶も見られます。

色
透明。たいらな面に真珠光沢があります。

産地
イタリア、メキシコ、アメリカ合衆国など世界中。

希少性
かんたんに入手可能。

硬度
2（爪でも傷がつきます）

身体・精神面への作用
エネルギーの伝導体として働き、身体の浄化を強力に進めます。
高い波動のエネルギーを流して、すべてのチャクラに浸透させ、チャクラの働きをスピリチュアルな目的と一致させます。
宝冠のチャクラと強く共鳴して、悟りの意識を強めます。

ヒーリングのレイアウト
セレナイトのブレードを頭頂部にのせると、宝冠のチャクラが活性化されます。クリスタルヒーリングに慣れていない人は、短時間だけ試してください。そのとき両足のかかとのあいだにスモーキークォーツを置くと、身体をグラウンディングできます。

日常的な使い方
家や瞑想する場所にセレナイトを置くと、その場のエネルギーを浄化できます。

ダイヤモンド *DIAMOND*

ダイヤモンドは炭素のみからなる鉱物で、自然界でもっとも硬い物質です。モース硬度は10で、ほかのクリスタルや宝石の硬度を計る基準となります。つぎに硬い硬度9のコランダム（サファイアとルビー）より、4倍も硬いです。しかし、4方向に完ぺきな劈開をもち、その方向に力を加えると割れやすいので、宝石職人は石留めのことをじゅうぶんに考慮して、カットをほどこさなければなりません。ダイヤモンドは銀よりもに熱の伝導性にすぐれ、融点は摂氏3547度です。鉛筆の芯の原料となるグラファイト（石墨《せきぼく》）と化学組成が同じで、どちらも炭素元素だけの鉱物ですが、結晶構造の違いによってダイヤモンドは透明、グラファイトは不透明となります。

世界には有名なダイヤモンドが数多くあり、なかでも有名なものにインド産ダイヤモンドの「コーイヌール」があげられます。このダイヤモンドは何百年間もインド諸王のあいだで伝えられてきましたが、植民地時代にイギリスのヴィクトリア女王に奉献され、1877年にイギリス王家の王冠にはめこまれました。105カラット（21.6グラム）もあり、20世紀になるまで、研磨されたダイヤモンドとしては世界最大のものでした。

ダイヤモンドは宝石としての利用価値が高いため、鉱物標本は希少です。ハーキマーダイヤモンドは、ダブルターミネーションと多くのファセットをもつ小さな鉱物ですが、じつはダイヤモンドではなく、ダイヤモンドと似た特性をもつクリアクォーツの1種です（228～229ページ参照）。

ファセットカットしたもの

ダイヤモンド

形状と構造
等軸晶系で、炭素の元素鉱物。結晶は六面体か八面体のことが多く、キンバーライトなどの鉱物中によく生成します。

色
原石は不透明で、クリーム色か黄色みをおびていますが、研磨すると輝きます。青、黒、赤、緑もあります。

産地
オーストラリア、ブラジル、インド、ロシア、南アフリカ共和国

希少性
鉱物標本は希少。専門業者から入手可能。

硬度
10

身体・精神面への作用
もっとも高いいやしの波動をもち、すべてのチャクラを活性化して、エネルギーフィールド（オーラ）を拡張します。
体内にある霊的なエネルギーを自覚させます。
自分の真の運命と目的を思い出させます。

ヒーリングのレイアウト
4つの原石をひとつずつ、頭部と両足のかかとのあいだに置き、左右の手に持つと、身体のまわりに光のグリッドを形成し、オーラを強化できます。

日常的な使い方
ダイヤモンドを身につけると、霊的なエネルギーを強力に増幅できます。

ダンブライト *DANBURITE*

ダンブライトは、カルシウムのホウケイ酸塩鉱物です。結晶の形はトパーズに似ていて、ダイヤモンド形の断面をもつ柱状結晶をつくり、垂直軸方向にはっきりとした条線が見られます。長さ30センチにもなる大きな結晶や小さなブレード状で産出します。ダンブライトの結晶先端はくさび形なので、六角形の結晶をつくるクォーツとは区別できます。研磨したタンブルはクォーツよりもかなり軽く、水を含んだような外観を呈します。最初の産地であるアメリカ・コネティカット州の町ダンブリーにちなんで、ダンブライトと命名されましたが、いまではメキシコなど、ほかの国からも産出します。

ダンブライトは、最近になってようやく脚光を浴びはじめた"新しい"クリスタルのひとつです。現在さまざまな種類の透明なクリスタルが、世界中で出現しています。クリスタルヒーリングの世界では、こうした現象を人類が光に向かって進化するのを助けるツールを大地が与えているのだととらえています。ダンブライトは、やさしくはぐくむようなエネルギーの波動をもち、忍耐強く意識を拡張するのに最適です。急激な変化を受けいれられる人もいれば、ゆっくりと着実に変化する必要がある人もいます。ダンブライトは愛のあるやさしい波動で、天使界や霊界の守護霊とのコミュニケーションを可能にします。

タンブル

タンブライト

形状と構造
斜方晶系。ダイヤモンド形の断面をもつ柱状結晶をつくります。ターミネーションはくさび形です。

色
ふつうは白か透明。またはピンク、黄色、褐色。

産地
日本、メキシコ、ミャンマー、スイス、アメリカ合衆国

希少性
専門業者から入手可能。

硬度
7 ～ 7.5

身体・精神面への作用
天使の波動や導きを感知させ、おだやかないやしのエネルギーを全身に送ります。
心臓のチャクラと宝冠のチャクラのバランスをとります。
神経系をしずめ、神経の緊張やストレスを解消します。
創造力と直感を高めます。

ヒーリングのレイアウト
心臓のチャクラと宝冠のチャクラの上にダンブライトをそれぞれ置くと、ふたつのチャクラのエネルギーのバランスを整え、神経をしずめます。さらにスモーキークォーツを両足のあいだに置くと、グラウンディングできます。

日常的な使い方
ダンブライトのクリスタルレメディー（284 ～ 285ページ参照）を水に入れてのむと、ストレスから解放されます。
持ち歩くと、創造力が高まります。

アゼツライト *AZEZTULITE*

アゼツライトは正式な鉱物名ではなく、1970年に発見されたアメリカ・ノースカロライナ州産のクォーツの流通名です。ごつごつとした形のものや、形が不揃いで不透明な小さい石でも、おうおうにして高い値がついています。アゼツライトがノースカロライナ州からしか産出せず、供給量が限られているため、価格が高くなりがちなのです。この石は「ニューエイジのクリスタル」で、強力なエネルギーをもち、地球の変化に即して個人に高次の変容をうながすといわれ、おおいに注目を浴びるようになりました。とりわけクリスタルヒーラーたちがこの石を買い求め、ヒーリングツールとして利用しています。

アゼツライトは、この石を最初に使いはじめたヒーラーたちが霊的な通信により受けとった名前です。この石はとても高い波動を発しているため、浄化は不要とされ、ネガティブなものの性質を一変させます。強力なパワーをもつ石なので、この石を使って瞑想やワークをおこなうときは、しかるべきクリスタルヒーラーのもとでおこなうほうが無難でしょう。アゼツライトは体内のものを強力に解き放つので、心の奥底の記憶と結びついた感情的な反応が表面化するなど、エネルギー面での副作用を理解するうえで、専門家の助けが必要なこともあるからです。身体からこうした古いパターンを取りのぞくことで、肉体や精神、感情、霊性が高次の世界からの光を受けいれる準備を整えることができます。

原石

アゼツライト

形状と構造
三斜晶系。小さくいびつな形のクォーツで、不透明で黒ずんだものや透明なものがあります。

色
透明、白、クリーム色

産地
アメリカ合衆国

希少性
とても希少。専門業者から入手可能。

硬度
7

身体・精神面への作用
免疫機能がなかなか向上しないなど、慢性的な病気のパターンを払拭します。
精神的な古いパターンを取りのぞき、あらたなレベルの認識と理解を受けいれます。
人生の新しいスタートをきる勇気を授けます。
高い波動の光を身体に受け入れる準備を整えます。

ヒーリングのレイアウト
心臓のチャクラの上に置くと、チャクラを活性化して、感情的な古いパターンを取りのぞきます。
第3の目のチャクラの上に置くと、霊能力の目覚めを助けます。

日常的な使い方
強力な波動をもつ石なので、クリスタルヒーリングの専門家の指導のもとで利用するのがいちばんです。

フェナサイト　*PHENACITE*

フェナサイト（またはフェナカイト/Phenakite）は、ベリリウムのケイ酸塩鉱物です。トパーズやエメラルドなど、ベリル・グループの宝石とともに、ペグマタイトの空洞中でよく発見されます。スモーキークォーツやクリソベリルとともに産出することもあります。クォーツやトパーズなどと見間違えやすいことから、ギリシア語で「詐欺師」を意味する"phenakistes"にちなんで命名されました。六角形の短柱状の結晶を形成することが多く、双晶をつくることもあります。しばしば垂直軸方向に条線が見られます。硬度が高く、宝石としてファセットカットをほどこせますが、結晶が小さいことが多いので、取り扱いには注意を要します。フェナサイトは産出される国によって、波動が微妙に異なるといわれているので、お店で原産地を尋ねてみるとよいでしょう。たとえば、ブラジル産のフェナサイトは浄化の波動をもち、ロシア産のものは刺激する作用をもつとされます。

フェナサイトも強力な浄化力をもち、スピリチュアルな変容をうながすツールとして注目されつつある透明なクリスタルです。第3の目のチャクラと共鳴し、霊能力を活性化させるといわれています。その人を魂の目的に目覚めさせ、日常生活に霊的なエネルギーをもたらします。そうした世界に目覚めると、おうおうにして生活に変化が生じるので、ベテランのクリスタルヒーラーのサポートを受けながら、その教えを理解するとよいでしょう。

原石

フェナイサイト

形状と構造
三斜晶系。結晶は透明か半透明の菱面体か柱状で、しばしば粒状や短柱状のこともあります。

色
ふつうは無色か白っぽく、黄色やピンク、褐色のこともあります。

産地
ブラジル、マダガスカル、ノルウェー、ロシア、アメリカ合衆国

希少性
希少。専門業者から入手可能。

硬度
7.5 ～ 8

身体・精神面への作用
第3の目のチャクラを浄化して活性化し、霊能力を増幅させます。
身体のエネルギーの設計図を活性化して、ヒーリングのエネルギーを肉体に送ります。
脳の働きをサポートします。この石のエネルギーは、痴呆の人に有用のようです。
直感と内なる認識を高めます。

ヒーリングのレイアウト
第3の目のチャクラの上に置きます。強力な変容をもたらす石なので、そのエネルギーを受けとるために身体の準備を整える必要があります。そのため、クリスタルヒーラーのもとでヒーリングを受けることをおすすめします。

日常的な使い方
この石のエネルギーは、しかるべきヒーラーのセッションで体感するのがいちばんです。

クリアクォーツ　*CLEAR QUARTZ*

クリアクォーツは、ヒーリング用のクリスタルとしてもっとも人気が高く、クリスタルのコレクションをはじめた人が最初に手にする石のひとつです。クリスタルといえば、まずクリアクォーツを思い浮かべる人も多いでしょう。この石は、美しい鉱物の究極の姿をしています。クォーツは二酸化ケイ素の鉱物で、世界中で豊富に産出し、花崗岩の鉱床や砂岩などの堆積岩中で発見されます。ターミネーションとよばれる明確なファセットをもつ六面体の大きな結晶から、細かい針状のポイントが密集したクラスターまで、さまざまな形があります。ローズクォーツやアメジスト、シトリンなどのクリスタルは、含有する不純物によってクリアクォーツが着色されたものです。

たいていのクリアクォーツはその名のとおり透明ですが、スノークォーツ（Snow Quartz）やミルキークォーツ（Milky Quartz）とよばれる不透明なものもあります。これは、結晶のなかに閉じこめられた小さな気泡や水泡により、不透明になったものです。クリアクォーツの多くは、微量の気泡や水泡を含有し、その部分が白っぽくくもって見えます。クリアクォーツの形や大きさ、透明度はさまざまで、気泡や水泡のほか、光を受けて虹色に輝くクラック（レインボー）が見られることもあります。クリアクォーツがもっとも美しいクリスタルのひとつとされるのは、こうした特徴のおかげです。

クリスタルヒーリングでは、クリアクォーツは身体のエネルギーを浄化して集中させ、増幅するために用いられます。この石をプログラミングして、利用する人の願いや意志を封じこめると、その願望が実現する可能性が高まります。地球と人類に貢献できるよう、至高の善のために活用してください。

スノークォーツ
（クラスター）

スノークォーツ
（研磨したもの）

クリアクォーツ

形状と構造
たいらな表面と明確なポイントをもつ六角形の結晶をつくります。

色
透明。白くくもった部分が見られることもあります。

産地
ブラジル、マダガスカル、アメリカ合衆国など世界中。

希少性
かんたんに入手可能。

硬度
7

身体・精神面への作用
クリアクォーツは浄化のツールで、エネルギーフィールド(オーラ) から不純物や霊的なごみを取りのぞきます。
身体と精神と霊性を調整し、明確な目標に向かって集中させます。
集中力を高めます。
石にプログラミングされた願望を増幅します。

ヒーリングのレイアウト
クリアクォーツのポイントを宝冠のチャクラ、太陽神経叢のチャクラ、基底のチャクラの上に置くと、身体を浄化できます。それぞれの手に石を持つと、身体の左右のバランスを整えられます。

日常的な使い方
家に置くと、場のエネルギーを浄化して、安らかで清澄なエネルギーを生みだします。

さまざまなタイプのクリアクォーツ

これから8ページにわたって、クリスタルヒーリングの専門家が使うさまざまなタイプのクリアクォーツを紹介します。これらのクリスタルはかなり特殊で、いずれもクリスタルヒーリングでは、特定の意味や使い方をもっています。ある形や種類のクォーツになぜか惹きつけられるのなら、そのクォーツは、あなたにとって重要な意味をもっています。その石を瞑想に使うと、その石がもつ意味や有益な利用法が明らかになるはずです。プロのクリスタルヒーラーたちもこうした石を使うので、アドバイスを求めてもよいでしょう。

さまざまな形のクリアクォーツをコレクションに加えるのは、もちろんすてきなことですが、こうしたクォーツは強力なヒーリングツールであることも忘れないでください。経験豊かなクリスタルヒーラーたちは、人間がクリスタルを選ぶのではなく、石のほうが持ち主を選ぶことが多いものだと信じています。もし珍しい石があなたのもとにやってきたら、その石を瞑想に使ったり、信頼できるクリスタルヒーラーと話しあい、その情報やガイダンスに耳を傾けましょう。あなたが人類や地球のために果たすべき特別な任務をになっていることを、特定のクリスタルが告げていることもあるのです。

ダブルターミネーター

これは、結晶の両端がターミネーション（天然のポイント）へと成長したクリアクォーツです。クリアクォーツは通常ひとつしかポイントをもたず、そこからエネルギーを伝達しますが、ダブルターミネーターは、どちらの先端からもエネルギーが伝達できます。ペンダントとして身につけると、エネルギーを上下のチャクラに送り、流れをよくします。また霊界と物質界の橋渡しをして、このふたつを調和させます。アメリカ・ニューヨーク州だけで産出する小さなダブルターミネーターは透明な輝きをもち、ハーキマーダイヤモンドとよばれます。

ルチルクォーツ

これは、ルチル（チタンの酸化物）の金針を内包するクリアクォーツです。金色の髪の毛が結晶の中に封じこめられているように見え、光があたるとみごとな輝きをしめします。ルチルの金針はエネルギーの伝達役として働き、クォーツがもつ浄化力をさらに高め、霊的な発展を強力にサポートします。スピリチュアルなエネルギーを全身に行きわたらせ、すべてのチャクラの働きを調整します。小さな石を頭頂部や心臓の上、両足のあいだに置くか、それぞれの手に持つと、エネルギーフィールド（オーラ）を強化できます。

エレスチャル

エレスチャルクォーツは段状のごつごつとした外観を呈し、多くのファセットをもちます。しばしばスモーキークォーツとして産出し、きらめくマイカ（雲母）の粒を内包していることもあります。瞑想用の強力な石で、人生の困難な局面において明晰な思考と集中力をもたらし、現世や過去世の問題を明らかにして、愛によって変容させます。多くのファセットをもちながらも統一感のある外観は、一見すると断片的に思われる人生のあらゆるできごとがひとつに統一できることを思いおこさせてくれます。

ファントム

ファントムクォーツの内部には、別のクリスタルの輪郭がぼんやりと見られます。これは、結晶が成長過程で残した表面や稜線のあとです。ヒーリングでは、この石は人生の隠された局面や神秘的な側面、とりわけ過去に関する事柄を明らかにします。実現できなかった過去のできごとを指摘することもあります。ファントムクォーツは、過去の問題に現在の光をあてて、はっきりと見つめさせ、理解させることで、問題を解決します。この石を持ち歩くか、瞑想に使うと、その効果を感じられます。

レーザーワンド

これは、長くて薄いブレード（刃）状のクリアクォーツで、先細りした明確なポイントと小さなファセットをもちます。このタイプのクリスタルは、光のツールとして用いられ、鋭利な先端から集中的に光を放ち、エネルギーフィールド（オーラ）からよどみやつまりを取りのぞきます。厳格なクリスタルなので、自覚と集中力をもって使う必要があります。クリスタルの扱いに慣れていない人は、経験豊かなクリスタルヒーラーの手を介して、レーザーワンドのエネルギーを感じることをおすすめします。

マニフェステーション

これは、大きなクリスタルの内部に、ひとつか複数の小さなクリスタルがはっきりと見られるものです。ファントムクォーツのようにくもってはおらず、透明で、明確な結晶を内包しています。大きなクォーツは、内部の小さなクリスタルの母親のようです。マニフェステーションクォーツは、わたしたちのだれもが眠れる才能を発揮して、夢を実現できることを象徴しています。この石を瞑想に使うと、強力な創造的ビジョンがもたらされ、それを実現させる方法もしめされます。

セルフヒールド

クォーツが形成過程で折れてしまい、折れた箇所からふたたび結晶が成長して、欠損箇所を修復したものをセルフヒールド（自己修復）クォーツといいます。あらたにつくられた箇所はたいてい白くくもり、結晶の軸や方向も変化しています。セルフヒールドクォーツは、ヒーリングの力の象徴です。皮膚に深い傷を負うと、傷跡が残りますが、傷跡のあらたな組織はそれまでの皮膚よりも丈夫です。セルフヒールドクォーツは、人生の傷は大いなる教訓であり、人生のやり直しが可能なことをしめしています。

ジェネレーター

これは、まったく等しい6面が同じ角度で接したポイントをもつ希少な石です。結晶の形成過程では、化学組成や圧力、温度が絶えず変化するので、自然界で完全な対称形が生じることはめったになく、ほとんどのクリスタルは非対称な形をしています。ジェネレータークォーツは、その名がしめすとおり、人間や空間に枯渇したエネルギーを補給するバッテリーのような役目をはたします。スピリチュアルなエネルギーを増幅させるので、集団で瞑想や祈りをおこなうときに意識を集中させる対象にしてもよいでしょう。

ソウルメイト

ふたつの隣りあう結晶が同じ根元から成長しながら、それぞれに明確なポイントを形成した美しい双晶をソウルメイトとよびます。この形は、本当の意味でふたつの結晶の関係を象徴しています。それは、根っこの部分は同じながらも、ふたつのエネルギーがそれぞれ独自のアイデンティティーをもつというものです。ソウルメイトとは、おたがいのスピリチュアルな関係を理解して、愛に満ちた深い相互作用を及ぼしあえるパートナーのことです。この石を家に置くと、そうした相手の出現をうながせます。

チャネリング

このクォーツは、結晶先端に七角形をしたメインのファセットがあり、その真後ろに小さな三角形のファセットがあるという独特の形をしています。7と3は、大きな意味をもつ数字です。7はチャクラ、すなわち人間のオーラを形成するエネルギーセンターの数です。3は、わたしたちが暮らしているこの世界の次元の数(高さ、幅、奥行)です。チェネリングクォーツは、7つのチャクラを通じて吸収したエネルギーを大地にグラウンディングします。強力なクォーツなので、使い方や置く場所は、クリスタルヒーラーに相談するのがいちばんです。

カテドラル

これは、とても美しく珍しいクリスタルです。段状の構造が、ゴシック様式の大聖堂（カテドラル）の塔やバトレス（控え壁）に似ていることから命名されました。クリスタルヒーラーは、この石を現実の世界を超えた知識や意識のレベルに至るカギだと考えています。この領域はアカシックレコードともよばれ、神秘論者や霊能者たちが昔からアクセスしてきた情報源で、大いなる神秘への答えがある場所とされます。カテドラルクォーツを手に持つと、思い出やデジャビュがふと脳裏をよぎり、内なる問題が明らかになります。

レコードキーパー

これは、ひとつか複数のファセットに、三角形か山形の珍しい模様が刻まれているクォーツです。かなり希少なクリスタルで、模様のパターンも石ごとに異なります。クリスタルヒーラーは、レコードキーパークォーツを魂の記憶の保管場所とみなし、過去世の記憶と結びつけています。この石は、肉体と精神と霊性に深い調和をもたらし、記憶力を向上させます。第3の目のチャクラの上に置くと、過去世で知っていた人びとや場所について、詳細に思い出せます。

アバンダンス

これは、小さな結晶のクラスターから、ひとつかときにはふたつの大きなポイントが突き出ているクォーツです。さまざまな角度の結晶が集まるクラスターは、光を取りこむレシーバーの役目をはたしています。アバンダンス（豊かさ）とは、たんにお金や財産だけでなく、人や経験、成長の機会など、必要なものすべてを与えてくれる宇宙に信頼を寄せていることを意味します。この石を家に置くと、ポジティブなエネルギーの流れを生みだせます。この石を瞑想に使い、なにごとも感謝の気持ちで受けとれるよう意識を集中させましょう。

レムリアンシード

これは、最近になって広く流通しはじめた珍しいクォーツです。ほのかにピンク色がかり、横の条線が石の側面と先端のファセットに見られます。ふつうのクォーツとはまったく異なるエネルギーが感じられ、手に持つと、うずくような温かさをおぼえます。クリスタルヒーラーは、この石をレムリアと結びつけています。レムリアは、ノアの洪水以前に存在したとされる古代の仮想大陸で、人びとが大地と密接な関係を築いていた場所です。レムリアンシードは、この石でワークをおこなう人の魂を目覚めさせ、地球や地球が必要とするものを深く自覚させます。

クリスタルギャラリー

この章では、さまざまなクリスタルをカラー別に写真で紹介しています。見ているだけで楽しくなり、クリスタル探しにも役だつギャラリーです。

クリスタルの写真を見つめていると、さまざまなインスピレーションが湧いてくるはずです。たとえば、特定の色のクリスタル・グループに心惹かれ、結果的にどれかひとつを手元に置きたくなることがあります。こうした方法でクリスタルを選んだ場合は、その石の特徴を本書で調べ、さらにカラーヒーリングとの関連性についてもたしかめてみてください。なにか探しているクリスタルがある人は、このギャラリーの写真に目

を通しておけば、お店での石選びに役だつでしょう。人からクリスタルをもらったときも、どんな種類の石なのか、ここで調べることができます。このクリスタルギャラリーは、クリスタルの色や特徴をつかむのに最適なページです。

クリスタルの世界はじつに多彩で、魅惑と不思議に満ちています。幾何学的な形の石、金属光沢をもつ石、透明な石、不透明な石、きらきらとした輝きを放つ石、黒く神秘的な石など、クリスタルの物理的な特性も、このギャラリーで目にすることができます。

ブラウン

スモーキークォーツ

珪化木

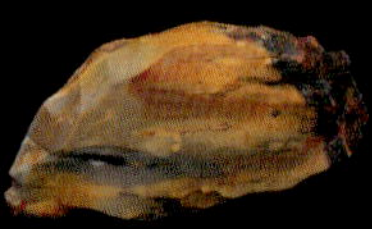
ブラウンジャスパー

レッド

ガーネット

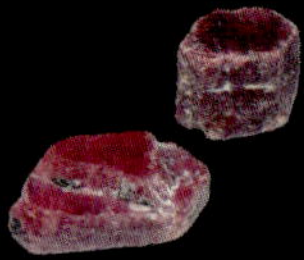
ルビー

レッドタイガーアイ

レッドジャスパー

ジンカイト

スピネル

オレンジ

オレンジカルサイト

アラゴナイト

カーネリアン

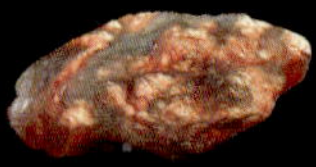
サンストーン

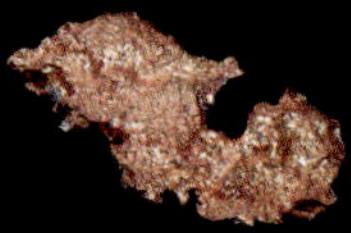
コッパー

イエロー／ゴールド

ゴールデントパーズ

シトリン

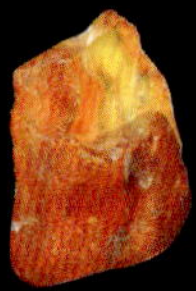
アンバー

イエロータイガーアイ

イエロージャスパー

サルファ

クリソベリル

パイライト

ゴールド

ゴールデングリーン

ペリドット

クロムダイオプサイド

サーペンティン

ペールグリーン

アポフィライト

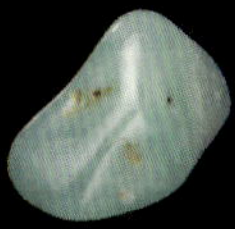
プレナイト

グリーンカルサイト

グリーン

エメラルド

アベンチュリン

グリーンフローライト

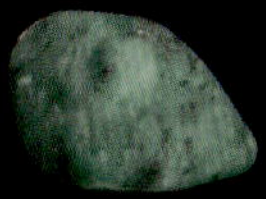
ジェード

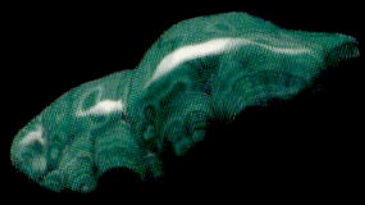
マラカイト

ダークグリーン

モルダバイト

モスアゲート

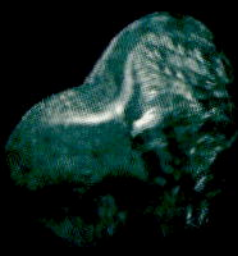
セラフィナイト

ブルーグリーン

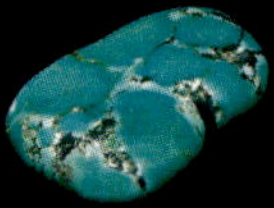
ターコイズ

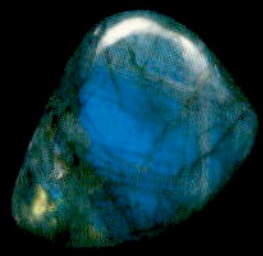
ラブラドライト

アパタイト

アマゾナイト

クリソコラ

ペールブルーグリーン

アクアマリン

クリソプレーズ

ペールブルー

ブルーレースアゲート

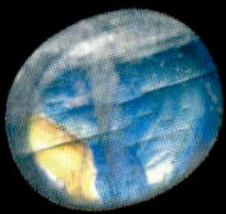
ブルームーンストーン

カルセドニー

カヤナイト

セレスタイト

サファイアブルー

ラピスラズリ

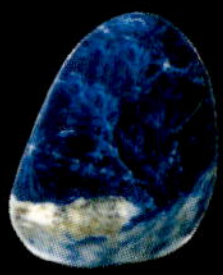
ソーダライト

ブルーサファイア

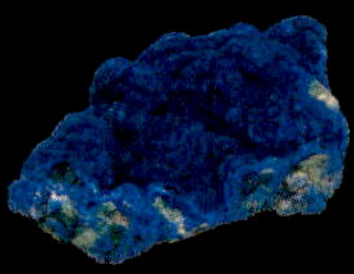
アズライト

ダークブルー

アイオライト

ブルータイガーアイ

ダークパープル

アメジスト

スギライト

ライトパープル

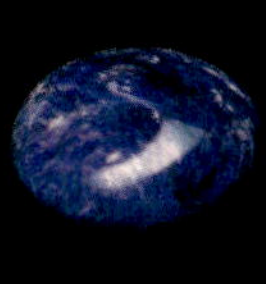
チャロアイト

パープルフローライト

ライラック

スピリットクォーツ

ラベンダークォーツ

ピンク

ローズクォーツ

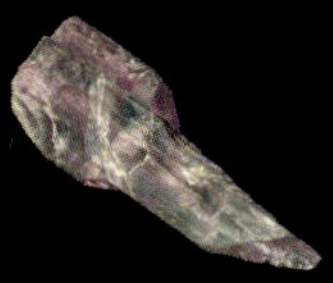
クンツァイト

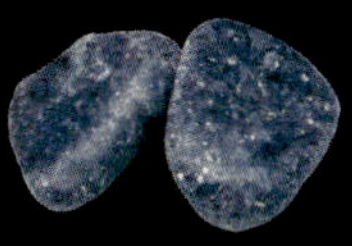
レピドライト

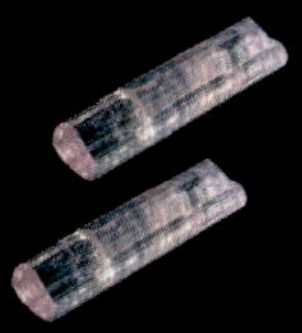
ピンクトルマリン

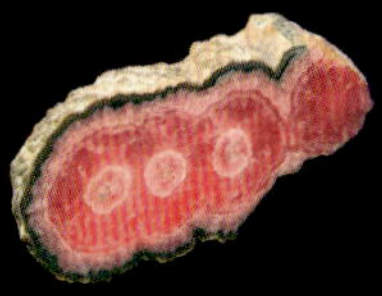
ロードクロサイト

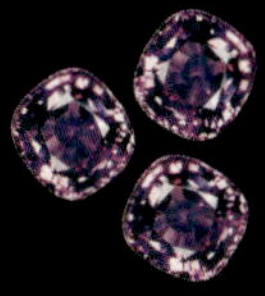
ピンクサファイア

シルバー

シルバー

ヘマタイト

ブラック

ブラックオブシディアン

ブラックトルマリン

ジェット

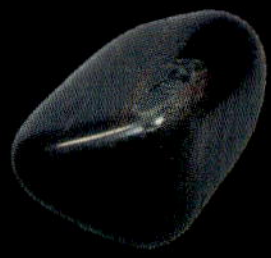

オニキス

ホワイト

ホワイトムーンストーン

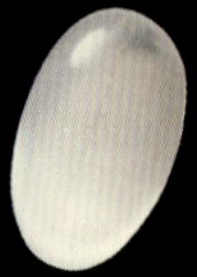

セレナイト

ダイヤモンド

ダンブライト

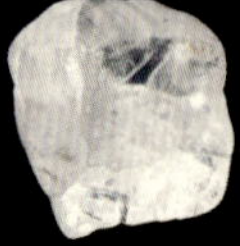

アゼツライト

フェナサイト

クリアクォーツ

ダブルターミネーター

ルチルクォーツ

エレスチャル

ファントム

レーザーワンド

マニフェステーション

セルフヒールド

ジェネレーター

ソウルメイト

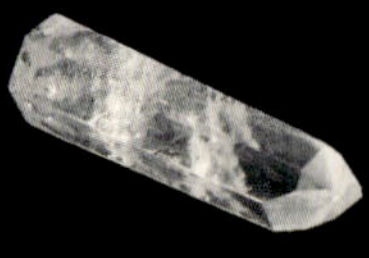

チャネリング

カテドラル

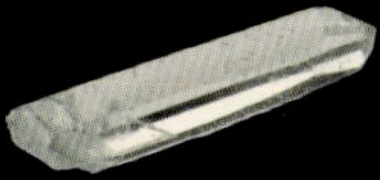
レコードキーパー

アバンダンス

レムリアンシード

カラーコンビネーション

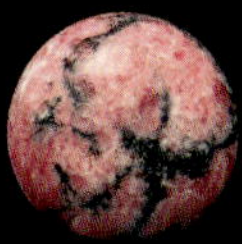
ロードナイト

ピーターサイト

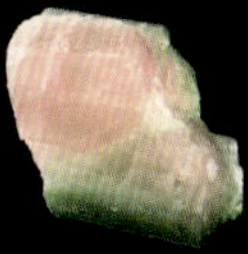
ウォーターメロン
トルマリン

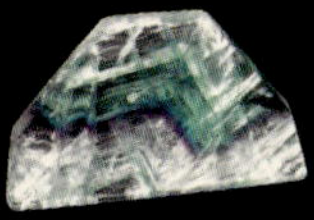
グリーンアンド
パープルフローライト

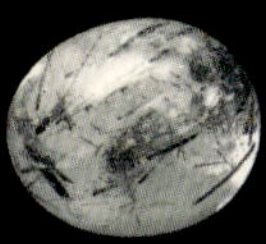
トルマリンクォーツ

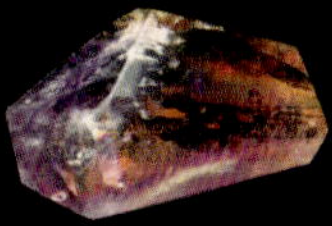
アメトリン

パール

ブラッドストーン

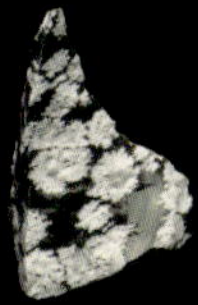
スノーフレーク
オブシディアン

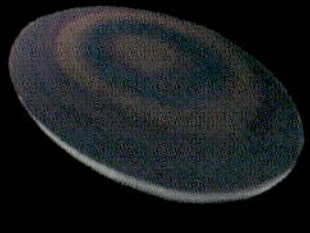
レインボー
オブシディアン

オパール

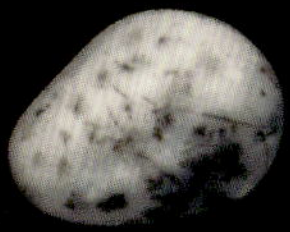
メルリナイト

オーシャンジャスパー

クリスタルのカラーコンビネーション

ここまでは、単色のクリスタルをスペクトルの各色と関連づけて紹介してきましたが、この章では、異なる色の組みあわせをもつクリスタルを取りあげます。カラーヒーリングの観点からいえば、こうしたクリスタルは特別なものです。クリスタルに含まれている各色はそれぞれ大きな意味をもち、複合的な効果をもたらすといわれています。こうしたクリスタルは、それぞれの色の特性をあわせもつため、異なるタイプのエネルギーを同時に発するヒーリングツールとなるのです。

この章で紹介するクリスタルは、大地が生みだす鉱物の多様さをしめしています。さまざまなヒーリングの目的に利用す

ることができ、こうしたクリスタルのどれかひとつを選ぶことで、その人がどのようなレベルのエネルギーのバランスを同時に整える必要があるのも明らかになります。わたしたちは、複数の波動のエネルギーをまとめて補給しなければならないこともあるのです。クリスタルの色の組みあわせから、その石がもつ特性や使い方について、おおよその見当がつきます。また、クリスタルのカラーコンビネーションに直感的に惹かれることもあります。それは、その石がその人にとって目下最適なツールであることを意味しているので、アクセサリーとして身につけたり、ヒーリングに用いたり、家に置くと、複合的な効果がもたらされます。

ロードナイト　*RHODONITE*

ロードナイトは、複雑な化学組成（鉄、マグネシウム、カルシウム、マンガンのケイ酸塩）をもつ魅力的なコンビネーションクリスタルです。ギリシア語で「バラ」を意味する“rhodon”にちなんで命名されました。マンガン酸化物である黒いインクルージョンが、筋状にはいっています。黒いインクルージョンを高い比率で含有するものもあれば、全体的にピンク色っぽいものもあり、さまざまなバリエーションがある石です。通常はパイライトやカルサイト、スペサルティン（Spessartine）などの鉱物とともに産出します。明確な結晶の形で産出することもありますが、粒状の集合体のほうが一般的です。研磨すると、濃いピンク色の大理石を思わせるみごとな光沢をもちます。

ロードナイトはピンク色を含むので、心臓のチャクラに働きかけ、とりわけ無条件の愛のエネルギーをもたらします。無条件の愛とは感傷や義務感とは無縁の愛、シンプルかつオープンで自由な気持ちで、あらゆる敵意や怒り、恐怖を解消します。ロードナイトの黒い部分は大地を象徴し、この石が地球の波動でネガティブなものを中和し、無条件の愛によって変容させることを意味しています。クリスタルヒーリングでは、ロードナイトは感情を強化し、とくに明確なコミュニケーションが欠かせない関係においてハートをサポートします。他人と質の高い交流をはかり、自尊心を高めます。

原石

ロードナイト

形状と構造
三斜晶系。大きな結晶はまれで、ふつうは粒状の集合体として産出します。マンガン酸化物の黒いインクルージョンが見られます。

色
黒か褐色の筋がはいったピンク色

産地
オーストラリア、ブラジル、メキシコ、ロシア、スウェーデン、アメリカ合衆国

希少性
かんたんに入手可能。

硬度
5.5 ～ 6.5

身体・精神面への作用
肉体をおだやかかつ強力にいやし、肝機能をサポートして、毒素の排出をうながします。
炎症をしずめるので、慢性関節リウマチに効果的だといわれています。
生殖器を活性化し、受胎能力を高めます。
身体や心の傷をいやし、ショックや不安、精神的な負担をやわらげます。

ヒーリングのレイアウト
心臓のチャクラの上に置くと、感情の痛みをやわらげます。炎症がある箇所に置くこともできます。
喉のチャクラの上に置くと、無条件の愛に根ざした心臓のチャクラからの感情表現をうながします。

日常的な使い方
ロードナイトのクリスタルレメディー（284 ～ 285ページ参照）は、ショックや不安の症状をやわらげます。
ベッドのわきに置くと、心を落ちつけ、眠りの質を向上させます。
胸元につけると、愛のあるコミュニケーションがはかれます。

ピーターサイト　*PIETERSITE*

ピーターサイトは、クォーツの1種です。近年発見されたばかりの新しい鉱物で、濃青色と金色がまじりあう層が渦まき模様をなす珍しい外観を呈します。この層は、シルトと砂とクォーツが融合したものです。光を反射する繊維状組織も含まれますが、タイガーアイのような平行なしま模様と違って、ピーターサイトの縞目は、褶曲して入り混じり、じつに不規則な光のゆらめきを見せます。光をあてると、さまざまな色をしめし、金属光沢に近い光も放ちます。

ピーターサイトの濃青色と金色は、第3の目のチャクラと太陽神経叢のチャクラと結びついています。太陽神経叢のチャクラは、太陽の黄金のエネルギーや光、活力を保持しています。第3の目のチャクラは、より広い世界へと意識を拡張させます。ピーターサイトを見つめていると、きらめく太陽のエネルギーと夕暮れどきの空の深さのコントラストを観察しているようです。この石は明敏さや発展をもたらし、あらたな理解への流れをつくりだします。夢やアイデアを強力に発展させて、創造力を伸ばし、そのために必要なエネルギーも生みだします。マンネリ化したパターンを解消し、あらたな解決策をもたらします。

原石

ピーターサイト

形状と構造
三方晶系。塊状で産出し、光を反射する層があります。

色
濃青色と金色のコンビネーション。小さな白いインクルージョンが見られます。

産地
中国、ナミビア、南アフリカ共和国

希少性
希少。専門業者から入手可能。

硬度
7

身体・精神面への作用
渦をまくようにエネルギーを活性化します。
精神的、感情的、肉体的なつまりや行き詰まった感覚を解消します。
神経系を強化して、太陽神経叢のチャクラをひらきます。
筋肉の緊張をほぐし、身体に活力と新生感をもたらします。
内なる旅をうながし、現在に関連した情報や異なる意識レベルのビジョンを与え、直感と透視力を高めます。

ヒーリングのレイアウト
太陽神経叢のチャクラの上に置くと、肉体のエネルギーを活性化します。
第3の目のチャクラの上に置くと、霊能力を高めます。
イエローかブルーのタイガーアイとともに使うと、石のエネルギーがパワーアップします。

日常的な使い方
この石を瞑想に使うと、心身のつまりや停滞したエネルギーが取りのぞけます。
持ち歩くと、創造力を高め、意識の飛躍をうながします。

ウォーターメロントルマリン *WATERMELON TOURMALINE*

トルマリンは、さまざまな色を呈するいくつかの近縁の鉱物群の名前です。種類ごとに化学組成がやや異なりますが、なかでももっとも一般的な「エルバイト」は、水酸基を含むナトリウム、リチウム、アルミニウムのホウケイ酸塩です。ウォーターメロントルマリンは、このエルバイトに属します。縁が緑色で、中心がピンク色という独特の美しいカラーコンビネーションが、スイカ（ウォーターメロン）に似ていることから、こう名づけられました。ほかのトルマリンと同じく多色性をしめし、石を側面からではなく真上から見ると、色が濃く見えます。圧電性も有し、石を圧縮したり、振動させると、石の上端と下端で異なる電荷をしめし、一方がプラス、もう一方がマイナスに帯電します。

この石のあざやかな緑色とピンク色の組みあわせは、心臓のチャクラのバランスを整え、ハートの問題を解消するのに最適です。緑は心臓のチャクラと最初に結びつく色で、成長と発展の色です。ピンクは無条件の愛の色で、同じく心臓のチャクラと結びつきが深く、緑よりも高い波動のエネルギーを発しています。ウォーターメロントルマリンは、ハートがもつ潜在的な可能性を最大限に発揮させ、人間関係のあらゆる局面を喜んで進展させます。持ち主の五感を研ぎ澄まし、世界観を一新します。この石に含有されているリチウムは精神面に働きかけ、リラクゼーションとストレス解消をうながします。

原石

ウォーターメロントルマリン

形状と構造
三方晶系。長柱状の結晶をつくり、垂直軸方向に条線が見られます。花崗岩中でよく発見されます。

色
中心がピンクで、縁が緑。トルマリンには、このほかにも黒、褐色、緑、ピンク、黄色、赤、バイオレットなど、さまざまな色があります。

産地
ブラジル

希少性
専門業者から入手可能。

硬度
7 ～ 7.5

身体・精神面への作用
臓器の心臓から心臓のチャクラまで、あらゆるハートの問題を解消します。
感情的なストレスや恐れ、怒りをやわらげ、心をリラックスさせます。
人間関係における愛や無条件の愛など、愛に心を目覚めさせ、自然や地球に対してまで愛の気持ちを広げます。
自然界の美しさに目を向けられるようになります。

ヒーリングのレイアウト
心臓のチャクラの上に置くと、エネルギーのバランスを整え、チャクラをじゅうぶんにひらきます。

日常的な使い方
心臓のチャクラの位置につけると、感情を落ちつけてバランスを整え、人生に愛をもたらします。

グリーンアンドパープルフローライト

GREEN-AND-PURPLE FLUORITE

フローライトはとても一般的な鉱物で、色のバリエーションが豊富です。カルシウムのフッ化物で、明確な立方体の結晶をつくります。フローライトに紫外線をあてると蛍光を発することから、蛍光現象をフローレッセンスとよぶようになりました。グリーンアンドパープルフローライトは、この石の代表的なふたつの色をあわせもちます。2色がしま模様をなし、自然に混ざりあうなど、石ごとに色の感じが異なります。研磨すると、やわらかな光沢をもつ半透明の石となり、とくにアクセサリーとして人気があります。

フローライトに見られる補色のパープルとグリーンは、心臓のチャクラ（グリーン）と宝冠のチャクラ（パープル）と結びついています。グリーンは発展と成長、光への到達を意味する色です。パープルは、霊的な発展や高次の意識の目覚めと関連しています。こうした2色の組みあわせにより、霊的な叡智を肉体にもたらし、心のなかに取りこむことができます。この石を瞑想に使うと、おだやかに流れるような安らぎが肉体、精神、霊性のすべてにもたらされます。こうした状態は、霊的な発展をとげて、あらたな意識のレベルを開拓するのに理想的です。頭と心が安らぐと、身体全体が深くリラックスして、日常の激しいストレスから神経が解放されます。

研磨したもの

グリーンアンドパープルフローライト

形状と構造
立方晶系。形のよい立方体の結晶をつくり、八面体の結晶もよく見られます。

色
紫と緑のコンビネーション。または単色の緑、紫、ピンク、黄色、赤、白、黒。

産地
ブラジル、イギリス、カナダ、中国、ドイツ、メキシコ、アメリカ合衆国

希少性
かんたんに入手可能。

硬度
4

身体・精神面への作用
心身を落ちつけて、リラックスさせ、肉体的なストレスや感情的なストレスをやわらげます。
理性と感情のバランスを整え、明晰な思考と意思決定を可能にします。
エネルギーフィールド（オーラ）を浄化して、エネルギーを補給します。

ヒーリングのレイアウト
心臓のチャクラの上に置くと、感情的なストレスをやわらげ、第3の目や宝冠のチャクラの上に置くと、全身にエネルギーを補給します。
それぞれの手に石を持つと、エネルギーフィールド全体のバランスを整え、回復させます。

日常的な使い方
身につけると、人生に安らぎと喜びがもたらされ、リラックスできます。

トルマリンクォーツ　*TOURMALINATED QUARTZ*

これは、ブラックトルマリンのインクルージョンを内包する珍しいクォーツです。ブラックトルマリンはショールともいわれ、水酸基を含むナトリウム、鉄、アルミニウムのホウケイ酸塩です。ブラジル産のものが最高級品で、透明なクリアクォーツから不透明なスノークォーツまでさまざまあり、内包するブラックトルマリンにも線状や塊状など、多様なバリエーションがあります。典型的な三方晶系のクォーツの結晶内部に、ブラックトルマリンの線状構造が見られます。

クォーツとブラックトルマリンというふたつの鉱物は、ヒーリング面でも強力な作用をおよぼします。クリアクォーツはエネルギーの増幅器の役目をはたす、もっともポピュラーで強力なヒーリングツールです。いっぽうのブラックトルマリンはエネルギーの伝導役をつとめ、迷子になったネガティブなエネルギーを感知して、大地の中和ゾーンへと送り届けます。トルマリンクォーツはこうした複合作用により、もっとも強力な浄化クリスタルのひとつとなります。環境にも強力な作用をおよぼし、身体に負担をかけている高レベルの電磁波などを中和します。この石をコンピュータのそばやテレビの上に置くと、好ましくない電磁波を中和できます。

トルマリンクォーツは、全身のチャクラを調整して大地のグリッドに統合し、電波やマイクロ波、携帯電話のアンテナ塔からの電磁波などに絶え間なくさらされることで生じる環境ストレスの症状を緩和します。

原石

トルマリンクォーツ

形状と構造
三方晶系。線状や塊状のショール（ブラックトルマリン）のインクルージョンを内包しています。

色
透明か白で、黒い筋が見られます。

産地
ブラジル

希少性
専門業者から入手可能。

硬度
7

身体・精神面への作用
きわめて強力な浄化作用をもつクリスタルで、肉体的・心霊的な毒素を身体から取りのぞきます。
電磁ストレスの影響を中和します。
全身のチャクラのバランスを回復し、エネルギーフィールドを大地のグリッドで調整しなおします。
頭を整理して、ネガティブな思考を払拭し、明確な思考パターンをつくります。
過去のできごとに関連したネガティブな感情的問題を解決し、再出発を可能にします。

ヒーリングのレイアウト
頭頂部と両足のかかとのあいだに置くと、身体全体にエネルギーを流せます。

日常的な使い方
コンピュータやテレビのそばやヒーリングスペースに置くと、空間を浄化できます。

アメトリン　*AMETRINE*

アメトリンは、紫色のアメジストと黄色のシトリンという2種類のクォーツが混じりあった鉱物です。どちらの石も着色要因は含有する鉄ですが、含有量の違いにより異なる色になります。また、アメジストを加熱すると黄色いシトリンに変わることから、アメトリンの色調は生成過程で異なる温度の熱にさらされ、ひとつの石にふたつの色が表れたことがわかります。アメジストとシトリンが混じりあい、渦のような模様をなすアメトリンは、やわらかな色がゆらめく美しい石で、研磨するとさらに美しさが引き立ちます。

アメジストは宝冠のチャクラや霊界と関係の深い石で、とくに守護霊や天使、拡張した意識の源と結びついています。黄金色のシトリンは、個人の意志の中心である太陽神経叢と深く関係しています。アメトリンはわたしたちを霊的な“ハイアーセルフ”と結びつけ、両者の調和をはかります。これはつまり、直感にしたがって創造力を発揮して、新しい方向を模索し、合理的な精神でものごとを実現させるということです。キリスト教の「御心《みこころ》にしたがって生きる」という言葉でしめされるように、アメトリンは人間の理性を霊的な意識と一致させます。エネルギーを全身のチャクラに流し、宇宙のエネルギーが地上で発揮されるのをうながします。

研磨したもの

アメトリン

形状と構造
三方晶系。アメジストとシトリンからなるクォーツ。

色
紫色と黄金色

産地
ボリビア、ウルグアイ

希少性
専門業者から入手可能。

硬度
7

身体・精神面への作用
理性と直感をバランスよく働かせます。
創造力と集中力を高めます。
勉強中や仕事中に集中力を維持しつづけ、問題解決能力を高めます。
新陳代謝を高め、食べ物だけでなくアイデアの消化も促進します。
体重を調整します。
免疫系の働きを助け、ウイルス後症候群に長らく苦しんでいる人をサポートするといわれています。

ヒーリングのレイアウト
宝冠のチャクラと太陽神経叢のチャクラの上にそれぞれ置くと、ふたつのチャクラのバランスを整えます。
さらにローズクォーツを心臓のチャクラの上に置くと、心臓のチャクラが理性と深く調和して働くようになります。

日常的な使い方
アメトリンを身につけるか、持ち歩くと、あらゆるレベルで創造力を刺激して、アイデアを実用化するよう集中力を高めます。
日常生活にスピリチュアルな気づきをもたらします。

パール　*PEARL*

虹色に輝くパール（真珠）は、真珠貝の内部でつくられる有機質の物質です。真珠貝の外套膜《がいとうまく》に異物が入りこんで膜を刺激すると、真珠貝は、外套膜を保護するために炭酸カルシウムとコンキオリンという特殊なたんぱく質を分泌して、異物を何層にも包みこみます。このふたつの物質が、真珠層（または真珠母）を形成します。貝の中でひと粒の真珠ができるまでには、何年もの歳月がかかります。

パールには、もっぱら中国でつくられる淡水パールと、ペルシア湾やオーストラリアのインド洋沿岸、日本、フィジー、タヒチ、インドネシアでつくられる海洋産のものがあります。"つくられる"と記したのは、今日パールの大半は養殖もので、真珠貝の中にわざと核を挿入して、人工的に真珠層を形成させたものだからです。天然パールはきわめて希少で、ややいびつな形をしていますが、養殖パールはほぼきれいな球形です。パールが天然のものかどうかを調べるには、X線検査をおこない、真珠層に包み隠された人工的な核の有無を確かめるしかありません。

ヒーリングでは、パールはおだやかなエネルギーをもち、天空の月と月が体内のサイクルに及ぼす影響を象徴しています。

養殖パール

パール

形状と構造
有機質の宝石で非晶質。真珠貝の外套膜が異物で刺激された結果、貝の内部でつくられる天然のものと、人工的な核を挿入してつくる養殖パールがあります。真珠層（炭酸カルシウムとコンキオリン）は虹色の輝きを放ちます。

色
白、クリーム色、黄色、緑、青灰色、紫、褐色、黒

産地
オーストラリア、フィジー、インドネシア、日本、ペルシア湾、タヒチ（海洋パール）、中国（淡水パール）

希少性
鉱物標本としては希少。大半は宝飾品に利用。

硬度
2～2.5（やわらかく傷つきやすいので、保管時はやわらかい布で包むこと）

身体・精神面への作用
パールのエネルギーは、ホルモンのバランスを改善し、女性の体内サイクルを月と同調させて、受胎能力を高めます。
感情の調和をはかり、気分の変動をやわらげます。
体内の水分バランスを整えて、体液のうっ滞を解消します。
心の安らぎと魂の平安をもたらします。

ヒーリングのレイアウト
仙骨のチャクラ（生殖器に影響を与える）と喉のチャクラ（甲状腺に影響を与える）、額（ホルモンをコントロールする脳下垂体と松果体に影響を与える）の上に置くと、ホルモンのバランスが整えられます。

日常的な使い方
アクセサリーとして身につけると、心が安らぎます。

ブラッドストーン　*BLOODSTONE*

ブラッドストーンは、濃緑色のカルセドニーにレッドジャスパーのインクルージョンがまだらにはいった鉱物です。クォーツの1種なので、彫刻に適した硬度をもち、ほかのクォーツや大理石とともに象眼《ぞうがん》などの装飾石材としてよく利用されます。石の表面に血のような独特の赤い模様があることから、昔からお守りとして用いられ、悪霊から身を守る力があると信じられていました。中世のヨーロッパでは、この石の赤い模様はイエス・キリストが磔刑に処せられたとき、地面に流れおちた血のあとだといわれました。

クリスタルヒーリングでは、この石はしばしば男性エネルギーと結びつけられます。赤い模様が血痕を思わせることから、戦士の石といわれることもあります。赤は基底のチャクラの色で、行動力や体力、活力、世の中でなにかを実現する力の象徴です。ブラッドストーンの緑色は心臓のチャクラと結びつきが深い色で、愛の心を目覚めさせます。アーサー王の騎士のひとりで、聖杯を探し求めたパーシバルの伝説などでは、ブラッドストーンがもつ特徴がよく表れています。パーシバルは騎士として、戦いのために肉体の鍛錬を重ねましたが、聖杯を探し求める旅ではスピリチュアルな世界へといざなわれて、幻影や無条件の愛の力について教訓を学びました。ブラッドストーンは行動をおこすエネルギーにハートのエネルギーをもたらし、バランスをとってくれるので、新しい事業を立ち上げる前などに、この石を瞑想に使うとよいでしょう。

研磨したもの

ブラッドストーン

形状と構造
三方晶系。レッドジャスパーのインクルージョンを含んだ大きな塊状で産出します。

色
緑の地に、暗赤色か赤橙色の斑点や筋が見られます。

産地
オーストラリア、ブラジル、中国、インド、アメリカ合衆国。

希少性
かんたんに入手可能。

硬度
7

身体・精神面への作用
身体を強化して、血液を浄化し、全身に活力をもたらします。
激しい運動中の体力を保ち、困難を乗りこえる強さを与えます。
自分への信頼を高め、スピリチュアルな目的に専心させます。
身体と心の健康を増進します。

ヒーリングのレイアウト
心臓のチャクラの上に置き、さらにクリアクォーツを額に、スモーキークォーツを両足のかかとのあいだに置くと、自分をセンタリングしながら、人生の新しい経験を始めるためのビジョンを受けとれます。

日常的な使い方
目標達成のための勇気や体力がほしいときは、この石を身につけるか、持ち歩きましょう。

スノーフレークオブシディアン *SNOWFLAKE OBSIDIAN*

オブシディアンは天然の火山ガラスで、溶岩流が水と接して急速に冷却されることで生成します。一定の方向に力を加えると、カミソリの刃のように鋭利な破片に割れやすく、何千年も前から、この石を使った矢じりや刃が作られてきました。オブシディアンはおもにシリカ（二酸化ケイ素）からなり、鉄やマグネシウムなど、多くの不純物を含むために黒くなります。スノーフレークオブシディアンは、黒い地にマイカ（雲母）やフェルドスパーなど、ほかの鉱物の白いインクルージョンが見られる石です。白い模様が小さな雪の結晶のように見えることから、こう命名されました。

この石の黒い地は、神秘と魔法の世界である闇の不思議な力を象徴しています。白いインクルージョンは、陰陽のシンボル（204～205ページ参照）における黒い側の白い点を思わせます。これは、闇のなかにもつねに光があることをしめすものです。陰陽のシンボルの白い側は、光のなかにもつねに闇があることを物語っています。これは、あるものが反対の状態に変わり、また元の状態にもどってくるという永遠の真実を示唆しています。スノーフレークオブシディアンは、コインの表と裏、黒と白のどちら側にも、学ぶべき教えがあることをしめしています。白と黒は光のスペクトルの両極にあり、正反対でありながら、等しく同列に並んでいる色なのです。

研磨したもの

スノーフレークオブシディアン

形状と構造
主としてシリカからなる天然の火山ガラス。マイカやフェルドスパーのインクルージョンが白っぽい模様として見られます。

色
黒地に白い斑点

産地
イギリス、メキシコ、アメリカ合衆国

希少性
かんたんに入手可能。

硬度
5 ～ 5.5

身体・精神面への作用
ネガティブなものを変容させて、問題解決のための創造的なエネルギーをもたらします。
基底のチャクラと仙骨のチャクラを保護して、体内の生命力と活力を保ち､オーラを強化します。ジオパシックストレスや環境ストレスから身を守ります。
苦しい体験をしているとき、トンネルの向こうに光をしめし、ポジティブなものの見方ができるようにします。

ヒーリングのレイアウト
基底のチャクラの上に置くと、身体をグラウンディングして、エネルギーを安定化します。
身体の両側にひとつずつ置くと、オーラを守る盾の役目をはたします。
レッドタイガーアイとともに基底のチャクラの上に置くと、その付近を温めて、活性化します。

日常的な使い方
身につけたり、持ち歩くと、環境ストレスからオーラを守ります。
この石を瞑想に使うと、問題解決のための創造的なエネルギーが受けとれます。

レインボーオブシディアン *RAINBOW OBSIDIAN*

オブシディアンは、主としてシリカ（二酸化ケイ素）からなる天然の火山ガラスで、溶岩流が水と接して急速に冷却されることで生成します。非晶質の鉱物で、割れると鋭利な断面をもつ破片ができます。こうしたオブシディアンの石片で、人類は何千年も前から、ものを切る道具を作っていました。レインボーオブシディアンは独特の特徴をもつ希少な火山ガラスで、強い光を石にあてると、ピンク、金、青、緑と虹色にきらめく金属質のしま模様が表れます。こうした光の効果は、石に含まれる微小な不純物や気泡、水泡が光を反射させることで起こるものです。石を慎重にカットして研磨すると、印象深い虹色のきらめきが浮かびあがります。

クリスタルヒーリングでは、レインボーオブシディアンは、人間が光と無条件の愛を受けとる器となるために必要な変容の全段階を象徴するとされます。レインボーオブシディアンの各色は、黒い色のなかで渦まき、未知なるものが秘められている不思議で神秘的な無限の可能性を象徴しています。虹の色は揺らめき移ろいながら、さまざまなレベルの意識を刺激します。この石は、個人的な問題や疑問を解決するようなインスピレーションをよびおこす鮮明な夢を見るのをうながします。

研磨したもの

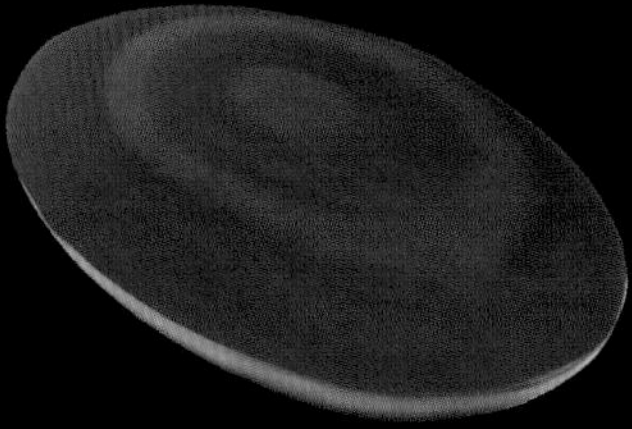

レインボーオブシディアン

形状と構造
非晶質、天然の火山ガラス。主としてシリカからなり、不純物を多く含みます。水泡や気泡が光を反射させます。

色
一見すると黒1色で、光にかざすとピンク、金、青、緑と虹色に輝くしま模様が表れます。

産地
アメリカ合衆国

希少性
専門業者から入手可能。

硬度
5 〜 5.5

身体・精神面への作用
無意識の領域を強力に活性化し、象徴的なメッセージに満ちた鮮明でカラフルな夢を見やすくします。身体や心のトラウマをいやし、恐れのような強い感情を身体のなかに溜めないようにします。近親者や先祖に関する問題を表面化させて、解決するのを助けます。
骨折の治癒をうながすといわれています。

ヒーリングのレイアウト
第3の目のチャクラの上に置くと、深刻な感情的問題や家族がらみの問題を表面化させて、解決します。さらに両足のかかとのあいだにスモーキークォーツを置くと、身体をグラウンディングして、心臓の上にローズクォーツを置くと、傷ついた感情をいやします。

日常的な使い方
身につけたり、持ち歩くと、直感と創造力を刺激します。

オパール　*OPAL*

オパールは、見る角度によって色がさまざまに変化する不思議な遊色効果をもち、何世紀も前から宝石として珍重されています。本当の意味では結晶構造をもたないため、準鉱物に分類されます。オパールは主として二酸化ケイ素からなりますが、(5～10パーセントの)水も含有しています。ケイ素と酸素原子を含むきわめて小さな球状の分子が規則正しく配列して、光を反射させることにより、オパレッセンスとよばれる虹色のきらめきを放ちます。オパールは種類が豊富で、比較的なじみ深いペールブルーやターコイズ、グリーンの色調をもつものや、赤やピンク、オレンジ色のチェリーオパール、赤橙色のきらめきを放つファイアオパールなどがあります。なかでもいちばん有名なのは、やわらかな虹色の遊色効果をしめす乳白色のホワイトオパールでしょう。オパールは乾燥しすぎると、水の分子が蒸発してひび割れたり、もろくなるので、保管にはじゅうぶんに注意してください。

オパールという言葉は、サンスクリット語で「貴石」を意味する"upala"に由来します。インドでは、この石には魔力があるといわれています。ローマ人は、現在のチェコ共和国でオパールを採掘していました。ファイアオパールはメキシコで産出し、16世紀に南アメリカを征服したスペイン人のコンキスタドールによってヨーロッパにもたらされました。

ホワイトオパール

オパール

形状と構造
非晶質の準鉱物。塊状か、岩盤の割れ目や空隙を埋める形で産出します。

色
白、青、ピンク、赤、黒、赤橙色、黄色。虹色の遊色効果をしめします。

産地
オーストラリア、メキシコ、アメリカ合衆国

希少性
準鉱物の標本は希少（専門業者に問いあわせてください）。一般的に宝飾品に利用されます。

硬度
5.5 ～ 6（乾燥するともろくなります）

身体・精神面への作用
オパールにはさまざまな色があるので、赤いものは基底のチャクラに、青いものは喉のチャクラにと、それぞれのチャクラに応じて使えます。
一般的にクリスタルヒーリングでは、オパールは感情をサポートし、気分のむらを安定させ、自分の気持ちを信じられるようにする石とされます。
火のような外観をもつオパールは、活力や情熱、生きることの喜びを増します。

ヒーリングのレイアウト
それぞれのチャクラに対応する色のオパールを用います。たとえば、青いオパールを喉のチャクラの上に置くと、コミュニケーションを活発にします。
ホワイトオパールは宝冠のチャクラのバランスをおだやかに整え、霊的な発展をうながすのに効果的です。

日常的な使い方
てんびん座の人の誕生石です。てんびん座以外の人がこの石を身につけると、縁起が悪いといわれることもありますが、たんなる迷信にすぎません。この石に惹きつけられたら、気にせず身につけましょう。

メルリナイト　*MERLINITE*

メルリナイトは正式な鉱物名ではなく、クリスタルヒーリング界がこの石の特性や使い方に対して与えた名称です。実際には、クォーツとサイロメレーン（Psilomelane / 硬マンガン鉱）のコンビネーション鉱物で、サイロメレーンの黒い層や筋、斑点がクォーツの結晶中に見られます。白い地に黒い筋のはいったものが一般的ですが、クォーツの結晶がサイロメレーンのぶどう状の黒い結晶を被っているものも、まれに発見されます。

クリスタルヒーリングでは、メルリナイトは強力な魔法の石とされます。この石の名は、魔法使いマーリン（Merlin）について暗に言及しています。伝説によれば、マーリンはまだ王になる前の幼少時のアーサーの師で、深い森に住んでいました。森の奥深くは、光と闇が入り混じり、現実と幻想の世界の境界があいまいな場所です。魔法使いのマーリンは変幻自在に姿を変え、動物や鳥になることができたといいます。これは、マーリンがシャーマン的な力を宿していたことをしめしています。シャーマニズムは地上最古の霊性の形で、現在でも、北極圏のイヌイットやアマゾン川流域の熱帯雨林の呪医など、世界各地の文化圏で受けつがれています。シャーマニズムはあらゆる生き物のエネルギーフィールドと深くかかわりあい、通常の三次元世界の束縛を解き放ちます。メルリナイトは、シャーマン的な発展をうながすクリスタルです。

研磨したもの

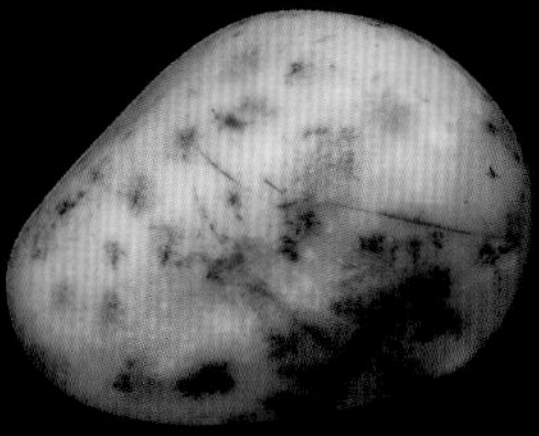

メルリナイト

形状と構造
三方晶系のクォーツで、サイロメレーンの層や筋、斑点が見られます。

色
白い地に黒い斑点や筋、しま模様がはいっています。

産地
アメリカ合衆国

希少性
専門業者から入手可能。

硬度
7

身体・精神面への作用
メルリナイトは変容の石で、理性を超えたレベルに働きかけ、魔法のエネルギーを日常生活にもたらし、認識や環境に劇的な変化をもたらします。
霊的な発展に欠かせないステップである光と闇の統合の仕方を教えます。
変化への恐れ、新しいものごとや未知なるものへの不安など、成長を阻む障害を取りのぞきます。

ヒーリングのレイアウト
第3の目のチャクラの上に置くと、霊能力を強力に目覚めさせます。
この石の効果は、ベテランのクリスタルヒーラーのもとで体感するのがいちばんです。

日常的な使い方
小さなメルリナイトを瞑想に使うと、自然界のほかの領域に目がひらかれます。

オーシャンジャスパー　*OCEAN JASPER*

オーシャンジャスパーは、クォーツの微細結晶の集合体であるジャスパーの1種で、近年発見された新しい鉱物です。円形や渦巻き、波の模様や斑点が多色の石の表面に見られる、とてもユニークな外観を呈します。花崗岩に似た火成岩であるライオライト（Rhyolite）とともに産出するため、ときにはペトリファイド（珪化）ライオライトともよばれます。また、数多くの丸い模様が見られることから、オビキュラー（球状）ジャスパーとよばれることもあります。

この石の表面には、円形や波の模様が数多く見られることから、クリスタルヒーリングでは、喜びや発展、リラクゼーションの石とされます。研磨するとジャスパーらしいすべすべとした感触をもつので、手に持つのに最適です。ピンク、金、緑、黒、白、黄色、褐色などのあらゆる色が、もっぱらやわらかな色調で見られます。こうした色は、この石がもつおだやかで励ますような作用を象徴し、心臓のチャクラの無条件の愛のレベルに働きかけ、太陽神経叢と仙骨のチャクラを安定化します。オーシャンジャスパーは、人生が無限に繰りかえされるサイクルであることを象徴しています。

原石

オーシャンジャスパー

形状と構造
三方晶系で、塊状で産出します。何百万年もの歳月をかけ、火成岩中でクォーツの微細結晶が生成したものです。

色
多色の地に、ピンク、白、黄色、褐色、緑、黒の斑点や丸い模様が見られます。

産地
マダガスカル

希少性
専門業者から入手可能。

硬度
6.5 〜 7

身体・精神面への作用
人生へのあらたな興味や喜び、発展をもたらし、ネガティブな気持ちを払拭します。
憂うつな気分を解消し、うきうきとした気分にさせます。
神経を落ちつける作用があり、深いリラックスをうながします。
慢性的なストレスの影響をやわらげ、太陽神経叢と仙骨のチャクラをサポートして活性化し、副腎の疲労を緩和します。

ヒーリングのレイアウト
太陽神経叢のチャクラの上に置くと、慢性的なストレスパターンを解消します。うつぶせになり、胸郭にある腎臓と副腎の上に左右ひとつずつ石を置くと、副腎の負担を減らすのに役だちます。

日常的な使い方
瞑想の場に置くと、ポジティブなエネルギーをもたらします。

人工クリスタル

貴石は昔から、より安価な材料を使って模造されてきました。古代エジプト人は、着色ガラスを使って貴石をつくりだす技術に長けていました。中世のベネチアやイタリア各地の職人たちは、さまざまなシリカガラスを好んで用いました。現代になると技術の進歩により、クォーツの結晶を実験室で生成できるようになりました。ロシア産のシベリアンクォーツや、1970年代に発明されたダイヤモンドの代用品キュービックジルコニアなどは、こうした人工クリスタルです。また人為的な処理をほどこし、特定の色の効果をもたせたクォーツもあります。

こうしたクリスタルをヒーリングに使うかどうかは、個人の考え方次第です。人工クォーツは、天然のクォーツとよく似た内部構造をもち、同じ成分(二酸化ケイ素) からなりますが、生成条件が安定しているので、天然のものよりも完ぺきな外観を呈します。クリスタルヒーラーのなかには、天然のクォーツには大地のエネルギーがプログラミングされているので、ヒーリングワークには天然石のほうが適しているという人もいます。人工クォーツやキュービックジルコニアは、あざやかな色やみごとなきらめきをもつため、宝飾品によく利用されています。

コーティングクォーツ *TREATED QUARTZ*

これは、天然のクォーツに特殊な処理をほどこし、あざやかな虹色の光沢を生じさせたものです。クリスタルに金属の蒸気をコーティングすると、石の表面にごく薄い金属の膜が形成されます。貴金属と天然クォーツが結びついたこうしたコーティングクォーツは、クリスタルヒーラーに好んで用いられます。クリスタルヒーリングでは、それぞれのチャクラの色に応じたコーティングクォーツを使います。

アクアオーラ

コーティングクォーツのなかでいちばん有名なのは、アクアオーラという流通名のものです。石の表面は美しいターコイズブルーに輝き、強い光をあてると、ピンクや金色の光が見られます。これは、クォーツの表面に金を蒸着させたもので、クォーツ（エネルギーの増幅器）と金属元素の金（発展と太陽のエネルギー）のエネルギーをあわせもつクリスタルです。ターコイズブルーは、喉のチャクラと心臓のチャクラの中間にある胸腺のチャクラと結びつきの深い色です。ヒーリングでは、アクアマリン（134～135ページ参照）と似たような使い方ができ、喉のチャクラの高い波動のエネルギーと結びつき、自己の真実との対話をうながします。

サンシャインオーラ
金とプラチナを蒸着したクォーツは、あざやかな黄色に着色されます。これはサンシャインオーラとよばれ、太陽神経叢のチャクラときわめて相性がよく、シトリン（68～69ページ参照）のように身体をおおいに活気づける効果をもちます。

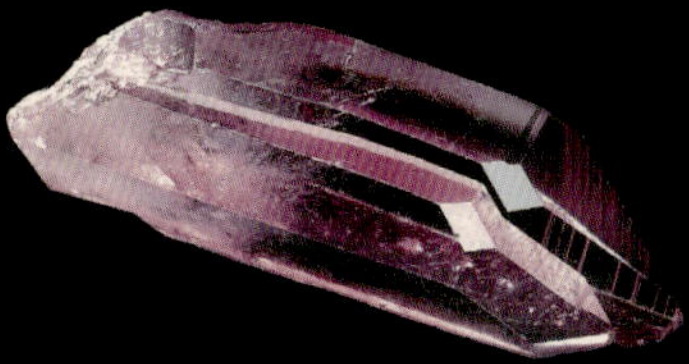

ルビーオーラ

ルビーオーラというコーティングクォーツは、金とプラチナの蒸気をコーティングして、深紅に着色したものです。ルビーオーラは、金がもつ発展的な太陽のエネルギーとプラチナがもつ輝く星のような性質をもたらし、基底のチャクラを活性化します。全身にエネルギーを送り、人生への情熱や希望を高めます。病みあがりの身体に活力を与えるので、とくに極度の疲労感や衰弱感をおぼえるときに効果的です。

オパールオーラ／エンジェルオーラ／レインボーオーラ

オパールのような乳白色の輝きをもつコーティングクォーツは、オパールオーラやエンジェルオーラ、レインボーオーラとよばれます。これは、クォーツにプラチナを蒸着したもので、虹色に揺らめくやわらかな光沢をもち、その下には透明なクォーツの輝きも見られます。心が浮きたつような魅力的なクリスタルで、とてもおだやかで高い波動のエネルギーをもたらし、持ち主を天使界に結びつけるといわれています。エンジェルオーラを瞑想する場所に置くと、守護天使との結びつきがうながされます。

ゴールドストーン　*GOLDSTONE*

ゴールドストーンは、ベネチアのミオッティ家が17世紀に確立した手法で作られるとても特殊なガラスです。このガラスの起源は、数多くの伝説やなぞに包まれています。地元に残る言い伝えでは、ある修道会が中世に作りはじめたとされ、このガラスをモンクスゴールド（修道士の金）とよんでいます。また星のようなきらめきを放つことにちなんで、ステラリアという別名もあります。イタリアではアベンチュリナともよばれ、ここから、きらめくマイカ（雲母）のインクルージョンを含む鉱物にも、アベンチュリンという名前が使われるようになりました（104～105ページ参照）。ゴールドストーンをアベンチュリンガラスと表記している本もありますが、この名前は紛らわしいので、いまではゴールドストーンという名前のほうが一般的です。

ガラスの製造工程で、純粋な銅をガラス原料に混合すると、きらめきをもつ銅の微小な球体が生じます。ゴールドストーンの地色には、オレンジイエローやダークブルー、バイオレットがあります。ゴールドストーンの製造方法は、何百年ものあいだ、ミオッティ家の秘伝とされてきましたが、19世紀にイタリア人の金線加工ガラスの職人ピエトロ・ビガグリアによって公表されました。ゴールドストーンは研磨するとさらに美しさが引き立ち、ビーズやアクセサリー、小さな置物に加工されます。

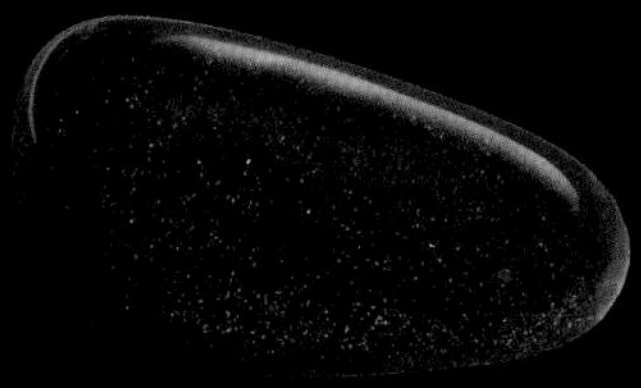

ゴールドストーン

構造
ゴールドストーンは基本的にはガラスなので、ヒーリングツールとして使うことに異を唱えるクリスタルヒーラーもいます。シリカを含んではいるものの、非晶質で結晶構造をもたないため、エネルギー面での効果は期待できないものと思われます。しかし、微小の銅の球体を含んでいるので、伝導性の高い銅のエネルギーをエネルギーフィールドに伝えることはできるでしょう。

品質
ゴールドストーンは、とても魅力的なきらめきをもちます。この石の使い方のヒントは、ステラリアという昔の名前に秘められています。とくにダークブルーのものは、無数の星がまたたく夜空のようです。研磨したものは、すべすべとした感触と神秘的な光沢をもちます。銅の微粒子が銀河や星座のように輝くゴールドストーンを瞑想に使うと、宇宙のかなたに旅立つような気分になります。第3の目のチャクラの上に置くと、内なる旅をうながし、別の世界のビジョンをもたらします。

クリスタルの活用法

クリスタルは、わたしたちの暮らしに彩りを添えます。美しい形のクリスタルは部屋のすてきなインテリアになり、きれいな色のクリスタルは目を楽しませてくれます。クリスタルは、たしかな存在感とエネルギーをわたしたちに発しています。この章では、クリスタルの選び方や保管方法、さまざまな利用法について紹介します。趣味でクリスタルを集めるのも楽しいものです。石の物理的な特性にくわえ、それぞれの石がもつ意味も理解すれば、ますますクリスタルに魅了されることでしょう。

クリスタルを家や職場に飾ったり、持ち歩いたり、アクセサリーとして身につけると、さまざまな効果が得られます。クリスタルを瞑想に利用したり、クリスタルレメディーをつくって

みると、クリスタルが人間に敏感な反応をしめす有用なツールであることも実感できるはずです。

この章では、初心者向けのかんたんなクリスタルヒーリングの方法も紹介しています。クリスタルがわたしたちのエネルギーにどんな影響をおよぼすか、友人やパートナーといっしょにたしかめてみましょう。五感を研ぎ澄まして心をひらき、相手を信頼して、率直なコミュニケーションをはかると、クリスタルを効果的かつ肯定的に使えます。どんなときに気持ちよく感じるか、気分が悪くなるかも、きちんと相手に伝えてください。クリスタルヒーリングは、あなたの直感や創造力をあらたなレベルに発展させてくれるでしょう。

クリスタルの選び方、浄化法、保管方法

クリスタルは、専門のクリスタルショップから、ニューエイジ関連の商品を扱うお店や鉱物の展示会、ヒーリングフェアまで、さまざまな場所で買うことができます。一般的に専門的なお店ほど、クリスタルの種類が豊富で、良質の石がそろっている可能性も高くなります。熱心なコレクターたちは、クリスタルの原産地をしっかりと表示して、石を正しく鑑定できる評判のよい専門業者を選んでいます。

クリスタルの選び方

クリスタルには、つぎのような種類があります。

クラスター（群晶）● 小さなクリスタルの結晶が、ひとつの根元から数多く突き出ています。アメジストがよい例です。

シングルポイント ● クリスタルの大きな結晶です。よい業者は、ファントム、カテドラル、ジェネレーターなど専門的な名称（230～237ページ参照）があれば、それもきちんと表示します。

大きな原石 ● ローズクォーツやアベンチュリンなどに多く、屋外に置くのに最適です。

タンブル ● 小さなクリスタルを砂利で研磨して角をとったもので、光沢があります。もっとも安価で、子どもにも人気があります。

カービングクリスタル ● 特定の形に彫刻されたクリスタルです。炎の形をしたローズクォーツやシトリンの人気が高まりつつあり、さまざまな大きさの球体などもあります。

鉱物標本 ● 繊細で壊れやすいものが多いので（サルファやコッパーなど）、ケース入りのものもあります。

ヒーリングには、小さなクラスターやシングルポイント、タンブルを使うのがいちばんです。

シングルポイント

原石

タンブル

クリスタルの浄化法

クリスタルを買ってきたら、ぬるめの石けん水で汚れを落として、よく拭きましょう。これで表面の汚れは落とせますが、さらに自分のエネルギーでクリスタルを浄化して、自分自身の波動にプログラミングし、ヒーリングに利用する準備を整える必要があります。この浄化法には、ふたつのステップがあります。まずはつぎの3つの方法からひとつを選んで、クリスタルを浄化します。

- 冷たい流水で、しばらくクリスタルを洗います。
- クリスタルのそばで音叉《おんさ》や小さなベルを鳴らし、音で浄化します。
- お香を焚き、煙でクリスタルを浄化します。

つぎにクリスタルを左手で握り、その上に右手を重ねます。目を閉じて、息を深く吸いこみ、自分のエネルギーに意識を集中させて、こう唱えます。「聖なる愛のエネルギーがこのクリスタルに注がれて、この石が至高の善のために働けますように」

こうしたプロセスによりクリスタルを浄化して、エネルギーを効率よく増幅したり、高めるための準備を整えることができます。

クリスタルの保管方法

クリスタルは手入れが必要なので、買ったときに特徴を調べておきましょう。保管の際の大切なポイントをまとめてみました。

- アンバーのようなやわらかい石は、硬いクリスタルと別々に保管しないと、傷つくおそれがあります。
- クォーツのポイントは割れやすいので、ぶつけないように気をつけましょう。
- アメジストなど多くのクリスタルは、強い日光にさらされると色が褪せるので、暗い場所で保管してください。
- ハーキマーダイヤモンドやスピネルなどの小さなクリスタルは、箱に入れて保管するのがいちばんです。
- オパールのような貴石やパールなど有機質のものは、傷がついたり、ひび割れるのを防ぐためにやわらかい布で包み、冷暗所で保管しましょう。

アメジスト

オパール

アンバー

クリスタルレメディーのつくり方

クリスタルレメディーは、クリスタルのパワーを水に移して利用する方法です。レメディーのつくり方は、エドワード・バッチ博士が「バッチフラワーレメディ」をつくった方法とよく似ています。バッチ博士は植物の花びらや葉を湧き水に浸して、日光にあて、太陽の力により植物のエネルギーとヒーリング作用を水に転写しました。さまざまな種類のクォーツをはじめとするクリスタルにも、これと同じ方法を用いることができます。クリスタルを身体の上に置くなどの物理的な方法とあわせてクリスタルレメディーを利用し、身体の調子を整えることができます。

ここでは、活性水とクリスタルレメディーの2種類のつくり方を紹介します。

活性水　湧き水をいれた透明な水差しにクリアクォーツやアメジストなど、浄化したクリスタルをいれ、直射日光に1時間あてます。クリスタルを取りだして、1日中その水をのみ、クリスタルのパワーを体内に取りこみましょう。

下　活性水をのむと、クリスタルのヒーリングパワーを体内に取りこめます。活性水はエネルギーのバランスを整え、心を落ちつけます。

クリスタルレメディー　湧き水をいれたガラスボウルに浄化したクリスタルをいれて、直射日光に3時間あてます。クリスタルを取りだして、この水を大きな濃い色のガラスボトルに半分まで注ぎ、そこにブランデーを上面いっぱいまで注ぎます。これがマザーレメディーとなります。ボトルをよく振り、冷暗所で2週間寝かせます。エネルギーを保持できるよう、ときどきボトルを振りまぜます。

注意

レメディーに使ってはいけないクリスタルがあります。とくに毒性の高い鉛や水銀、ヒ素を含有する石は、ぜったいに使用しないでください。

小さな濃い色のガラスボトルに3分の2まで湧き水をいれて、さらに上面いっぱいまでマザーレメディーを注ぎ、ボトルをよく振ります。これで、クリスタルレメディーの完成です。1日3回、2～3滴を水にいれて、のみましょう。マザーレメディーは無期限に保管できるので、たくさんのボトルがつくれます。

クリスタルレメディーは、水にいれてのむだけでなく、浴槽に入れて入浴するとリラックス効果が高まります。浴槽に4滴たらしましょう。また、クリスタルレメディーをつくったクリスタルの色に対応するチャクラにつけると、そのチャクラを活性化します。浄化力と活性作用にすぐれたルームスプレーをつくることもできます。スプレーボトルに3分の2まで湧き水をいれて、マザーレメディーを上面まで注ぎ、よく振ってから使いましょう。

クリスタルレメディー

つぎのクリスタルがよく利用されます。

ローズクォーツ ● 愛と励ましに満ち、感情的な問題を解消します。子どもに適しています。

アベンチュリン ● 心を落ちつけ、リラック効果を高めます。

シトリン ● 全身を元気づけ、思考を明晰にします。

スモーキークォーツ ● ネガティブなものを払拭します。ルームスプレーとして使うと、空間を浄化できます。

アメジスト ● 霊的な意識を高め、精神的なストレスを解消します。

ブルーレースアゲート ● リラックス作用と鎮静作用にすぐれ、心安らぐ夢が見られます。

クリスタルを使った瞑想

瞑想すると、全身のチャクラのバランスを整え、心の安らぎと調和を得ることができます。さまざまな瞑想のやり方がありますが、いずれの方法でも、悟りの境地に達することができます。瞑想は純粋な意味では、いかなる宗教とも無関係です。仏教の禅宗やヒンドゥー教など、古来のさまざまな宗教で実践されてきました。

瞑想はすぐに効果があるものではなく、時間をかけて真理を学び、身につけていくものです。長年にわたって実践するうちに、血圧が下がり、心がおだやかになり、感情が乱れにくくなるなどの効果がもたらされます。定期的に瞑想するのが成功の秘訣です。最初は、毎日20分間ずつおこないましょう。朝一番におこなうのが、いちばんです。背のかたい椅子にすわって、ひざを組まずに両足を地面につけ、手は軽く握ってひざの上に置きます。床の上にあぐらをかき、瞑想の姿勢をとってもよいでしょう。

クリスタルに意識を集中する

瞑想にクリスタルを使うと、クリスタルのエネルギーが瞑想の効果を高めてくれます。瞑想に使うクリスタルは、あなたの好みで選んでください。色や形、感触から、特定のクリスタルに惹かれることもあれば、石の特徴を本で読んで、使いたい石を選ぶこともできます。自分のコレクションをながめていると、どれかひとつが目に飛びこんでくるように感じることもあるでしょう。

クリスタルを使った瞑想には、2つの方法があります。ひとつめは、石をじっと見つめる方法です。ものをじっと見つめながら瞑想するのは、禅のやり方で、凝視することで心をしずめます。この方法で瞑想するときは、きれいな台の上に無地の布をひいて石を置き、そのわきにキャンドルを灯します。瞑想する姿勢をとり、リズミカルに呼吸しながら、身体をリラックスさせます。石をじっと見つめ、できるだけ長いあいだ目をそらさずに注視します。必要に応じてキャンドルにしばらく目を移し、それからまた石に目を戻します。心に浮かんだ考えや気持ち、イメージをしばらく心に留めてから、手ばなします。20分間の瞑想がおわったら、細部の大切なことを忘れないようメモしておきましょう。

バランスを維持する

上　クリスタルを手に持つと、その石と結びつくことができます。温かさやうずくような感覚を身体や第3の目のチャクラや宝冠のチャクラのあたりに感じるでしょう。

ふたつめは、クリスタルを左手で握り、その手に右手を重ねる方法です。受容的な左手と能動的な右手でこのように石を握ることにより、陰と陽のエネルギーのバランスが維持できます。目を閉じてリラックスし、ゆったりと呼吸をします。両手のなかの石にひたすら意識を集中しましょう。石の感触や自分の感覚にも意識を向けてください。手や身体のどこかに、温かさやうずくような感覚をおぼえるかもしれません。これは、クリスタルのエネルギーが人間のエネルギーと交流しているあかしです。深呼吸して瞑想を終えたら、心に浮かんだ重要なアイデアやイメージをメモにとりましょう。

クリスタルを置く場所

クリスタルは、空間のエネルギーをポジティブかつクリアに保つうえで、大きな役割をはたし、屋内でも屋外でもその威力を発揮します。好きな場所に置くことができるので、直感で最適な置き場所を決めてください。石は動きまわるのが好きだというクリスタルヒーラーもいるように、しばしば石の位置を変える必要を感じることもあるでしょう。そのときは、すなおにそうしてください。

屋内

クリスタルは、きらめく光やさまざまな色調にくわえ、特殊なパワーを屋内にもたらします。各部屋に適したクリスタルを紹介します。

ジェット

レインボー
フローライト

オフィス・職場 ● 電磁波やラジオ波を受けたり発するコンピュータや電話、携帯電話は、環境ストレスの元凶といえます。スモーキークォーツやブラックトルマリン、ジェット、オブシディアンなど、中和作用と浄化力にすぐれたクリスタルをオフィスやコンピュータ、電話の上に置くと、ネガティブな電波を吸収して、大地に戻してくれるでしょう。

寝室 ● 寝室にクリスタルを置くかどうかは、個人の好みの問題です。ジンカイトなどは、はつらつとしたエネルギーをもつため、睡眠パターンを乱す恐れがあります。クリアクォーツのエネルギーでさえ、強烈に感じる人もいるでしょう。アメジストやローズクォーツ、アベンチュリンなどは、クォーツのなかでもおだやかな作用をもつ石なので、枕の下に置いて眠ると、眠りの質を改善します。

オレンジカルサイト

ブルーカルセドニー

瞑想する部屋 ● 瞑想やヨーガ、ヒーリング専用の部屋にクリスタルを置くと、その場のエネルギーが高まります。直感で石を選んでください。クォーツやアメジストのクラスター、オレンジカルサイト、グリーンカルサイト、ブルーカルセドニー、グリーンアンドパープルフローライトは、いずれも部屋にヒーリングエネルギーをもたらし、リラクゼーションと霊的な発展をうながします。

屋外

　クリスタルは、屋外にも特別なエネルギーをもたらします。屋外でクリスタルを置くのに適した場所を紹介します。

上　光を受けてきらきらと輝くクリスタルは、屋外の空間を美しく彩り、安らぎと調和の雰囲気をもたらします。

庭●植物のそばにクリスタルを置くと、植物のエネルギーを高めます。アベンチュリンやモスアゲートなど、植物と同じグリーンカラーの石は、自然のエネルギーを高める力をもつとされ、とくに適しています。大きなクリスタルは屋外に飾り、庭のシンボルとするのに最適です。

水辺●最近は庭に水辺を演出するのが、ブームになりつつあります。さまざまなクリスタルを噴水など水が流れる場所に置くと、その色やきらめきが楽しめます。ローズクォーツやオレンジカルサイト、グリーンカルサイト、マルチカラーのジャスパーなどがおすすめです。庭の草木の水やりに活性水を使ってもよいでしょう。

神聖な場所●小石を円形に敷きつめたり、露天風呂の周囲に植物を植えたり、屋外に瞑想する場所をつくるなど、庭の一角に特別な場所を設けるのも、ブームになりつつあります。小さなタンブルでモザイクをつくると、個性的な空間を演出できます。

子どものためのクリスタル

子どもたちは、色や形、感触から自然とクリスタルに魅了されます。クリスタルの世界を知れば、地球のダイナミックな性質やクリスタルの生成方法、地殻の中のさまざまな種類の鉱物についても学ぶことになります。子どもにちょっとしたコレクションを集めさせて、それぞれの石の名前や意味を教えると、おとなになって熱心なコレクターになるかもしれません。身のまわりの自然界に興味をもつことにもつながるので、浜辺で拾ったただのきれいな石でも集める価値はあるものです。

クリスタルショップなどでは、さまざまな種類の半貴石が売られています。子どもは、しばしば自分の好きな色の石に関心をしめし、ひとつの色調でさまざまなタイプの石を集めたがります。たとえばピンク系の石なら、ローズクォーツやピンクカルサイト、レピドライト、ロードナイトなどです。クリスタルの浄化法や保管方法を子どものうちから教えておけば、立派な趣味にもなります。石を専用の箱や袋にいれて保管すれば、クリスタルは貴重で特別なものなので、大切にしなければならないのだという考えを教えることができます。

下 子どもはクリスタルの色や感触に自然と惹きつけられます。クリスタルを集めだすと、石への関心がおおいに高まるでしょう。

子ども向けのコレクション

子ども向けのコレクションに適した、手ごろな価格の10種類の石を紹介します。

レッドジャスパー ● 深紅色で不透明。身体を丈夫にします。

カーネリアン ● 淡いオレンジ色。気持ちを落ちつかせます。

シトリン ● あざやかな淡黄色。心を元気にします。

アベンチュリン ● きらきらと輝く緑色。成長と発展をうながします。

ブルーレースアゲート ● レースのような淡青色のしま模様。心をおだやかにします。

ブルータイガーアイ ● 濃青色でキャッツアイ効果をしめします。神秘的な魔法の石です。

アメジスト ● 淡い紫色。おだやかな夢を見させます。

ローズクォーツ ● 淡いピンク色。やさしくはぐくみます。

レピドライト ● あざやかなピンク色。安心感をもたらします。

クリアクォーツ ● 透明ですべすべしています。空気を浄化します。

クリスタルの楽しみ方

子どもたちは、クリスタルを使った遊びをかんたんに思いつきます。さまざまな遊び方がありますが、たとえばマルチカラーのタンブルを渡して、虹の色や渦巻き模様に並べさせましょう。似たような色の石を集めて、じっくりと観察し、それぞれの違い（不透明なもの、透明なもの、光沢のあるもの、しま模様や斑点があるものなど）を探すこともできます。海や山、浜辺、花のクローズアップなど、美しい自然の風景写真を雑誌から何枚か選びだし、写真のなかの色にあうぴったりとあうクリスタルを選ばせてもよいでしょう。

子どもが気に入っている石について話し、どうしてそれが好きなのかを尋ねてみます。こうすることで、子どもが石に対して直感的な反応をしめすようになり、子どもの触覚や視覚も刺激できます。子どもが特定の石を持ち歩くようになったら、その石の意味や特徴を本で調べ、その子がその石を選んだ理由をたしかめてみるとよいでしょう。クリスタルは子どもの創造力を高め、大地との結びつきを強めます。小さいころからクリスタルになれ親しんだ子どもたちは、ゆくゆくは鉱物学者やクリスタルヒーラーになるかもしれません。

パワーオブジェクトとしてのクリスタル

人類は何千年も前から、魔法の力や身を守るパワーがあるとされる特定のものを集め、大切に保管してきました。こうした風習は多くの文化圏で見られ、古代の人がお守りとして使っていたものが、世界中で発見されています。そうしたお守りには、動物や植物起源のものもありますが、その多くは石やクリスタルです。たとえば、先史時代の埋葬地から発掘されたアンバーは、あきらかに重要な意味をもつシンボルとして、遺体の上に並べられていました。

人類は、昔から理性では理解できないパワーや力の存在を感じていたようです。古代の人が特定のものを集めたのは、そのエネルギーで身を包み、悪霊を寄せつけないためでした。聖なるものが先祖代々受けつがれ、驚異的なパワーがあると伝えられることもありました。そうした風習をたんなる迷信と片づけるのはかんたんですが、それは人類の歴史に深く根づいていたものなのです。

左　古代エジプト人にとって、聖なる甲虫スカラベは、復活と再生の神ケペラを象徴する重要なシンボルでした。富む者も貧しい者も、身を守るためにこうした護符を持ち歩きました。

ゴールド

レッドジャスパー

ジェット

ジェード

ラピスラズリ

古代の護符

古代エジプト人は、ローマ時代に先んじて2500年にもわたり、護符をつくっていたことで知られています。彼らの護符は、古代エジプトの神々やシンボル、動物の姿を刻んだ小さな像でした。身分の高い者は、金や銀、貴石を使った豪華な護符をつくらせました。この習慣はすぐに庶民のあいだにも広まり、エナメルを焼きつけた粘土製の安い護符もつくられるようになりました。護符の利用法はさまざまで、幸運をよびよせるため、力を授かるため、持ち主を守護するため、けがや病気を治すために用いられたり、死者とともに埋葬する副葬品にもされました。神の姿を彫った護符は、神に祈りを捧げるために使われました。古代エジプトで護符のシンボルとしてとくに有名なのは、アンク十字（生命の象徴）やウジャト（ホルスの目の象徴）、スカラベ（聖なる甲虫、復活の神ケペラの象徴）です。こうしたシンボルは貴石や半貴石に彫りこまれ、死者の魂を守るためにミイラの上に置かれることもありました。

11世紀から13世紀にかけた中世初期のヨーロッパでも、護符は広く利用されていました。貴族たちは、彫刻をほどこしたシグネットリングやカメオ、金や銀の台座にはめこんだ宝石をお守りとして身につけました。ジャスパーなどの安価な石は、安産のお守りとされました。スピネルやサファイアなどの貴石には、身を守る力があり、命を守るパワーさえあるといわれ、その所有権をめぐって戦いが起こったほどでした。

現代のパワーオブジェクト

現代のわたしたちにとって、パワーオブジェクトはどんな意味をもつのでしょうか？　古代エジプト人が身を守り、けがや病気を治癒して、幸運（ポジティブなエネルギー）をよびこみ、神々（霊的な世界）の恩恵を得るために護符を使っていたことと、わたしたちが今日ヒーリングのためにクリスタルを使うことには、類似点が見いだせます。

しかし、古代と現代における最大の違いは、クリスタルのパワーをどこまで信じているかです。古代の人びとは石そのものにパワーがあると信じていましたが、現代では、クリスタルは特定の波動のエネルギーを発しているとされます。ある石に心惹かれるということは、その人がそのエネルギーと大変相性がよいか、または全身に活力を与えるためにそのエネルギーを必要としていることを意味しています。

クリスタルをヒーリングツールとして身につける

わたしたちの多くは、アクセサリーを身につけるのはごく当たり前のことだと考えています。アクセサリーは装いを華やかにして、よい気分にさせてくれるものです。どんなアクセサリーをつけようかと、いつも頭を悩ませているのも無理はありません。しかし、わたしたちが選ぶアクセサリーには、もっと深い意味が込められているのではないでしょうか？　旧約聖書の出エジプト記では、神がユダヤ人の祭司長アロンに祭服の胸当てをつくるように命じています。その胸当てには、トパーズやアゲート、エメラルド、ダイヤモンド、サファイア、アメジスト、ベリルなどの貴石が埋めこまれています。聖書の記述からは、こうした貴石が祭司長アロンの高い地位を象徴し、アロンの霊的な力も暗示していることがうかがえます。古代社会の宗教指導者や王族、有力者たちが特殊な装身具を身につけたのは、たんに地位を誇示するだけでなく、霊界との仲介役としての役目をしめすためでもありました。古代エジプトでは、身分の高い人が死ぬと、来世でもその人の地位がひと目でわかるようにと、その遺体を儀式的な装身具で飾りたてました。

こうした古代の風習は、現在の状況とはずい分かけ離れています。現代では、さまざまな種類の貴石や半貴石をだれでもかんたんに身につけることができます。クリスタルの特性に対する研究も進み、わたしたちがなぜそうした石を身につけるのかも、広く理解されるようになってきました。

アクセサリーのクリスタル

エネルギー的な観点からアクセサリーとして利用されるクリスタルには、つぎのようなものがあります。

ローズクォーツ ● 無条件の愛の気持ちを高めます。

シトリン ● 心を元気にします。

アイオライト ● 創造力を高めます。

アメジスト ● 心をリラックスさせます。

ラピスラズリ ● 第3の目をひらきます。

アンバー ● 生殖能力を高めます。

モルダバイト ● 変容をうながします。

クリアクォーツ ● 集中力を維持します。

ムーンストーン ● ホルモンのバランスを整えます。

クリアクォーツ

上　クリスタルを身につけると、そのエネルギーが直接肌とふれあいます。美しく、ヒーリング効果をもつクリスタルは、身につけた人に快感をもたらします。

クリスタルのパワーを実感するには、アクセサリーとして身につけるのがいちばんです。貴金属元素の金や銀にはめこまれたクリスタルは、もはやただのアクセサリーではなく、身につけた人のオーラを強めて活性化するヒーリングツールとなります。他人の持ち物だったクリスタルジュエリーを身につけると、違和感をおぼえることがあるのは、前の持ち主のエネルギーがまだそのアクセサリーに残っているからです。そういうときはアクセサリーをしっかりと浄化して、プログラミングしなおすと、ほかの人でも安心して身につけることができます（282～283ページ参照）。

もっともヒーリング効果が高いアクセサリーは、胸元につけるペンダントです。心臓は、霊界と物質界の橋渡しをするチャクラです。ふたつ以上のクリスタルを組みあわせたペンダントをつけると、石のエネルギーをオーラ全体に行きわたらせることができます。クリスタルをいれた小さな袋にひもをつけて、胸元に下げてもよいでしょう。

クリスタルヒーリング

クリスタルを使ったヒーリングには、さまざまな方法があります。クリスタルを使った瞑想や浴槽にクリスタルをいれる方法、クリスタルレメディーのつくりかたや利用法は、すでに紹介したとおりです。この章では、クリスタルを身体の上やまわりに並べる方法について紹介します。これは古来の療法で、クリスタルを使って身体のエネルギーのバランスを整えたり、浄化したり、グラウンディングするものです。友人やパートナーとふたりでおこないます。3種類のクリスタルのレイアウトを紹介するので、クリスタルをエネルギーフィールドに置いたときの感覚をじっくりと体感してください。ヒーリングを受けるときは、リラックスして、ただ横になるだけでいいのです。

ヒーリングをおこなうときは、ヒーリングを受ける人がなにを必要としているかをよく考え、相手の意見や感想にも耳を傾けることが大切です。どんなヒーリングにもいえることですが、ヒーリングをおこなう人と受ける人の信頼関係とコミュニケーションがなによりも重要です。クリスタルワークをおこなうときは、直感にしたがいましょう。特定の場所にクリスタルを置きたくなったら、そのとおりにしてみます。それは、その場所が特定のツールを必要としているという情報をキャッチしたからです。直感にしたがって行動できる人はそう多くありませんが、それは万人のなかに眠っている能力です。クリスタルを使ったワークを数多くおこなううちに、そうした能力が開発されてくるでしょう。

チャクラのバランスを整えるレイアウト

この本では、クリスタルを全身のおもなチャクラや色のバリエーションと関連づけて紹介しています。最初に紹介するレイアウトでは、それぞれのチャクラに対応する色のクリスタルを使って、各チャクラのバランスを整え、強化します。このレイアウトでは、リラックス感や幸福感をおぼえ、うずくようなエネルギーや温かさを感じたり、心になんらかのイメージが浮かぶでしょう。こうした体験をしたら、ヒーリングをおこなう人にぜひとも感想を伝えてください。

アメジスト

ラピスラズリ

ブルーレースアゲート

アベンチュリン

シトリン

サンストーン

レッドジャスパー

クリスタルヒーリングを始める前に

クリスタルワークは、清潔でクリアな環境でおこなってください。ものが散乱して、ほこりがたまり、雑誌が無造作に積みあげられているような部屋では、ヒーリングはおこなえません。セッションの前にかならず部屋を清潔にして、きれいな花を飾り、キャンドルに火を灯しましょう。厚みのあるマットを床に敷けば、ヒーリングを受ける人が楽な姿勢であおむけになれます。マットには清潔な白いシーツをかぶせ、クッションをふたつ用意します。ひとつはまくらとして使い、もうひとつはひざの下にいれて、背中に負担をかけないようにします。やわらかいショールか薄手の毛布も用意しておくと、セッション中に身体が冷えずにすむでしょう。クリスタルワークでは、服を脱ぐ必要はありません。

レイアウトに必要なクリスタルを選びます（小さなタンブルやポイント、クラスターが理想的です）。石をガラスボウルにいれ、冷たい流水で1分間洗いながして浄化します。クリスタルをひんぱんにヒーリングに利用する場合、石の浄化はとくに重要です。ヒーリングのあとで、ふたたび石を浄化するとよいでしょう。自分用と他人用に別々のクリスタルを用意してもかまいません。自分がよいと思う方法でおこなってください。

つぎのページで紹介するとおりにクリスタルを並べたら、ヒーリングのレイアウトは完成です。ゆったりとおだやかに呼吸しながら、すくなくとも15分間はそのまま横になってください。

7つのチャクラ

全身にある7つのおもなチャクラの位置（この上に石を置きます）と色を紹介します。

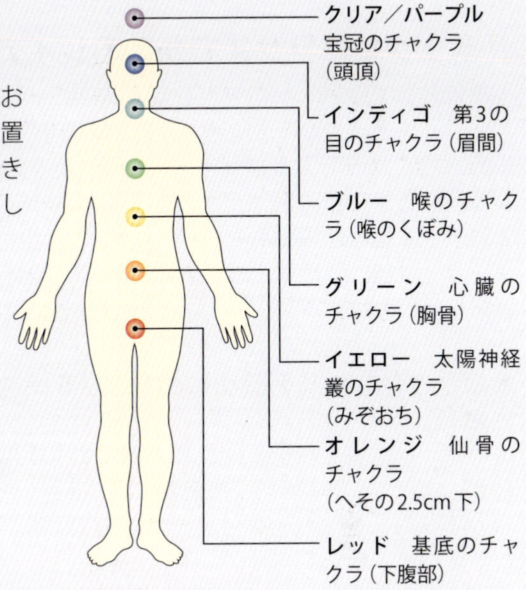

レイアウト1

これは、チャクラのバランスをおだやかに整えて調和させる石の組みあわせです。

- **宝冠** ● アメジスト（頭頂部近くのマットに置きます）
- **第3の目** ● ラピスラズリ
- **喉** ● ブルーレースアゲート
- **心臓** ● アベンチュリン
- **太陽神経叢** ● シトリン
- **仙骨** ● サンストーン
- **基底** ● レッドジャスパー

レイアウト2

このレイアウトでは、エネルギーの波動の高いクリスタルを使います。霊的な意識を高めるので、定期的に瞑想する人に最適です。

- **宝冠** ● フェナサイト
- **第3の目** ● アイオライト
- **喉** ● ブルームーンストーン
- **心臓** ● クンツァイト
- **太陽神経叢** ● ゴールデントパーズ
- **仙骨** ● アンバー
- **基底** ● ルビー

どちらのレイアウトでも、スモーキークォーツを両足のかかとのあいだに置くとよいでしょう。ポイントがある場合は、ポイントを下向きにします。スモーキークォーツはアンカーの役目をはたし、ネガティブなエネルギーを大地に流して中和させます。

グラウンディングするためのレイアウト

現代社会で暮らすわたしたちは、つねに周囲からの刺激にさらされ、地に足をつけて生きることがなかなかできません。いつも頭であれこれと考えてばかりで、身体のことなど忘れてしまい、リラックスや休息の必要があることにも気づかないことが多いものです。身体の悲鳴は、頭痛や筋肉のこわばり、かぜ、インフルエンザ、頭痛、消化不良などの症状として表面化します。こうした症状はどれも、ストレスが身体に影響を与えているサインです。

大地とのつながりを取りもどす

アメジスト

身体をグラウンディングすることで、大地と調和がとれた状態に戻すことができます。わたしたちは比較的最近まで、四季の移り変わりや自然のサイクルに沿った、より自然な生活をしていました。電灯が発明される前までは、日の出と日没が人間の寝起きする時間を支配していましたが、現代になると、多くの人間が大地から切り離されてしまいました。クリスタルを利用すれば、人間の基本的な欲求である大地とのつながりを取りもどせます。

クリスタルは、地殻の活動と休止、高熱と冷却という強烈なサイクルの繰りかえしにより、何千年もの歳月をかけて生成され、大地の奥深くからわたしたちの手元にやってきました。クリスタルのエネルギーは、大地にはぐくまれる感覚や安心感、快適さを生みだします。ここで紹介するグラウンディングするためのレイアウトは、深い安らぎの感覚をもたらし、心身を回復させて、エネルギーフィールドを強化し、ストレスをはねかえします。

前のページでも説明したようにヒーリングをおこなう部屋を整えて、床にマットを敷き、白いシーツをかぶせます。ヒーリングを受ける人が気持ちよくあお向けになれるようにクッションを置きます。すくなくとも15分間は、このレイアウトのままくつろぎましょう。

モスアゲート

マラカイト

上と左　頭痛をやわらげるアメジストとオーラを強めるモスアゲート、全身をおだやかに温めるマラカイトの組みあわせは、身体のグラウンディングとセンタリングをおこないます。

スモーキークォーツのグリッド

グリッドとは、身体のまわりにクリスタルを並べるパターンのことで、心休まる結晶のエネルギーフィールドをつくりだします。ここで紹介するのは、8つのスモーキークォーツの小さなタンブルを楕円形に並べるシンプルなパターンです。ひとつを頭の上、3つを等間隔に身体の両わき（肩、腰、膝のわき）、ひとつを両足のあいだに置きます。スモーキークォーツはグラウンディングに最適なクリスタルのひとつで、身体を環境ストレスから守る働きもします。

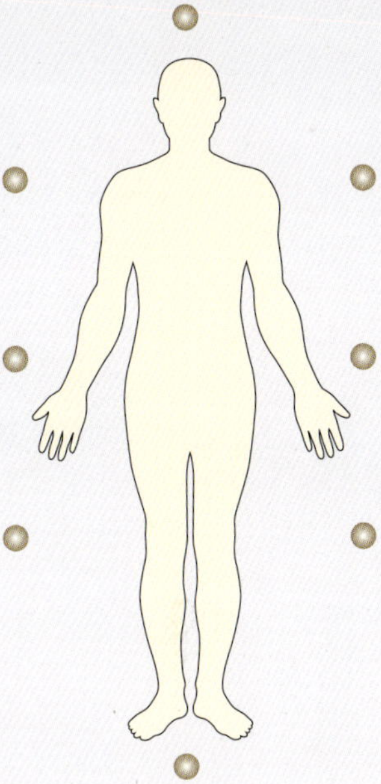

右　クリスタルのグリッドは心を落ち着け、保護してくれるので、自分が無防備に感じられたり、環境に敏感なときに有効です。

グラウンディングのレイアウト

グラウンディングして、はぐくむためのレイアウト

これは、身体をグラウンディングして、おだやかにはぐくむ作用を得るために組みあわせたクリスタルを7つのチャクラの上に並べるものです。ここであげたクリスタルが全部そろわないときは、同じ色のグループから別の石を選びましょう。

宝冠 ● アメジスト（頭頂部近くのマットに置きます）

第3の目 ● サファイア

喉 ● エンジェライト

心臓 ● ピンクアンドグリーンフローライト

太陽神経叢 ● アンバー

仙骨 ● カーネリアン

基底 ● ヘマタイト

さらにブラックトルマリンを両足のあいだに置くと、身体を大地に固定するアンカーとしての役目をはたし、ネガティブなエネルギーを中和できます。ヒーリングがおわったら、相手に感想をききましょう。

霊的な発展をうながすレイアウト

ここで紹介するクリスタルのレイアウトは、全身のチャクラを活性化し、霊的な意識を高めるためのものです。このレイアウトは霊能力を高め、日々の現実を超えた意識のレベルを感知しやすくします。しかし、このワークをためす前に、前のページで紹介したチャクラのバランスを整えるレイアウトやグラウンディグするためのレイアウトをかならず何度かおこなってください。まずは身体のエネルギーシステムを整えて強力に機能させ、霊的な発展のためのたしかな基盤とする必要があるからです。わたしたちはものごとをすぐに達成したがる傾向にありますが、不用意にエネルギーワークを進めると、身体のエネルギーのバランスを崩し、まわりの環境に過敏になる恐れがあります。

ダウジング——直感とダイレクトに結びつく

自分がこのレイアウトをおこなうのに適しているかどうかを判断するには、ペンデュラムでダウジングをおこなうのがいちばんです。ダウジングは、自分の微妙なエネルギーフィールドや宇宙のフィールドと交流できる道具を使って、理性による判断を超えた"イエス"か"ノー"かの答えを受けとる方法です。多少の練習が必要ですが、理性で判断しようとしすぎなければ、たいていはうまくいきます。ペンデュラムは、重みのあるものをチェーンでつりさげるだけで作れますが、現在は特殊な形のクォーツを利用したクリスタルペンデュラムがよく利用されます。クリアクォーツを使うと、明確な答えが得られるでしょう。利き手でペンデュラムを持ち、まず「イエスをしめしてください」と問いかけ、つぎに「ノーをしめしてください」と問いかけます。イエスのときは、ペンデュラムの先端が時計回りにまわり、ノーのときは左右に揺れることが多いですが、動き方は人によって異なります。自分の本当の名前をいい、つぎににせの名前をいって、動き方を確かめましょう。イエスとノーの動き方がはっきりとわかったら、いまの自分や友人が霊的な発展をうながすレイアウトをおこなってもいいかどうか、問いかけます。ノーと出たら、チャクラのバランスを整えるレイアウトやグラウンディングするためのレイアウトを続ける必要があるかどうかも、きいてみましょう。かならずイエスかノーかで答えられる質問をするようにしてください。

298～299ページで説明したように、ヒーリングをおこなう部屋を整えます。友人にすくなくとも15分間はこのレイアウトのままくつろいでもらい、それから感想をききましょう。

左　ペンデュラムを使って、下記のどちらのレイアウトが自分や友人に最適かをたしかめます。「いまの●●には、ダイナミックなレイアウトが適していますか？」と問いかけ、つぎにおだやかなレイアウトでも同じ質問を繰りかえします。

ラブラドライト

シトリン

ダイナミックなレイアウト

変容をうながすクリスタルを用いる強力なレイアウトで、即効性があります。

- **宝冠** ● ハーキマーダイヤモンド
- **第3の目** ● ラブラドライト
- **喉** ● サファイア
- **心臓** ● モルダバイト
- **太陽神経叢** ● シトリン
- **仙骨** ● サンストーン
- **基底** ● ルビー

おだやかなレイアウト

よりおだやかにゆっくりと作用をおよぼすレイアウトです。

- **宝冠** ● クリアクォーツ（ポイントを上向きに）
- **第3の目** ● アイオライト
- **喉** ● ターコイズ
- **心臓** ● グリーンジェード
- **太陽神経叢** ● アンバー
- **仙骨** ● カーネリアン
- **基底** ● レッドタイガーアイ

どちらのレイアウトでも、両足のあいだにルチルスモーキークォーツを置くと、アンカーの役目をはたします。

専門家によるクリスタルヒーリング

クリスタルのコレクションをはじめた人が、クリスタルヒーリングの専門家のセッションを受けてみようと思うのは、ごく自然な成り行きです。クリスタルヒーリングのセッションでは、クリスタルのパワーをじっくりと体感できます。ロンドン在住のプロのクリスタルヒーラーはこう話します。「クリスタルが大好きな人は、なぜかはわからないけれど、クリスタルに心惹かれるとよくいいます。たぶん石の色が気に入ったり……だれかに買ってもらって石を持ち歩くようになり、なんらかの効果を感じたのだろうと思います」

こうした体験から、クリスタルヒーリングを受けてみようと思う人は多いものです。

セッションを体験する

クリスタルヒーリングは、民間の施設で受けられる代替療法のひとつです。ふつうは、クライアントが横になれるカウチをしつらえたトリートメントルームがあり、クライアントはセッションに先立って、クリスタルヒーラーと1対1で面談します。ゆったりとし服装でセッションを受けるのが理想的ですが、服を脱ぐ必要はありません。初診時には病歴についてくわしく訊かれ、クリスタルヒーリングを受けにきた理由やセッションに期待することについても質問されます。クリスタルとはどんなもので、どんな働きをするものなのか、知りたがる人もいれば、ただリラックスするためにやってきて、すぐにセッションをはじめたがる人もいます。

このクリスタルヒーラーは、直感にしたがってクライアントの身体の上やまわりにクリスタルを並べていきます。これは、本格的なワークをはじめる前に、まずエネルギーシステムのバランスを整えるためです。クライアントは、さまざまな感想を口にするそうです。温かさや冷たさを感じたり、うずくような感覚や身体をさっとなでられるような感覚をおぼえたり、エネルギーが滞っている箇所がわかることもあるといいます。色が見えたり、音が聞こえたり、違うレベルの意識と結びつく人もいます。なかには、まったくなにも感じない人もいるそうですが、これはとても分析的な思考の持ち主なのかもしれません。ともあれ、クリスタルのエネルギーはすべての人に作用します。このクリスタルヒーラーはセッション後、クライアントに石を渡して、しばらく持ち歩いてもらうこともあるそうです。

直感、ヒーリング、バランス

上　ヒーリングセッションでクリスタルのパワーを感じると、心の底からリラックスして、心と身体と魂のバランスが整えられます。

このクリスタルヒーラーは直感でワークを進めますが、ヒーリングの方法は人によりさまざまで、より体系的な手法をとり、特定の方法で各チャクラにクリスタルを結びつけるヒーラーもいるそうです。クリスタルヒーリングを受けると、チャクラやエネルギーの経路のバランスが整えられる、深いリラックス感が得られる、ホルモンや内分泌系のバランスが整えられる、身体や気持ちがすっきりするなどの効果が得られます。特定の問題を解消するには、5~6回のセッションを受ける必要があるでしょう。先述のクリスタルヒーラーはこう話します。「クリスタルは神秘的で強力なツールで、そのエネルギーの感じ方は人によりさまざまです。過剰な期待は抱かずに、石をあるがままに受けいれて直感で理解し、自分が石から受け取ったものを信じましょう。人間もクリスタルも源は同じ。クリスタルはわたしたちの一部です。1回のセッションで、人生ががらりと変わることもあるのです！」

クリスタルと身体の健康

多くのクリスタルは、特定の身体の症状に対して有用とみなされています。これには、古来の療法で実践されていたものもあれば、現代のクリスタルヒーリングで利用されはじめたものもあります。しかし、クリスタルをある症状に関連づけて持ち歩いたり、利用することは、従来医療の処置にかわるものではありません。症状が長引くときや変化したときは、かならず医師に相談してください。それでも適切なクリスタルを手にすると、石のエネルギーがその人の治癒のプロセスをサポートしてくれるものです。

身体のヒーリング用のクリスタル

アレルギー反応 ● ヘマタイト、ブラッドストーン、ローズクォーツ

貧血 ● ガーネット、ブラッドストーン、ヘマタイト

喘息 ● マラカイト、ロードクロサイト、クリソコラ

腰痛 ● アンバー、シトリン、ダンブライト

細菌感染 ● サルファ、マラカイト、アベンチュリン

膀胱の問題 ● プレナイト、アンバー、オレンジカルサイト

血液の循環 ● レッドジャスパー、ブラッドストーン、ヘマタイト

血液の浄化 ● ルビー、ガーネット、マラカイト、アベンチュリン

腸の問題 ● レピドライト、ペリドット、グリーンフローライト

骨折 ● カルサイト(全色)、アズライト、フローライト(全色)

がん ● ローズクォーツ、スギライト、ウォーターメロントルマリン

慢性疲労症候群 ● ルビー、アンバー、アベンチュリン、アメジスト

便秘 ● スモーキークォーツ、ルチルスモーキークォーツ、ブラックトルマリン

デトックス ● スモーキークォーツ、サルファ、マラカイト

消化器系の問題 ● グリーンフローライト、アンバー、シトリン

摂食障害 ● ローズクォーツ、クンツァイト、ウォーターメロントルマリン

環境汚染 ● スモーキークォーツ、ジンカイト、メルリナイト

目の問題 ● アクアマリン、ブルーカルセドニー、ブルータイガーアイ

不妊の改善 ● ローズクォーツ、ガーネット、ブルームーンストーン

結合組織炎 ● アメジスト、アベンチュリン、ブルーレースアゲート

足の問題 ● ブラックオニキス、スモーキークォーツ、プレナイト

頭痛 ● ローズクォーツ、ブルーレースアゲート、アクアマリン

心臓の問題 ● ラベンダークォーツ、ロードクロサイト、ガーネット

高血圧 ● アメジスト、クリソコラ、ブルーカルセドニー

下記のリストは、各症状に対して考えられるクリスタルをあげたもので、けっして包括的な情報ではありません。石の使い方は、石を手に持つ、持ち歩く、身につける、クリスタルレメディーをつくって1日中のむ、浴槽にいれるなど、すでに本書で紹介したとおりです。身体の関連する箇所にクリスタルを置いてもかまいません。効果を感じるには、15分間ほど石を置いたままにしてください。クリスタルを使って瞑想するときは、自分の現在の症状についてなにか情報を与えてくれるよう、石に問いかけてみましょう。どの方法も、必要に応じて繰りかえしおこなってください。

ホルモンバランス ● アンバー、ブルームーンストーン、カーネリアン

免疫機能の向上 ● ハーキマーダイヤモンド、アベンチュリン、ルチルクリアクォーツ

関節の痛み ● グリーンカルサイト、アズライト、ロードナイト

腎機能のサポート ● アクアマリン、オレンジカルサイト、スモーキークォーツ

肝機能のサポート ● カーネリアン、レッドジャスパー、チャロアイト

肺機能のサポート ● ラピスラズリ、ターコイズ、ロードナイト

更年期のサポート ● ブルームーンストーン、カーネリアン、アンバー

月経時のサポート ● ブラッドストーン、ホワイトムーンストーン、カーネリアン

筋肉痛 ● ヘマタイト、ダンブライト、レッドジャスパー

骨粗しょう症 ● カルサイト（全色）、フローライト（全色）、アズライト

月経前症候群 ● アンバー、ブルームーンストーン、クンツァイト

女性生殖器 ● クリソプレーズ、ブルームーンストーン、ゴールデントパーズ

男性生殖器 ● ジェード、クリソプレーズ、カーネリアン

坐骨神経痛 ● ジェード、ラピスラズリ、アメジスト

骨格のサポート ● アマゾナイト、フローライト、パイライト

皮膚の問題 ● ローズクォーツ、アズライト、シトリン

咽喉炎 ● エンジェライト、セレスタイト、ブルーレースアゲート

手術からの回復 ● アンバー、ローズクォーツ、クリソプレーズ

歯の問題 ● カルサイト（全色）、セレナイト、フローライト（全色）

甲状腺のサポート ● シトリン、アクアマリン、ラピスラズリ

静脈瘤の軽減 ● アンバー、ブラッドストーン、スノーフレークオブシディアン

むくみ ● ヘマタイト、シトリン、スモーキークォーツ

クリスタルと心の健康

　このページでは、さまざまな気分や感情、精神的傾向に関連したクリスタルを紹介します。クリスタルを用いて心を落ちつけることも、昔からよく実践されてきました。数千年前のインドでは、特定のクリスタルが神々と結びつけられ、さまざまな精神的パワーをもつとされました。現代のクリスタルヒーリングでは、クリスタルと人間の結びつきは個人的なものだとみなされています。クリスタルは、その色や形、光の反射具合によって人間を魅了し、その人の人生に足りないエネルギーをしめして補給することができるのです。

心のヒーリング用のクリスタル

常用癖からの回復 ● マラカイト、ペリドット、スモーキークォーツ

怒り ● ロードナイト、クリソコラ、ラピスラズリ

不安 ● ローズクォーツ、アメジスト、アベンチュリン

積極性を高める ● シトリン、イエロータイガーアイ、ソーダライト

注意欠陥障害 ● クンツァイト、セレナイト、アズライト

息切れ(ストレス) ● アンバー、セラフィナイト、グリーンカルサイト

精神の衰弱 ● ルビー、ガーネット、カーネリアン

コミュニケーション問題 ● ターコイズ、ラピスラズリ、エンジェライト

自信の欠如 ● シトリン、アンバー、オレンジカルサイト

錯乱 ● フローライト(全色)、チャロアイト、レピドライト

勇気を出す ● ブラッドストーン、ヘマタイト、イエロータイガーアイ

創造力を高める ● アイオライト、フェナカイト、カテドラルクォーツ

憂うつな気分をやわらげる ● アメジスト、エンジェライト、クンツァイト、ピンクトルマリン

おだやかな夢を見る ● ローズクォーツ、ブルーレースアゲート、プレナイト

夢を思い出す ● ハーキマーダイヤモンド、ラブラドライト、エレスチャルクォーツ

麻薬中毒からの回復 ● スモーキークォーツ、ジェット、ルチルクリアクォーツ

摂食障害 ● ローズクォーツ、クンツァイト、ウォーターメロントルマリン

感情的な苦しみ ● ラベンダークォーツ、カーネリアン、パープルフローライト

疲労 ● アメジスト、アベンチュリン、セラフィナイト

恐れ ● エンジェライト、カヤナイト、レピドライト

集中力を高める ● フローライト(全色)、カルサイト(全色)、セレナイト

ゆるし ● クンツァイト、ローズクォーツ、クリソプレーズ

ある気分のときに特定のクリスタルが目に飛びこんできたら、それがいまのあなたのニーズにもっとも即した石です。直感にしたがって、クリスタルと自分のエネルギーを交流させましょう。クリスタルはかならずしも奇跡の治療法ではないので、感情的なパターンや不幸な気分を繰りかえし感じるようなら、専門家に相談してください。それでもクリスタルのエネルギーは、あなたのヒーリングの旅をサポートします。クリスタルを持ち歩いたり、身につけたり、クリスタルレメディーをつくって、のみましょう。

悲嘆 ● レインボーオブシディアン、スギライト、ルチルスモーキークォーツ

グラウンディング ● ジェット、スモーキークォーツ、ブラックトルマリン

罪悪感をやわらげる ● アマゾナイト、アベンチュリン、ローズクォーツ

ヒステリー ● オブシディアン、ヘマタイト、スモーキークォーツ

インポテンツ、性的関心の欠如 ● ジンカイト、ルビー、カーネリアン

不妊（感情的なサポート） ● ピンクトルマリン、アメトリン、パープルフローライト

不眠 ● アメジスト、ラベンダークォーツ、アイオライト

いらいらをしずめる ● エンジェライト、ブルーカルセドニー、レピドライト

嫉妬をやわらげる ● ペリドット、プレナイト、シトリン

喜びを増す ● クンツァイト、サンストーン、ゴールドストーン

孤独感をやわらげる ● カーネリアン、アンバー、オレンジカルサイト

人生に愛をもたらす ● ルビー、ローズクォーツ、エメラルド

瞑想中に集中力を高める ● ラピスラズリ、アイオライト、アゼツライト

記憶力の問題 ● グリーンフローライト、アメジスト、セレナイト

神経の緊張をほぐす ● ソーダライト、ウォーターメロントルマリン、カーネリアン

心の安らぎを増す ● エンジェライト、セラフィナイト、ピンクサファイア

保護 ● ブラッドストーン、スピネル、ヘマタイト

霊能力の開発 ● ラピスラズリ、アイオライト、チャネリングクォーツ

人間関係を改善する ● カヤナイト、クンツァイト、ペリドット

リラクゼーション ● ローズクォーツ、グリーンカルサイト、ブルーレースアゲート

自尊心を高める ● シトリン、アンバー、ルビー

引っ込み思案を解消する ● サンストーン、オレンジカルサイト、ジンカイト

トラウマからの回復 ● アベンチュリン、シトリン、クリソコラ

クリスタルと誕生石

多くの文化圏では、特定のクリスタルを生まれ月や星座と結びつけています。こうした誕生石や星座の石には、地域により、さまざまなバリエーションがありますが、その月や星座生まれの人が身につけると幸運に恵まれるといわれています。とはいえ現在では、誕生石のリストは、宝飾業者が特定の宝石を売るためのマーケティングの道具としてよく利用されます。自分が身につける宝石やクリスタルを選ぶときは、こうしたリストにとくにこだわる必要はありません。あるクリスタルに無性に惹きつけられたら、自分の誕生石や星座の石でなくても、それがあなたに関係のある石なのです。しかし、宝石やクリスタルをだれかへの贈り物として選びたいときや、自分の誕生日や星座に関連したものを身につけたいときは、このリストを参考にしてください。

伝統的な誕生石のリスト

月	誕生石
1月	ガーネット、ローズクォーツ
2月	アメジスト、オニキス
3月	アクアマリン、ブラッドストーン
4月	ダイヤモンド、クリアクォーツ
5月	エメラルド、クリソプレーズ
6月	パール、ムーンストーン
7月	ルビー、カーネリアン
8月	ペリドット、サードオニキス
9月	サファイア、ラピスラズリ
10月	オパール、トルマリン
11月	トパーズ、シトリン
12月	タンザナイト、ターコイズ

ガーネット

ダイヤモンド

ターコイズ

エメラルド

トパーズ

ペリドット

誕生石を身につけると、幸運に恵まれるといわれています。

クリスタルと星座

下記のリストは、それぞれの太陽星座と関係の深いクリスタルをまとめたものです。自分の生年月日と出生地にもとづく詳細なホロスコープをもっている人は、そこから自分の占星術的な情報を正確に読みとることができます。ホロスコープを見ると、太陽、月、太陽系の各惑星がホロスコープの十二宮のあちこちに位置しているのがわかるはずです。こうした情報をもとに、ホロスコープの各惑星の位置と関連するクリスタルを身につけることもできます。

タイガーアイやカルサイト、フローライト、ジャスパーなど、さまざまな色調をもつ石がリストアップされているときは、どの色の石が自分にもっとも効果的か、直感で選びましょう。いくつかのクリスタルはエネルギー面でさまざまな作用をもつため、複数の星座の石としてあげられています。

各星座のクリスタル

おひつじ座 ● (3月21日～4月19日)
カーネリアン、ジャスパー、ルビー、ダイヤモンド、クンツァイト、ブラッドストーン

おうし座 ● (4月20日～5月20日)
アクアマリン、トルマリン、トパーズ、エメラルド、タイガーアイ

ふたご座 ● (5月21日～6月20日)
シトリン、タイガーアイ、クリソコラ、パール、アポフィライト

かに座 ● (6月21日～7月22日)
パール、ムーンストーン、エメラルド、ルビー、アンバー

しし座 ● (7月23日～8月22日)
サンストーン、クリアクォーツ、ルビー、ターコイズ、スピネル

おとめ座 ● (8月23日～9月22日)
カーネリアン、シトリン、サファイア、ペリドット、スギライト

てんびん座 ● (9月23日～10月22日)
オパール、ラピスラズリ、ペリドット、アベンチュリン、ジェード

さそり座 ● (10月23日～11月21日)
クンツァイト、ハーキマーダイヤモンド、アクアマリン、マラカイト、ダイオプテーズ

いて座 ● (11月22日～12月21日)
スモーキークォーツ、ターコイズ、マラカイト、スピネル、ブルーレースアゲート

やぎ座 ● (12月22日～1月19日)
オニキス、ジェット、ルビー、ガーネット、ラブラドライト

みずがめ座 ● (1月20日～2月18日)
アメジスト、アクアマリン、エンジェライト、ブルーカルセドニー、サファイア

うお座 ● (2月19日～3月20日)
カルサイト、ターコイズ、パール、フローライト、ローズクォーツ

アゲート：独特のしま模様をもつ微晶質のクォーツの1種

アステリズム：研磨した石の表面に浮かびあがる星（スター）のような光の効果

圧電性：圧力や衝撃を加えると帯電すること

インクルージョン：クリスタルの結晶内部に含まれている別の鉱物（ルチルなど）

オーラ：人間の身体を取り囲んでいるエネルギーフィールドのこと

オパレッセンス：（オパールの表面に見られるような）虹色に揺らめく光沢

火成岩：火山活動によって生成した岩石

仮像：結晶の外形を保ったまま、ほかの鉱物に置き換えられること

カボション：上面をドーム状、底面をたいらに研磨した宝石のカットの1種

岩石：さまざまな鉱物やクリスタルの集合体（花崗岩など）

結晶：規則正しい内部の原子構造をもち、いくつかの平面で囲まれた幾何学的な外形をしている鉱物

元素鉱物：ほかの元素と化合せず、ひとつの元素だけで形成されている鉱物

紫外線：人間の目には見えない短い波長の光線

シャトヤンシー：ネコの目を思わせる光の効果

条線：クリスタル表面に見られる天然の平行な筋模様

双晶：2つ以上の結晶が一定の角度で接合したもの

ターミネーション：結晶の尖った先端

卓状：平板のような形をした結晶

多色性：鉱物を見る角度によって、色調が異なる性質

チャクラ：人間の身体にある7つのエネルギーセンターをしめす言葉

二色性：鉱物を見る角度により、ふたつの異なる色をしめすこと

皮殻状：別の鉱物を覆うように外皮を形成している鉱物

非晶質：原子が規則正しく配列する結晶構造をもたず、不規則な外形をしている鉱物（オブシディアンなど）

微晶質：顕微鏡下でのみ識別できる結晶粒子の集合体

ファセット：クリスタル表面のたいらな面。クォーツのような天然のファセットと、カットされたルビーのような人工のものがある。

フェルドスパー：さまざまなアルミニウムのケイ酸塩鉱物のグループ名。長石ともいう。

プレート：マントルの上に浮かび、地殻を覆っている何枚かの巨大な岩板

劈開：クリスタルが一定の方向に沿って割れやすい性質

有機質：鉱物の場合、もともとは生物起源の化合物（アンバーなど）のこと

ラブラドレッセンス：（ラブラドライトに見られるような）あざやかな閃光をしめす光の効果

錬金術：卑金属を金に変える方法を模索した古来の神秘的な科学

レッドタイガーアイ

以下は、資格を持ったプラクティショナーを見つけたいとき、またクリスタルヒーラーのトレーニングに興味を持った際に連絡可能な団体のリストです。

UK CRYSTAL HEALING ASSOCIATIONS

ACHO
(Affiliation of Crystal Healing Organizations)
www.crystal-healing.org
Tel: 07837 696 301

IACHT
(International Association of Crystal Healing Therapists)
www.iacht.co.uk
Tel: 01200 426 061

Crystal Healing Federation
www.crystalandhealing.com
Tel: 0870 760 7195

CLEAR QUARTZ

USA CRYSTAL HEALING ASSOCIATIONS

Crystal Academy of Advanced Healing Arts
www.webcrystalacademy.com

Association of Melody Crystal Healing Instructors
www.taomchi.com

The Crystal Conference
www.thecrystalconference.com
Tel: (+1) 802 476 4775

Amethyst Rose Healing Arts
www.amethysthealing.com
Tel: (+1) 703 868 5834

ROSE QUARTZ

CRYSTAL SUPPLIERS (UK)

Richard Scull, Crystal Planet
28 Bridge Road
East Molesey
Surrey KT8 9HA
Tel: 020 8941 8995
Website: www.crystal-planet.com
Email: info@crystal-planet.com

SMOKY QUARTZ

Sara Giller
www.crystalvine.co.uk

Mike Jackson
www.thecrystalman.co.uk

GREEN CALCITE

CRYSTAL SUPPLIERS (USA)

Peaceful Mind
www.peacefulmind.com

Mountain Gems and Healing Crystals
www.healingcrystals.net

Best Crystals
www.bestcrystals.com

AUSTRALIAN CRYSTAL HEALING

Natural Therapy Pages Resource Directory
(allows a search for qualified crystal practitioners by region)
www.naturaltherapypages.com.au/therapy/Crystal_Therapy

The Karyna Centre
www.crystalsoundandlight.com

索引

あ

アイオライト　162–63, 242, 294, 299, 303, 308, 309
愛をもたらす　309
赤ん坊　54
アクアオーラクォーツ　276
アクアマリン　21, 25, 134–35, 242, 306, 307, 310, 311
アゲート　25, 58
　ブルーレース　140–41, 242, 285, 291, 299, 306, 307, 308, 309, 311
　モス　25, 116–17, 241, 289
足の問題　306
アステカ文化　26, 82, 100, 102, 122, 133
アステリズム　88
アスベスト　90
アズライト　158–59, 242, 306, 307, 308
アゼツライト　224–25, 244, 309
アトランティス　132–33
アパタイト　23, 127, 242
　ブルーグリーン　126–27
アパッチティア　206
アバンダンスクォーツ　238, 245
アベンチュリン　46, 104–5, 241, 285, 288, 289, 291, 299, 306, 307, 308, 309, 311
アベンチュリンガラス
　ゴールドストーンを参照
アポフィライト
　グリーン　94–95
アマゾナイト　128–29, 242, 307, 309
アメジスト　25, 168–69, 179, 243, 285, 288, 291, 294, 299, 301, 306, 307, 308, 309, 310, 311
アメトリン　245, 258–59, 309
アラゴナイト　56–57, 240
アルテミス　85
アルマンディンガーネット　40, 41
アレキサンドライト　78
アレルギー反応　306
アンドラダイトガーネット　40
アンバー　23, 25, 27, 70–71, 240, 292, 294, 299, 301, 303, 306, 307, 308, 309, 311
イエロー　64-65
イエロージャスパー　74–75, 241
イエロータイガーアイ　72–73, 240, 308
怒り　308
息切れ（ストレス）　308
いらいら　309
インカ帝国　82, 100, 102, 133
咽喉炎　307
インナーチャイルド　178
インポテンツ　309
陰陽のシンボル　204–5
ウォーターメロントルマリン　245, 252–53, 306, 308, 309
ウバロバイトガーネット　40
ウル , メソポタミア　72, 82
ウルトラマリン　152
エピメネス　144
エメラルド　25, 26, 102–3, 241, 309, 310, 311
エルバイト　192
エルミタージュ宮 , サンクトペテルブルク　110
エレスチャルクォーツ　232, 244, 308
エンジェライト　148–49, 301, 307, 308, 309, 311
エンジェルオーラクォーツ 277
オーシャンジャスパー　245, 272–73
恐れ　308
オデュッセイア, ホメロス　70
オニキス　244, 310, 311
　ブラック　27, 212–13, 306
オパール　245, 268–69, 283, 310, 311
オパールオーラクォーツ　277
オフィス　288
オブシディアン　23, 114, 309
　ブラック　206–7, 243
　スノーフレーク　245, 264–65, 307
　レインボー　245, 266–67, 309
オリカルコン　132
オリゴクレース　60, 216
オリビン　86
オルメカ文化　26
オレンジ　52-53
オレンジカルサイト　54–55, 240, 288, 289, 306, 307, 308, 309
愚か者の金　25, 80

か

ガーネット　25, 27, 40–41, 240, 306, 308, 310, 311
カーネリアン　25, 58–59, 240, 291, 301, 303, 307, 308, 309, 310, 311
貝　54, 56, 98
ガイア説　130
火成岩　21
活性水　284
カテドラルクォーツ　236, 245, 308
カボション　44
火薬　76
カヤナイト　146–47, 242, 308, 309
カラーホイール　12–13
カルサイト　23, 54, 55, 98, 306, 307, 308, 311
　オレンジ　54–55, 240, 288, 289, 306, 307, 308, 309
　グリーン　98–99, 241, 288, 289, 307, 308, 309
　ピンク　290
カルシウムの炭酸塩　54, 98
カルセドニー　25, 58, 144–45, 242, 288, 306, 307, 309, 311
がん　306
肝機能のサポート　307
環境汚染　306
関節の痛み　307
記憶力の問題　309
季節性情動障害（SAD）14
基底のチャクラ　39, 52
キャッツアイ　78
胸腺のチャクラ　121
キンセンカ　53
筋肉痛　307
クォーツ　23, 24, 25, 68
　アクアオーラ　276
　アバンダンス　238, 245
　エレスチャル　232, 244, 308
　エンジェルオーラ　277
　オパールオーラ　277
　カテドラル　236, 245, 308
　クリア　228–29, 244, 291, 294, 302, 303, 310, 311
　サンシャインオーラ　276
　ジェネレーター　234, 244
　シベリアン　274
　スノー　228
　スピリット　180–81, 243
　スモーキー　25, 32–33, 240, 285, 299, 301, 306, 307, 308, 309, 311
　セルフヒールド　234, 244
　ソウルメイト　235, 244
　ダブルターミネーター　231, 244
　チャネリング　235, 244, 309
　トルマリン　25, 245, 256–57
　微晶質の　25
　ファントム　232, 244
　マニフェステーション　233, 244
　ミルキー　228
　ラベンダー　182–83, 243, 306, 308, 309
　ルチル　25
　ルチルクリア　231, 244, 307, 308
　ルチルスモーキー　32, 303, 306, 309
　ルビー　277
　レインボーオーラ　277
　レコードキーパー　236, 245
　レムリアンシード　237, 245
　ローズ　17, 25, 186–87, 243, 285, 288, 289, 290, 291, 294, 306, 307, 308, 309, 310, 311
グラウンディング　309
グラウンディングするためのレ

イアウト　300–1
クラスター　282
クリアクォーツ　228–29, 244, 291, 294, 302, 303, 310, 311
グリーン　100-1
グリーンアポフィライト　94–95
グリーンアンドパープルフローライト　245, 254–55, 288
グリーンカルサイト　98–99, 241, 288, 289, 307, 308, 309
グリーンフローライト　106–7, 241, 306, 309
クリスタル
　色　16–17
　置く場所　288–89
　おもなグループ　24–25
　構造　22–23
　種類　282
　浄化法　283
　人工　274–79
　熱処理　44
　パワーオブジェクト　292–93
　保管方法　283
　身につける　294–95
　歴史　26–27
クリスタルの構造　22–23
クリスタルの種類　282
クリスタルの浄化法　283
クリスタルの保管方法　283
クリスタルを身につける　294–95
クリソコラ　130–31, 242, 306, 307, 308, 309, 311
クリソプレーズ　136–37, 242, 307, 308, 310
クリソベリル　25, 78–79, 241
クリノクロア　118
クロシドライト　44, 72
グロッシュラーガーネット　40
クロムウェル, オリバー　50
クロムダイオプサイド　88–89, 241
クンツァイト　25, 188–89, 243, 299, 306, 307, 308, 309, 311
珪化木　34–35, 240
ケイ酸塩鉱物　25
血液の循環　306
血液の浄化　306
月経時のサポート　307
月経前症候群　307
結合組織炎　306
ケルト人　27, 40, 70, 82, 210
元素鉱物　25
高血圧　307
甲状腺のサポート　307
更年期のサポート　307
鉱物の硬度　23
コーイヌールのダイヤモンド　220
コーティングクォーツ　276–77
ゴールデングリーン　84-85
ゴールデントパーズ　66–67, 240, 299, 307
ゴールド（金）　12, 25, 27, 65, 82–83, 241
ゴールド（色）　64-65
ゴールドストーン　104, 278–79, 309
黒太子のルビー　50
心の安らぎ　309
古代エジプト　27, 58, 66, 82, 86, 102, 110, 122, 128, 133, 138, 144, 152, 164, 196, 274, 293, 294
古代ギリシア　70, 72, 90, 196, 200
古代ローマ　24, 46, 58, 62, 66, 90, 144, 196, 210
骨格のサポート　307
骨折　14, 306
骨粗しょう症　307
コッパー　25, 62–63, 240
孤独感　309
子どもとクリスタル　290–91
コネマラ大理石　90
護符　293
コミュニケーション問題　308
コランダム　21, 23, 25
コンピュータ　32, 288

さ

サードオニキス　310
サーペンティン　90–91, 241
罪悪感　309
細菌感染　306
錯乱　308
坐骨神経痛　307
サファイア　21, 23, 25, 301, 303, 310, 311
　ピンク　196–97, 243, 309
　ブルー　156–57, 242
サファイアブルー　150–51
サルファ　76–77, 241, 306
酸化物　25
サンシャインオーラクォーツ　276
三斜晶系　22
サンストーン　60–61, 240, 299, 303, 309, 311
三方晶系　22
ジェイダイト　108, 109
ジェイムズ 1 世, イングランド王　50
ジェード　26, 108–9, 241, 303, 307, 311
ジェット 25, 210–11, 243, 308, 309, 311
ジェネレータークォーツ　234, 244
ジェムシリカ　130
ジェラード, ジョン　53
自信　308
自尊心　309

ハーキマーダイヤモンド

嫉妬　309
シトリン　25, 68–69, 240, 285, 291, 294, 299, 303, 306, 307, 308, 309, 310, 311
シベリアンクォーツ　274
シャーマニズム　124
ジャスパー　36, 46, 74, 289, 311
　イエロー　74–75, 241
　オーシャン　245, 272–73
　ブラウン　36–37, 240
　レッド　46–47, 240, 291, 299, 306, 307
シャトヤンシー　44, 72
斜方晶系　22
集中力　308
手術からの回復　307
準鉱物　25
消化器系の問題　306
静脈瘤　307
ショール　ブラックトルマリンを参照
常用癖からの回復　308
職場　288
ジルコニア　274, 275
シルバー（銀）　12, 25, 200–1, 243
シルバー（色）198–99
ジンカイト　48–49, 240, 288, 306, 309
腎機能のサポート　307
シングルポイント　282
神経の緊張　309
人工クリスタル　274–79
寝室のクリスタル　288
仁心術 215
心臓のチャクラ　64, 85, 101, 121
心臓の問題　306
スカラベ　144, 293
スギライト　170–71, 243, 306, 309, 311
スターダイオプサイド　88
スタールビー　42
頭痛　306
スノークォーツ　228
スノーフレークオブシディアン　245, 264–65, 307
スピネル　50–51, 240, 309, 311
スピリットクォーツ　180–81, 243
スプートニク　56
スペキュラーライト　202
スペクトル　11, 12–13

スペサルタイトガーネット　40
スポデューメン　25, 188
スモーキークォーツ　25, 32–33, 240, 285, 299, 301, 306, 307, 308, 309, 311
星座　311
聖書　102, 156, 168, 196, 200, 294
生殖器　307
精神の衰弱　308
青銅　62
正方晶系　22
石灰岩　21, 54, 98
積極性　308
摂食障害　306, 308
セラフィナイト　118–19, 242, 308, 309
セルフヒールドクォーツ　234, 244
セレスタイト　148–49, 242, 307
セレナイト　218–19, 244, 307, 308, 309
仙骨のチャクラ　52, 64
先史時代　26, 108, 114
喘息　306
専門家によるクリスタルヒーリング　304–5
創造力　308
ソウルメイトクォーツ　235, 244
ソーダライト　154–55, 242, 308, 309

た

ダークグリーン　112-13
ダークパープル　166-67
ダークブルー　160-61
ターコイズ　122–23, 242, 303, 307, 308, 310, 311
第３の目のチャクラ　101, 160
ダイオプサイド　88
　クロム　88–89, 241
　スター　88
ダイオプテーズ　311
タイガーアイ　44, 72, 164, 311
　イエロー　72–73, 240, 308
　ホークスアイ　44
　ブルー　164–65, 243, 291, 306
　レッド　44–45, 240, 303
堆積岩　21
ダイヤモンド　23, 215, 220–21, 244, 310, 311
太陽神経叢のチャクラ　52, 64, 85, 101
大理石　54, 98
ダウジング　302
ダブルターミネータークォーツ　231, 244
タルク　23
タンザナイト　310
単斜晶系　22
誕生石　310
炭素　25
ダンブライト　222–23, 244, 306, 307
タンブル　282
地球の構造　20–21
チタン　25, 32
チャクラ　39, 101
　基底　39, 52
　胸腺　121
　心臓　64, 85, 101, 121
　仙骨　52, 64
　第３の目　101, 160
　太陽神経叢　52, 64, 85, 101
　喉　101, 121
　宝冠　101, 166–67
　バランスを整えるレイアウト　298–99
チャネリングクォーツ　235, 244, 309
チャロアイト　174–75, 243, 307, 308
注意欠陥障害　308
中国　26, 76, 82, 108, 122, 204
腸の問題　306
チョーク　54
テクタイト　25, 114
デトックス　306
テュロス　166
天使　118, 150
電磁場　32, 33, 37, 256, 288
トパーズ　23, 27, 310, 311
　ゴールデン　66–67, 240, 299, 307
トラウマからの回復　309
トルテカ文化　26
トルマリン　25, 310, 311
　ウォーターメロン　245, 252–53, 306, 308, 309
　ピンク　192–93, 243, 308, 309
　ブラック　208–9, 243, 301, 306, 309
トルマリンクォーツ　25, 245, 256–57

な

二酸化ケイ素　25
虹の色　11, 12, 13
二色性　88
庭　116, 289
人間関係　309
ネイティブアメリカン　16, 122, 204, 206
熱処理　44
ネフライト　108, 109
粘土　30
喉のチャクラ　101, 121

は

ハーキマーダイヤモンド　220, 303, 307, 308, 311
パーシバル（円卓の騎士）262
パープルフローライト　176–77, 243, 308, 309
パール　25, 245, 260–61, 283, 310, 311
バイオレットの炎　173
肺機能のサポート　307
バイキング　60
パイライト　25, 80–81, 241, 307
パイロープガーネット　40, 41
歯の問題　307
パラサイト　86
パワーオブジェクト　292–93
ピーターサイト　245, 250–51
ビオラーネ　88
ビガグリア, ピエトロ　278
非晶質　23
微晶質のクォーツ　25
ピジョンブラッドのルビー　42
ヒステリー　309
悲嘆　309
引っ込み思案　309
皮膚の問題　307
ヒポクラテス　200
ヒルデガルド　27, 36, 74
疲労　308
ピンク　184-85
ピンクアンドグリーンフローライト　301
ピンクカルサイト　290
ピンクサファイア　196–97, 243, 309
ピンクトルマリン　192–93, 243, 308, 309
貧血　306
ヒンドゥー教　78, 216
ファベルジェ　104
不安　308
ファントムクォーツ　232, 244
フェナサイト　226–27, 244, 299
フェルドスパー　25, 60, 128
フッ素魚眼石　94
不妊　306, 309
不眠症　309
ブラウン　30-31
ブラウンジャスパー　36–37, 240
プラチナ　25
ブラック　204-5
ブラックオニキス　27, 212–13, 306
ブラックオブシディアン　206–7, 243
ブラックトルマリン　208–9, 243, 301, 306, 309
ブラッドストーン　16, 245, 262–63, 306, 307, 308, 309, 310, 311
フリードリヒ２世, プロイセン王　136
ブリムストーン　76

ブルーアンハイドライト　148
ブルーグリーン　120-21
ブルーグリーンアパタイト　126–27
ブルーサファイア　156–57, 242
ブルータイガーアイ　164–65, 243, 291, 306
ブルームーンストーン　142–43, 242, 299, 306, 307
ブルーレースアゲート　140–41, 242, 285, 291, 299, 306, 307, 308, 309, 311
プレート　21
プレーン大佐 , ヘンドリック・フォン　96
プレナイト　96–97, 241, 306, 308, 309
フローライト　23, 106, 179, 306, 307, 308, 311
　グリーン　106–7, 241, 306, 309
　グリーンアンドパープル　245, 254–55, 288
　パープル　176–77, 243, 308, 309
　ピンクアンドグリーン　301
フロスフェリ　56
ペールグリーン　92-93
ペールブルー　138-39
ペールブルーグリーン　132-133
劈開　23
ヘマタイト　46, 60, 202–3, 243, 301, 306, 307, 308, 309
ヘリオス　70
ペリドット　66, 86–87, 241, 306, 308, 309, 310, 311
ベリル　25
変成岩　21
ペンデュラム　302
便秘　306
ヘンリー 5 世 , イングランド王　50
宝冠のチャクラ　101, 166–67
膀胱の問題　306
ホークスアイ　44
保護　309
ポップ, フリッツ=アルベルト　15
ホルモンのバランス　307
ホワイト　214–15
ホワイトムーンストーン　216–17, 244, 307

ま
マーカサイト　80
マーリン　112, 270
マイカ　104
マオリ族　90, 100, 108
マグマ　21
マニフェステーションクォーツ　233, 244
麻薬中毒からの回復　308
マヤ族　26, 108
マラカイト　110–11, 241, 306, 308, 311
慢性疲労症候群　306
ミカエル , 大天使　105
ミルキークォーツ　228
ムーカイト　36
ムーンストーン　23, 25, 60, 216, 294, 310, 311
　ブルー　142–43, 242, 299, 306, 307
　ホワイト　216–17, 244, 307
むくみ　307
目
　と光　11
　の問題　306
　の構造　10
瞑想　286–87, 309
　の部屋　288
メルリナイト　245, 270–71, 306
免疫機能の向上　307
モース硬度　23
モスアゲート　25, 116–17, 241, 289
モルダバイト　25, 114–15, 241, 294, 303

や
憂うつな気分　308
勇気　308
有機質の鉱物　25
夢　308
ゆるし　308
妖精の国　93
腰痛　306
喜び　309

ら
ライトパープル　172-73
ライラック　178-79
ラピスラズリ　27, 80, 152–53, 242, 294, 299, 307, 308, 309, 310, 311
ラブラドライト　25, 124–25, 242, 303, 308, 311
ラベンダークォーツ　182–83, 243, 306, 308, 309
リザーダイト　90
リチャード 3 世 , イングランド王　50
立方晶系　22
リモナイト　74
硫化鉱物　25
硫化水素　76
リラクゼーション　309
ルームスプレー　285
ルチル　32, 42, 88, 126
ルチルクォーツ　25
ルチルクリアクォーツ　231, 244, 307, 308
ルチルスモーキークォーツ　32, 303, 306, 309
ルビー　21, 23, 25, 27, 42–43, 240, 299, 303, 306, 308, 309, 310, 311
ルビークォーツ　277
レイアウト
　グラウンディングするための　300–1
　チャクラのバランスを整える　298–99
　霊的な発展をうながす　302–3
霊的な発展をうながすレイアウト　302–3
霊能力の開発　309
レインボーオーラクォーツ　277
レインボーオブシディアン　245, 266–67, 309
レインボームーンストーン　ブルームーンストーンを参照
レーザーワンド　233, 244
レコードキーパークォーツ　236, 245
レスボス島 , ギリシア　34
レッド　38-39
レッドジャスパー　46–47, 240, 291, 299, 306, 307
レッドタイガーアイ　44–45, 240, 303
レピドライト　190–91, 243, 290, 291, 306, 308, 309
レムリアンシードクォーツ　237, 245
レメディー　284–85
錬金術　48, 76
ローズクォーツ　17, 25, 186–87, 243, 285, 288, 289, 290, 291, 294, 306, 307, 308, 309, 310, 311
ロードクロサイト　194–95, 243, 306
ロードナイト　245, 248–49, 290, 307, 308
六方晶系　22

わ
ワンド
　コッパー　62
　レーザー　233, 244
　ローズクォーツ　186

ペリドット

ABOUT THIS BOOK

著　者：**ジェニー・ハーディング**(Jennie Harding)

ヒーラーとして、クリスタルヒーリングをはじめとするさまざまなセラピーを20年にわたり実施している。“マインド、ボディ、スピリット”をテーマとした執筆活動も行ない、本書は15冊目の作品となる。

翻訳者：**宮田　攝子**(みやたせつこ)

上智大学外国語学部ドイツ語学科卒業。訳書に『アーユルヴェーダ美容健康法』、『クリスタル占星術』、『エンジェルセラピー』(いずれも産調出版)など。翻訳雑誌の記事執筆なども手がける。

CRYSTALS

クリスタルズ

カラーヒーリングと光の世界

発　　行　2009年5月1日

発 行 者　平野　陽三

発 行 元　**ガイアブックス**

〒169-0074　東京都新宿区北新宿3-14-8

TEL.03 (3366) 1411　FAX.03 (3366) 3503

http://www.gaiajapan.co.jp

発 売 元　産調出版株式会社

ISBN 978-4-88282-694-1 C0076

Printed in China